Leitlinien in der Medizin

RECHT & MEDIZIN

Herausgegeben von den Professoren
Dr. Erwin Deutsch, Dr. Adolf Laufs, Dr. Hans-Ludwig Schreiber

Bd./Vol. 51

PETER LANG
Frankfurt am Main · Berlin · Bern · Bruxelles · New York · Oxford · Wien

Oliver Nowak

Leitlinien in der Medizin

Eine haftungsrechtliche Betrachtung

PETER LANG
Europäischer Verlag der Wissenschaften

Die Deutsche Bibliothek - CIP-Einheitsaufnahme

Nowak, Oliver:

Leitlinien in der Medizin : eine haftungsrechtliche Betrachtung / Oliver Nowak. - Frankfurt am Main ; Berlin ; Bern ; Bruxelles ; New York ; Oxford ; Wien : Lang, 2002
(Recht & Medizin ; Bd. 51)
Zugl.: Göttingen, Univ., Diss., 2001
ISBN 3-631-38640-0

D 7
ISSN 0172-116X
ISBN 3-631-38640-0

www.peterlang.de

VORWORT

Die Rechtsfolgen der Nichtbeachtung einer medizinischen Leitlinie durch den Arzt sind primär berufs- oder sozialrechtlicher Natur. Für die Frage, inwieweit der Patient die Nichtbeachtung der Leitlinie zur Begründung der Haftung des Arztes heranziehen kann, bietet sich ein Vergleich zu dem schon länger diskutierten Problem der Haftung bei Verletzung von Unfallverhütungsvorschriften an. Hiernach entsteht der Eindruck, daß die Ärzteschaft mit der Schaffung von Leitlinien neues Haftungspotential geschaffen hat. Diese zweifellos nicht beabsichtigte Folge würde auch einige wesentliche Aspekte des Arzt-Patientenverhältnisses, wie die Selbstbestimmung des Patienten und die ärztliche Therapiefreiheit sowie die Natur der ärztlichen Heilbehandlung als Umgang mit den durch die Krankheit und den Patienten vorgegebenen Gefahren, vernachlässigen. Die haftungsrechtliche Relevanz medizinischer Leitlinien kann demzufolge nur aufgrund einer differenzierten Betrachtung ermittelt werden, bei der die Unwägbarkeiten der Medizin berücksichtigt werden müssen. Dies ist das Anliegen der vorliegenden Untersuchung.

Die Arbeit hat der Juristischen Fakultät der Georg-August-Universität Göttingen im Frühjahr 2000 als Dissertation vorgelegen. Literatur konnte vereinzelt bis Frühjahr 2001 berücksichtigt werden.

Nicht, weil es an dieser Stelle üblich ist, sondern weil es mir ein besonderes Bedürfnis ist, möchte ich verschiedenen Personen Dank aussprechen. Dieser gilt in ganz besonderem Maße meinem verehrten Lehrer Herrn Professor Dr. Dr. h. c. mult. Erwin Deutsch, der mich mit der Assistententätigkeit an seinem Lehrstuhl an das Medizinrecht heran geführt und meinen Weg damit maßgeblich geprägt hat. Herrn Professor Dr. Bogs danke ich für die Übernahme des Zweitgutachtens. Dank schulde ich auch Herrn Professor Dr. Spickhoff für seine Mithilfe im Rahmen der Erstkorrektur. Frau Rechtsanwältin Dorothea Vester und Herrn Assessor Dipl. FinWi Michael Otto Jesser danke ich für das Korrekturlesen des Manusskriptes und ihre wertvolle Kritik.

Braunschweig im Oktober 2001 Oliver Nowak

INHALTSVERZEICHNIS

1. Kapitel: Einführung in die Problematik

Die ärztliche Tätigkeit wird zunehmend durch autonome wie auch durch heteronome Normen[1] bestimmt. Die hier anzutreffenden Normen gehen von ministeriellen Richtlinien über Richtlinien der Bundesausschüsse Ärzte und Krankenkassen bis hin zu Richtlinien, Standards, Leitlinien oder Empfehlungen der Selbstverwaltung oder der Fachgesellschaften. Die faktische Bedeutung dieser Normen zeigt sich an der Zahl der im Internet registrierten Zugriffe auf die rund 650 (!) Leitlinien der medizinischen Fachgesellschaften: Bis Dezember 1999 wurden bereits 2,5 Millionen Zugriffe gezählt.[2] Gleich, ob es sich hierbei um Ärzte, die sich über die Lösung eines akuten Problems oder einen bevorstehenden Eingriff informieren wollen, um Patienten, die nach der „richtigen" Behandlung für ihre Erkrankung suchen oder um Juristen, die versuchen, eine ärztliche Behandlung einzuschätzen, handelt, läßt die Zahl der Zugriffe darauf schließen, daß den Leitlinien eine nicht unerhebliche Anerkennung zukommt.

Da diese Normen inhaltlich teilweise sehr detaillierte Handlungsanweisungen enthalten, drängt sich die Frage nach der haftungsrechtlichen Bedeutung regelrecht auf. Diese Frage besteht sowohl im Fall der Normbefolgung als auch im Fall der Normabweichung.

Die nachfolgende Untersuchung soll die Frage nach der haftungsrechtlichen Bedeutung dieser medizinischen Normen beleuchten. Hierzu soll zunächst ein Überblick über die verschiedenen Normen gegeben werden. Eine Analyse der Normen erfolgt danach im jeweiligen haftungsrechtlichen Zusammenhang. Es wird zunächst die Haftung wegen Schutzgesetzverletzung gemäß § 823 Abs. 2 BGB untersucht. Dem folgt die Untersuchung des Verhältnisses der Normen zur ärztlichen Fahrlässigkeit im Rahmen der Haftung nach § 823 Abs. 1 BGB. Die Untersuchung schließt mit dem Versuch einer Einordnung der Normen in die beweisrechtliche Konzeption des Arzthaftungsprozesses.

---

[1] Soweit im folgenden der Begriff der Norm verwendet wird, ist damit nicht (nur) die Rechtsnorm gemeint sondern die verbindliche Regel.

[2] www.uni-duesseldorf.de/WWW/AWMF/II/II_list.htm.

2. Kapitel: Überblick über die verschiedenen Normen

In der Medizin existiert eine große Zahl an Normen, die eine haftungsrechtliche Bedeutung haben können. Dies gilt vorrangig für diejenigen Normen, die wenigstens mittelbar dem Schutz des Patienten dienen sollen. Die verschiedenen Normen lassen sich zunächst einmal nach ihrer Herkunft und ihrer gesetzlichen Grundlage differenzieren:[1]

I. Ministerielle Normen

Zur Konkretisierung der Strahlenschutzverordnung vom 30.06.1992 hat der Bundesminister für Umwelt, Naturschutz und Reaktorsicherheit die seit dem 01.06.1993 geltende Richtlinie „Strahlenschutz in der Medizin" erlassen. Anknüpfend an die §§ 42, 28 StrlSchV, die die Strahlenbehandlung für subsidiär gegenüber anderen Untersuchungs- und Behandlungsmethoden[3] erklären und unter das Minimierungsgebot[4] stellen, befassen sich große Teile der Richtlinie mit dem Schutz des Patienten. So finden sich unter Ziffer 5 der Richtlinie allgemeine Vorschriften in Bezug auf die Subsidiarität und das Minimierungsgebot. Die Ziffern 6.1 bis 6.4 haben speziell die Qualitätssicherung bei der Untersuchung und Behandlung mit radioaktiven Stoffen zum Inhalt.

Als Ziel der Qualitätssicherung wird unter Ziffer 6.1.1 ein Höchstmaß an diagnostischer Treffsicherheit bei einem Minimum an Strahlenexposition für den Patienten gefordert. Dieses Ziel soll durch die unter Ziffer 6.1.2. aufgestellten Anweisungen zur Indikationstellung, Durchführung und Interpretation der Untersuchung sowie die unter Ziffer 6.1.3. und 6.2. geregelte Qualitätssicherung der Geräte gewährleistet werden. Die Qualitätssicherung der Geräte wird zudem in der Anlage A 11 zur Richtlinie geregelt. Hier wird der Mindestumfang der technischen Überwachung - z.T. unter Verweis auf die einschlägigen DIN-Vorschriften - geregelt. Bei der Behandlung mit radioaktiven Stoffen wird unter Ziffer 6.3. eine effektive, möglichst nebenwirkungsfreie Vorgehensweise unter Vermeidung

---

1 Einen Überblick über die in Deutschland tätigen Leitlinien-Herausgeber geben Ollenschläger/Thomeczek/Oesingmann/Kolkmann in nds. ärzteblatt 8/99, S.12. Die vorliegende Untersuchung beschränkt sich auf die bedeutendsten Normen.

2 BGBl. 1989 I S. 1321.

3 Wie etwa Ultraschall.

4 D.h. die Strahlung muß so gering wie möglich gehalten werden.

unnötiger Strahlenexposition von Personal und Umwelt als Ziel der Qualitätssicherung definiert. Dieses Ziel soll wiederum durch die Befolgung konkreter Anweisungen gewährleistet werden.

Unter Ziffer 7.1. finden sich Ausführungen zur Qualitätssicherung in der Strahlentherapie, deren Ziel gemäß Ziffer 7.1.1. die Applikation einer bestimmten Strahlendosis in einem definierten Körperbereich (Zielvolumen) unter weitestgehender Schonung der übrigen Bereiche ist. Auch hier finden sich detaillierte Ausführungen zur Erreichung dieses Ziels. Darüber hinaus finden sich im Regelwerk vereinzelt Vorschriften, die unmittelbar der Sicherheit des Patienten dienen.[5]

Gemäß § 11 Atomgesetz i. V. m. § 3 StrahlenschutzVO steht der Umgang mit radioaktiven Stoffen und ionisierenden Strahlen unter Genehmigungsvorbehalt. Als personelle Genehmigungsvoraussetzungen nennt Ziffer 3.1. der Richtlinie das Vorhandensein von Personal in ausreichender Zahl, das die erforderliche Fachkenntnis besitzen muß. Der Erwerb der Fachkunde für ärztliches Personal ist dabei in den Anlagen 1 und 3 geregelt. Hierbei sind theoretische Kenntnisse, die durch Kurse im Strahlenschutz nach Anlage 3 zu erwerben sind, erforderlich. Die vorgeschriebenen Lehrinhalte gehen von der Strahlenphysik über Störfallsituationen, Rechtskenntnisse bis zur Qualitätssicherung. Die praktischen Kenntnisse sind in einer je nach Anwendungsgebiet 6 bis 30-monatigen praktischen Tätigkeit zu erwerben. Nach Anlage 4 ist ein Zeugnis über diese Kenntnisse als Voraussetzung einer Genehmigung auszustellen.

Die apparative Ausstattung ist je nach Anwendungsgebiet in den Anlagen 8, 9 und 10 geregelt. Vorschriften zu den räumlichen Voraussetzungen einer Genehmigung sind unter 3.2. der Richtlinie dargestellt.

---

5 7.2.1. Umlagerung des Patienten; 7.2.6. Gerätebeschaffenheit.

II. Richtlinien der Bundesausschüsse Ärzte und Krankenkassen[6]

1. NUB-Richtlinien

Die Bundesausschüsse haben gemäß § 92 Abs. 1 S. 2 Nr. 5 SGB V die Aufgabe, Richtlinien über die Einführung neuer Untersuchungs- und Behandlungsmethoden (NUB) zu erlassen. Diese Aufgabe wird durch § 135 Abs. 1 SGB V dahingehend konkretisiert, daß die Richtlinien Empfehlungen über den diagnostischen bzw. therapeutischen Nutzen, die persönliche und apparative Qualifikation des Arztes sowie die ärztliche Dokumentation der Behandlung enthalten müssen. Das Vorliegen einer derartigen Richtlinie ist gemäß § 135 Abs. 1 SGB V Voraussetzung der vertragsärztlichen Abrechnungsfähigkeit, wenn die in Frage stehende Behandlungsmethode entweder noch nicht als abrechnungsfähige Leistung im EBM enthalten ist oder die Indikation wesentliche Änderungen oder Erweiterungen erfahren hat.[7]

Die Beurteilung einer neuen Untersuchungs- oder Behandlungsmethode durch den zuständigen Bundesausschuß erfolgt nach Ziffer 2 der Richtlinie nur auf Antrag der Kassenärztlichen Bundesvereinigung, einer Kassenärztlichen Vereinigung oder eines Spitzenverbandes der Krankenkassen, wenn die Methode aufgrund bestimmter Erfahrungen oder wissenschaftlicher Arbeiten beurteilbar ist.[8] Dem Antrag sind Angaben zu Nutzen, Risiken und Wirtschaftlichkeit beizufügen,[9] die durch verschiedene Studien und wissenschaftliche Expertenaussagen belegt sein müssen.[10] Nach Ziffer 9 der NUB-Richtlinie ergehen die Beschlüsse des Bundesausschusses über die Beurteilung einer Methode als Anlagen 1, 2 oder 3 der Richtlinie. Anlage 1 enthält vom Bundesausschuß anerkannte Methoden, Anlage 2 und 3 enthalten Methoden, die vom Bundesausschuß nicht anerkannt wurden, wobei Anlage 2 nicht anerkennungsfähige und Anlage 3 (noch) nicht beurteilbare Methoden ausweist. Die anerkannten Methoden werden in Anlage 1 nach Indikation, fachlichen, technischen und organisatorischen Voraussetzungen für die ver-

---

6 Es besteht gem. § 91 Abs. 1 SGB V jeweils ein Bundesausschuß der Ärzte und Krankenkassen sowie der Zahnärzte und Krankenkassen.

7 Vgl. Ziffer 5 der NUB-Richtlinie.

8 Ziffer 3 der NUB-Richtlinie.

9 Ziffer 7 der NUB-Richtlinie.

10 Ziffer 8 der NUB-Richtlinie.

tragsärztliche Versorgung zugelassen. Ferner werden z.T. Qualifikations- und Genehmigungsvorbehalte aufgestellt.[11] Die nicht anerkannten Methoden der Anlagen 2 und 3 dürfen in der vertragsärztlichen Versorgung nicht durchgeführt werden.

2. Richtlinien der Bundesausschüsse gemäß § 92 I SGB V

In § 92 Abs. 1 SGB V sind elf Tatbestände geregelt, für die den Bundesausschüssen die Richtlinienkompetenz zugewiesen wurde. Die in diesem Rahmen von den Bundesausschüssen erlassenen Richtlinien reichen von Arzneimittel- bis zu Zahnersatz-Richtlinien,[12] die eine mehr oder weniger starke haftungsrechtliche Relevanz haben können:

So enthalten z.B. die Qualitätsbeurteilungsrichtlinien[13] Untersuchungs- und Abbildungsbedingungen für die Röntgendiagnostik und die Computertomographie, die Kinder-,[14] Mutterschafts-[15] und Krebsfrüherkennungs-[16] Richtlinien enthalten konkrete Untersuchungsanleitungen zur Erkennung bestimmter Krankheiten, die Richtlinien zur künstlichen Befruchtung[17] schreiben die Durchführung eines HIV- und Rötelntests vor.

III. Vertrag zum ambulanten Operieren gem. § 115 b SGB V

Die Spitzenverbände der Krankenkassen, die Deutsche Krankenhausgesellschaft und die Kassenärztliche Bundesvereinigung haben einen Vertrag gem. § 115 b Abs. 1 SGB V zur Vereinheitlichung der Rahmenbedingungen beim ambulanten Operieren geschlossen. Dieser Vertrag läßt erstmals[18] Krankenhäuser zum ambulanten Operieren zu. § 3 i. V.

---

11 Vgl. Anlage 1 Nr. 4 Stoßwellenlithotripsie bei Harnsteinen.

12 S. die Auflistung im GKV-Komm. Nr. 1100.

13 Abgedruckt in GKV-Komm. Nr. 5810.

14 Abgedruckt in GKV-Komm. Nr. 5350; Liebold/Zalewski Rn. P 1.

15 Abgedruckt in GKV-Komm. Nr. 5600; Liebold/Zalewski Rn. P 101.

16 Abgedruckt in GKV-Komm. Nr. 5500; Liebold/Zalewski Rn. P 51.

17 Abgedruckt in GKV-Komm. Nr. 5880; Liebold/Zalewski Rn. P 251.

18 Vgl. GKV-Komm.- Degener-Hencke § 115 b Rn. 2.

m. der Anlage zum Vertrag enthält einen abschließenden[19] Katalog ambulant durchführbarer Leistungen. Ferner ist gem. § 2 Abs. 1 des Vertrages vorgeschrieben, daß der Arzt stets zu prüfen hat, ob die beabsichtigte ambulante Durchführung der Operation bei dem konkreten Patienten mit den Regeln der ärztlichen Kunst zu vereinbaren ist. Dabei hat der Arzt auch dafür Sorge zu tragen, daß der Patient auch im häuslichen Bereich ärztlich und pflegerisch qualifiziert versorgt wird. § 13 S. 1 des Vertrages stellt sämtliche ambulante Operationen unter Facharztvorbehalt.[20]

§ 14 S. 1 des Vertrages sieht die gem. § 115 b I Nr. 3 SGB V erforderliche Vereinbarung von Qualitätssicherungsmaßnahmen durch die Vertragspartner vor. Diese Vereinbarung wurde am 13.06.1994 getroffen.[21] In § 3 der Vereinbarung wird der gemäß § 13 des Vertrages erforderliche Facharztstandard dahingehend konkretisiert, als auf das Recht zum Führen einer Facharztbezeichnung abgestellt wird (§ 3 Abs. 2), soweit nicht für bestimmte Operationen höhere Anforderungen bestehen (§ 3 Abs. 3). Der haftungsrechtlich interessante Kernpunkt der Vereinbarung liegt in der Aufstellung baulicher, apparativ-technischer, hygienischer und personeller Voraussetzungen in § 4. Diese Voraussetzungen regeln den hygienischen Bereich sehr ausführlich und berücksichtigen zudem die Möglichkeit operativer Zwischen- bzw. Notfälle.

IV. Qualifikationsvorbehalt, § 135 Abs. 2 Satz 1 SGB V

Durch § 135 Abs. 2 S. 1 SGB V werden die Vertragspartner der Bundesmantelverträge, also die Spitzenverbände der Krankenkassen und die jeweils betroffene[22] Kassenärztliche Bundesvereinigung, ermächtigt, Qualifikationserfordernisse für ärztliche Untersuchungs- und Behandlungsmethoden, die ihrer Eigenart nach besondere Kenntnisse und Erfahrungen des Arztes voraussetzen, zu vereinbaren. Nach Satz 2 sind nur Ärzte, die diese Qualifikationserfordernisse erfüllen, berechtigt, die diesbezüglichen Leistungen abzurechnen. Hiernach soll die Qualität der Behandlung über die allgemeinen, mit der Approbation erlangten Kennt-

---

19 Vgl. GKV-Komm.- Degener-Hencke § 115 b Rn. 23.

20 Nach § 13 S. 1 ist die Assistenz bzw. Aufsicht eines Facharztes ausreichend.

21 Abgedruckt in DABl. 1994, A-2124.

22 Im Bereich der zahnärztlichen Versorgung die KZBV, ansonsten die KBV.

nisse hinaus verbessert werden.

Von dieser Ermächtigung haben die Vertragspartner bereits vielfältig Gebrauch gemacht. So wurden bislang beispielsweise erlassen:
- Ultraschall- Vereinbarung[23]
- Kernspintomographie- Vereinbarung[24]
- Strahlendiagnostik- und -therapie- Vereinbarung[25]
- Arthroskopie- Vereinbarung[26].

Die Vereinbarungen sehen vor, daß die Ausführung und Abrechnung der betreffenden Leistungen durch den Vertragsarzt erst nach Genehmigung durch die Kassenärztliche Vereinigung zulässig ist. Hierbei handelt es sich um eine gebundene Entscheidung: Die Genehmigung ist zu erteilen, wenn der Antragsteller die in der Vereinbarung aufgeführten Voraussetzungen erfüllt.[27] Dies sind zumeist Anforderungen an dessen fachliche Befähigung und apparative Ausstattung. § 135 Abs. 2 S. 1 SGB V hat die apparative Ausstattung zwar nicht als Regelungsgegenstand. Anknüpfungspunkt sind allein Untersuchungs- und Behandlungsmethoden, die ihrer Eigenart nach besondere Kenntnisse und Erfahrungen des Arztes voraussetzen. Die Rechtsfolge dieser Vorschrift läßt jedoch die Vereinbarung jeglicher, und damit auch apparativer Qualifikationserfordernisse zu. Überdies haben die Vertragspartner in § 11 Abs. 1 BMV-Ä[28] (§ 39 Abs. 1 EKV-Ä) die Regelungsbefugnis ausdrücklich für die apparativ-technische und die räumliche Ausstattung festgeschrieben.

Die Anforderungen an die apparativ-technische Ausstattung hängen meist von der Komplexität der bei der Behandlung erforderlichen Geräte ab. So wird beispielsweise in der Athroskopievereinbarung gem. § 5 Abs. 2 lediglich das Vorhandensein einer Fernsehkette gefordert. Bei anderen, technisch sehr aufwendigen Geräten werden hingegen sehr detaillierte Anforderungen an die technische Ausstattung gestellt. So umfassen etwa die Anforderungen an Ultraschallgeräte in der Ultraschallvereinbarung[29] fast sieben Seiten; der Vereinbarung zur Strahlen-

---

23 Abgedruckt in DÄBl. 1993, B-390.

24 Abgedruckt in DÄBl. 1993, B-481.

25 Abgedruckt in DÄBl. 1993, B-756.

26 Abgedruckt in DÄBl. 1994, A-2596.

27 Vgl. etwa § 6 Absatz 2 der Arthroskopie- Vereinbarung.

28 Abgedruckt in DÄBl. 1995, A-625.

29 Abgedruckt in DÄBl. 1993, B-390.

therapie und -diagnose sind fünf Anlagen zu den apparativen Voraussetzungen beigefügt. Ferner werden in den Vereinbarungen teilweise von anderen Normungsgremien aufgestellte Anforderungen inkorporiert, wie z.B. in § 11 Abs. 1 der Strahlendiagnostik- und -therapievereinbarung die Röntgenverordnung vom 08. Januar 1987 und die dazu erlassenen Richtlinien als Anforderungen an die apparative Ausstattung zugrunde gelegt werden. § 11 Abs. 2 verweist auf die Qualifikationsanforderungen der Leitlinien der Bundesärztekammer zur Qualitätssicherung in der Röntgendiagnostik in der jeweils gültigen Fassung. Die §§ 12 und 13 inkorporieren für die Strahlentherapie und die Nuklearmedizin die apparativen Anforderungen der Strahlenschutzverordnung, der Richtlinien „Strahlenschutz in der Medizin" und der auf der Grundlage dieser Verordnungen erlassenen ministeriellen Richtlinien.

Die Regelungen zu den räumlichen Anforderungen entsprechen denen der apparativen Ausstattung. Räumliche Anforderungen finden sich nur dort, wo sie für die konkrete Behandlungsmethode relevant sind. So werden bei der Ultraschall- und der Kernspintomographie-Vereinbarung hierzu keine Regelungen getroffen. Die Arthroskopie-Vereinbarung als Sonderfall des ambulanten Operierens inkorporiert und ergänzt die hygienisch relevanten räumlichen Bestimmungen der Richtlinien zum ambulanten Operieren des Bundesausschusses Ärzte und Krankenkassen. Die Strahlentherapie- und -diagnostik-Vereinbarung stellt in ihren Anlagen ausführliche räumliche Voraussetzungen zum Strahlenschutz auf.

In fachlicher Hinsicht werden alternativ der Erwerb einer fachlichen Befähigung nach der Weiterbildungsordnung oder eine ständige (i. d. Regel vier Monate) bzw. begleitende (i. d. Regel 24 Monate) Tätigkeit in der diesbezüglichen Behandlungsmethode verlangt. Teilweise ist hierbei vorgeschrieben, wieviele Patienten der Arzt in der konkreten Behandlungsmethode behandelt haben muß.[30] Diese Behandlungen müssen unter Anleitung eines nach der Weiterbildungsordnung entsprechend ermächtigten oder eines speziell qualifizierten Arztes stattfinden.[31] Teilweise wird für diese, außerhalb der Weiterbildungsordnung stehende Qualifizierung, die erfolgreiche Teilnahme an einem Kolloquium zwin-

---

30 Nach § 4 Abs. 2 der Arthroskopie-Vereinbarung sind insgesamt 180 Arthroskopien in drei unterschiedlichen Operationsgebieten mit jeweils mindestens 30 Behandlungen vorgeschrieben; nach § 5 der Ultraschall-Vereinbarung ist je nach zu behandelndem Körperteil die Untersuchung von 50 bis zu 400 Patienten nachzuweisen.

31 Vgl. etwa § 5 Abs. 1b der Ultraschall-Vereinbarung.

gend vorgeschrieben,[32] teilweise kann diese bei Zweifeln über die materielle Qualifikation des Antragstellers angeordnet werden.[33] Hier wird in einem circa 30-minütigen Prüfungsgespräch festgestellt, ob der Antragsteller die notwendige fachliche Qualifikation besitzt, worüber durch Abstimmung der Prüfer im Anschluß an die Prüfung entschieden wird.

V. Normen der Ärztekammern

Die Festlegung medizinischer Standards wird von der Ärzteschaft als ureigene Angelegenheit verstanden. Diese wird vornehmlich von der ärztlichen Selbstverwaltung, den Ärztekammern wahrgenommen. Im Jahr 1951 wurde dem Vorstand der Bundesärztekammer der Wissenschaftliche Beirat zur Seite gestellt, der den Vorstand in medizinischen Fragen unterstützt und mit der Erstellung von Normen betraut ist. Diesem ist der Wissenschaftliche Beirat vielfältig nachgekommen. Es wurden bereits weit mehr als 100 Normen durch die Bundesärztekammer erstellt.[34] 1972 wurden weltweit erstmals Standards zur Bestimmung von Enzymen durch die Bundesärztekammer eingeführt.[35] Die Aktivitäten der Bundesärztekammer auf diesem Gebiet sind kaum noch überschaubar. Empfehlungen, Standards, Leit- und Richtlinien existieren nunmehr in fast allen Bereichen ärztlichen Handelns.[36] Hierunter finden sich zahlreiche Vorschriften, die unmittelbaren Einfluß auf die konkrete Behandlung haben. Diese reichen von Qualifikationsvorbehalten[37] über räumliche, apparative und hygienische Anforderungen[38] bis hin zu konkreten Handlungsanweisungen.[39]

---

32 So bei der Ultraschall- (§ 5 Abs. 1d) und der Kernspintomographie-Vereinbarung (§ 4 Abs. 5).

33 So bei der Arthroskopie-Vereinbarung (§ 8).

34 Heerklotz in: Nagel/Fuchs, Leitlinien und Standards, S. 84.

35 Vgl. Reinauer/Büttner, DÄBl. 1993, A-2549.

36 So etwa RL - ambulantes Operieren DÄBl. 1994, A-2509; RL - endoskopische Eingriffe, DÄBl. 1994, A-2511; Standard - Enzymmethoden, DÄBl.1993, A-2549; RL - medizinische Laboratorien, DÄBl. 1994, A-211; Leitlinie - Zystologische Untersuchung, DÄBl. 1994, B-298; Empfehlung - gastrointestinale Endoskopie, DÄBl. 2000, B- 420; Reanimationsempfehlungen, DÄBL. 2000, B-630.

37 Vgl. Präambel der Leitlinie - Zystologische Untersuchung, DÄBl. 1994, B-298.

38 Vgl. RL - endoskopische Eingriffe, Punkt 3.2.3, DÄBl. 1994, A-2511.

39 Vgl. RL - ambulantes Operieren, Punkt 3.3, DÄBl. 1994, A-2510; Leitlinie -

VI. Normen der Kassen(zahn)ärztlichen Vereinigungen[40]

Ähnlich wie bei den Ärztekammern besteht auch bei den Kassenärztlichen Vereinigungen eine Zweiteilung zwischen Bundes- und Landesebene. Da der Kassenärztlichen Bundesvereinigung eine umfassende Normungsaufgabe im Bereich der Qualifikationsvorbehalte nach § 135 Abs. 2 SGB V[41] zukommt, existieren im übrigen nur wenige autonome Normen der Bundesvereinigung. Auch auf Landesebene bestehen nur vereinzelte Regelungen.[42]

VII. Normen der Fachgesellschaften

Am weitreichendsten ist die Normung auf der Ebene der Fachgesellschaften fortgeschritten.[43] Hier gibt es wohl kaum ein Fachgebiet, für das keine Normen existieren. Die im Internet veröffentlichte Liste der Arbeitsgemeinschaft der Wissenschaftlichen Medizinischen Fachgesellschaften (AWMF)[44] enthält eine über 4 Seiten reichende Aufzählung geregelter Fachgebiete. In einzelnen Fachgebieten ist die Zahl der Leitlinien kaum noch überschaubar.[45] Inhaltlich besitzen die Leitlinien z. T. eine Tiefe, die fast lehrbuchmäßige Ausmaße erreicht. So wird beispielsweise in der Richtlinie zur Echokardiographie[46] das ärztliche Vorgehen vom Inhalt der Aufklärung über die Gabe bestimmter Sedativa, die Lagerung des Patienten, bis hin zu möglichen Nebenwirkungen und Komplikationen detailliert beschrieben. Gleichermaßen finden sich hier Voraussetzungen bzgl. der Qualifikation des Behandelnden sowie Vorgaben bzgl. der personellen, apparativen und räumlichen Ausstattung.

Zystologische Untersuchung, Punkt 1, DÄBl. 1994, B-298.

40 Der Einfachheit halber beziehen sich die folgenden Ausführungen allein auf die Kassenärztlichen Vereinigungen. Sie gelten für die Kassenzahnärztlichen Vereinigungen entsprechend.

41 S. o. unter IV.

42 Z. B. die Dialyserichtlinien Bayerns und Schleswig-Holsteins, abgedruckt bei Liebold/Zalewski, V 351 und V 352.

43 Umfassend zu dem Normungsverfahren der Fachgesellschaften: Vosteen in Hart, Ärztliche Leitlinien, S. 23 ff..

44 www.uni-duesseldorf.de/WWW/AWMF/II/II_list.htm.

45 Mund-Kiefer-Gesichtschirurgie: 76; Kinderchirurgie: 70; HNO-Chirurgie: 66.

46 www.uni-duesseldorf.de/WWW/DKG/Richtlinien/echokard.htm.

3. Kapitel : Ärztliche Leitlinien als Schutzgesetze

Gemäß § 823 Absatz 2 BGB ist derjenige zum Schadensersatz verpflichtet, welcher gegen ein den Schutz eines anderen bezweckendes Gesetz verstößt. Die Untersuchung der ärztlichen Leitlinien hat damit von der Frage auszugehen, ob diese Normen den Schutz eines anderen bezweckende Gesetze sind. Hierzu soll zunächst dargestellt werden, welche Voraussetzungen allgemein an ein Gesetz zu stellen sind. Hieran schließt sich eine Untersuchung der Gesetzesqualität der einzelnen Normen an. Soweit die Gesetzesqualität zu bejahen ist, wird weiter zu prüfen sein, welche besonderen Voraussetzungen zur Annahme eines Schutzgesetzes gegeben sein müssen und welche Folgerungen sich hieraus für die zu untersuchenden Normen ergeben.

I. Gesetz

Grundlegende Voraussetzung ist, daß es sich bei der betreffenden Norm um ein Gesetz handelt. Nach der Legaldefinition des Artikel 2 EGBGB ist Gesetz im Sinne des BGB jede Rechtsnorm. Rechtsnormen sind die Regeln des objektiven Rechts, die allgemeinverbindlichen abstrakten Gebote, Verbote und Erlaubnissätze.[1] Unbestritten hierher gehören alle formellen Bundes- und Landesgesetze.[2] Da Artikel 2 EGBGB keinerlei Voraussetzungen an die Herkunft der Rechtsnorm stellt, kann der Begriff der Rechtsnorm nicht auf den formellen Gesetzesbegriff beschränkt werden. Vielmehr umfaßt der Gesetzesbegriff des Artikel 2 EGBGB alle materiellen Gesetze[3] einschließlich des Gewohnheitsrechts.[4] Allerdings ist auch der Gesetzesbegriff des Art. 2 EGBGB auf staatliche Rechtsetzungsmacht beschränkt. Eine Norm kann daher nur dann als Rechtsnorm qualifiziert werden, wenn der Staat die Normsetzung selbst vornimmt oder gestattet.[5] Als auf dem staatlichen Rechtsetzungsmonopol

---

1 Vgl. BGH NJW 1965, 2007.

2 Staudinger-Hager § 823 Rn. G 9.

3 Vgl. Palandt-Heinrichs, Einleitung, Rn. 19 ff.; Staudinger-Merten, Art. 2 Rn. 3 EGBGB; Larenz/Canaris, Schuldrecht BT, 2. Bd., 2 Halbband § 77 II 1, Fikentscher, Schuldrecht § 104 II 1.

4 Wie beispielsweise der Rechtsfigur der culpa in contrahendo, BGH NJW 1979, 1983.

5 Spickhoff, Gesetzesverstoß und Haftung, S. 75 f.; Taupitz, Berufsordnungen, S.

beruhend ist von der Rechtsverordnung bis zur Satzung öffentlichrechtlicher Körperschaften jede hoheitliche Anordnung, die für eine unbestimmte Vielzahl von Personen gilt, Gesetz im Sinne des BGB. Die staatliche Rechtsetzung wirkt zudem als Beschränkung für die untergesetzliche Normsetzung. Ein Verstoß gegen höherrangiges Recht -insbesondere gegen die Verfassung- führt zur Nichtigkeit der untergesetzlichen Rechtsnorm.[6]

Wie bereits im 2. Kapitel dargelegt, existieren Normen in der Medizin in den verschiedensten rechtlichen Gewändern. Diese reichen von ministeriellen Richtlinien[7] über satzungsmäßige Festschreibungen[8] bis hin zu Verträgen.[9] Es ist daher im folgenden zu prüfen, inwiefern diese verschiedenen Rechtsinstitute als Rechtsnormen i. S. d. Artikel 2 EGBGB zu behandeln sind. Eine Abgrenzung hat dabei entsprechend obiger Definition an den Merkmalen der Allgemeinverbindlichkeit bzw. Außenwirkung und der Hoheitlichkeit der Anordnung zu erfolgen.

597.

6 Ausführlich und differenziert: Ossenbühl, NJW 1986, 2805 ff.

7 So die Richtlinie Strahlenschutz in der Medizin.

8 So die Maßnahmen der Landesärztekammern.

9 Gemäß § 115 b SGB V (Spitzenverbände der Krankenkassen, Deutsche Krankenhausgesellschaft und KBV) und § 135 II 1 SGB V (Vertragspartner der Bundesmantelverträge).

1. Gesetzesqualität ministerieller Richtlinien

Bei ministeriellen Richtlinien, wie der Richtlinie Stahlenschutz in der Medizin, handelt es sich bereits mangels ausdrücklicher gesetzlicher Ermächtigung der Ministerien zum Normerlaß i. S. d. Artikel 80 GG grundsätzlich um bloße Verwaltungsvorschriften. Der Begriff der Verwaltungsvorschrift wird als Sammelbegriff für innerstaatliche Anweisungen jeglicher Erscheinungsform verwendet.[10]

Der Unterschied zwischen Verwaltungsvorschrift und Rechtsnorm liegt in der fehlenden Außenwirkung von Verwaltungsvorschriften. Verwaltungsvorschriften werden regelmäßig zur verwaltungsinternen Organisation und zur Koordination des Verwaltungshandelns erlassen.[11] Die interne Organisation entfaltet lediglich Rechtswirkungen gegenüber nachgeordneten Behörden und Bediensteten und regelt deren Verhalten. Für die außerhalb der Verwaltung stehenden Bürger werden hingegen grundsätzlich keine Rechte und Pflichten unmittelbar begründet; eine Außenwirkung ist (bereits begrifflich) nicht denkbar.[12]

a) Norminterpretierende und ermessenslenkende Verwaltungsvorschriften

Bei Verwaltungsvorschriften, die das nach außen wirkende Verwaltungshandeln des Staates koordinieren, besteht indessen insoweit eine Außenwirkung als das behördliche Handeln durch die Verwaltungsvorschrift bestimmt wird. Derartige Vorschriften finden sich oftmals zur Ausfüllung von gesetzlichen Interpretations- oder Ermessensspielräumen. Diese Vorschriften haben den Sinn, die einheitliche Anwendung eines Gesetzes zu gewährleisten.[13] Beispielsweise ist die nach §§ 3, 6 StrlSchV erforderliche Genehmigung davon abhängig, daß der Antragsteller die für den Strahlenschutz erforderliche Fachkunde besitzt. Wel-

---

10 Aufzählung bei Staudinger-Merten Art. 2 EGBGB Rn. 33: Erlaß, Verfügung, Technische Anweisung, Richtlinie, Anordnung, Befehl, Verwaltungsordnung.

11 Ossenbühl in Erichsen/Martens § 6 V 1.

12 Vgl. Rupp, JuS 1975, 609, 616; Staudinger-Merten Art. 2 EGBGB Rn. 34; Gerhardt, NJW 1989, 2233; BVerwG NJW 1975, 180 (Wehrdienst).

13 Bekanntestes Beispiel sind die Einkommensteuerrichtlinien des Finanzministeriums.

ches Maß an Fachkunde erforderlich ist, bestimmt Ziffer 3.1.5. der Richtlinie „Strahlenschutz in der Medizin“ i. V. m. den Anlagen A 1, A 2 und A 3 der Richtlinie. Weist der Antragsteller die hier vorgeschriebene Ausbildung nach, so wird ihm die zuständige Behörde insoweit die Genehmigung nicht versagen. Genügt er den Anforderungen nicht, da er beispielsweise nur 22 statt der nach Ziffer 2.3.1 der Anlage 1 vorgeschriebenen 24 Monate in der Strahlentherapie tätig war, wird ihm die Genehmigung nicht erteilt werden.

Obwohl es sich bei den Verwaltungsvorschiften nicht um Gesetze im herkömmlichen Sinne handelt, wird aufgrund der gesetzesähnlichen Rechtswirkungen gegenüber dem Bürger teilweise eine unmittelbare Außenwirkung und damit die Rechtsnormqualität derartiger Richtlinien angenommen.

aa) Lehre der norminterpretierenden und ermessenslenkenden Verwaltungsvorschrift

Da die Verwaltung an die Verwaltungsvorschriften gebunden ist, kommt diesen nach einer Ansicht Rechtsnormqualität zu. Die Bindung der Verwaltung bestehe hierbei nicht nur verwaltungsintern sondern auch im Außenverhältnis zum Bürger. Aufgrund des allgemeinen Gleichheitssatzes des Artikel 3 Absatz 1 GG habe der Bürger einen Anspruch auf Gleichbehandlung. Da die Verwaltung damit alle vergleichbaren Fälle anhand der Vorgaben der Verwaltungsvorschrift gleich zu entscheiden habe, begründe die Verwaltungsvorschrift die Berechtigung bzw. die Verpflichtung des Einzelnen.[14]

Diese Berechtigung bzw. Verpflichtung entstehe nicht erst durch die Anwendung der betreffenden Vorschrift sondern bereits mit deren Erlaß.[15] Dies folge aus dem Gebot der Rechtmäßigkeit der Verwaltung. Die Rechtmäßigkeit der Verwaltung binde diese intern an die Verwaltungsvorschrift, so daß bereits vor deren erstmaliger Anwendung feststehe, daß die Verwaltung nunmehr alle einschlägigen Fälle anhand der Ver-

---

14 Pietzcker, NJW 1981, 2087, Maurer, Allgemeines Verwaltungsrecht § 24 Rn. 22; Ossenbühl, Verwaltungsvorschriften und Grundgesetz, S. 514 ff.; Achterberg, Verwaltungsrecht, § 16 Rn. 62.

15 Ossenbühl in Erichsen/Martens § 6 V 4; Scheffler, DÖV 1980, 236, 239; BVerwG DVBl. 1982, 195, 197.

waltungsvorschrift (gleich) entscheiden werde.[16] Daher verstehen die Vertreter dieser Ansicht Verwaltungsvorschriften als „antizipierte Verwaltungspraxis". Dies führe dazu, daß der Bürger über Artikel 3 GG als „Umschaltnorm" durch die Verwaltungsvorschrift unmittelbar berechtigt bzw. verpflichtet werde.[17]

bb) Kritik

Die Konstruktion einer unmittelbaren Außenwirkung norminterpretierender und ermessenslenkender Verwaltungsvorschriften über Artikel 3 GG überzeugt nicht. So ist bereits fraglich, wie eine unmittelbare Außenwirkung bestehen soll, wenn diese erst über Artikel 3 GG als „Umschaltnorm" vermittelt wird. Nicht plausibel ist dabei insbesondere die Konstruktion der „antizipierten Verwaltungspraxis". Da diese Verwaltungspraxis noch nicht besteht, kann sich niemand auf eine entsprechende Gleichbehandlung berufen. Nunmehr über die Pflicht zur Gleichbehandlung eine Verwaltungspraxis zu antizipieren, dürfte ein Zirkelschluß sein, da die Pflicht zur Gleichbehandlung erst mit der Verwaltungspraxis entsteht.[18] In diesem Sinne kann auch das Gebot der Rechtmäßigkeit der Verwaltung keine unmittelbare Außenwirkung der Verwaltungsvorschriften begründen. Die Bindung zur Befolgung der Verwaltungsvorschriften besteht schließlich nur verwaltungsintern.[19]

Aber selbst wenn man dies außer acht lassen würde, bestünde eine unmittelbare Außenwirkung von Verwaltungsvorschriften aufgrund der Selbstbindung der Verwaltung nicht, da der Anspruch bzw. die Verpflichtung des Bürgers nur aufgrund des Handelns der Verwaltung und unter Berücksichtigung von Artikel 3 GG entsteht. Der Anspruch wäre daher auch entstanden, wenn es die Verwaltungsvorschrift nicht gäbe. Folglich besteht insoweit allenfalls eine mittelbare Außenwirkung, die erst durch den Vollzug der Vorschrift entsteht.[20] Zum anderen besteht

[16] Umfassend zur Selbstbindung der Verwaltung: Pietzcker, NJW 1981, 2087.

[17] Ossenbühl in Erichsen/Martens § 6 V 4.

[18] Für Rupp, JuS 1975, 609, 615 handelt es sich daher bei dieser Konstruktion um einen Zaubertrick; Achterberg, Verwaltungsrecht, § 16 Rn. 62; Guttenberg, JuS 1993, 1006, 1008.

[19] Vgl. Scheffler, DÖV 1980, 236, 238; Lange, NJW 1992, 1193, 1195.

[20] Achterberg, Allg. Verwaltungsrecht, § 16 Rn. 62; Maurer, Verwaltungsrecht § 24 Rn. 22.

auch durch die Selbstbindung der Verwaltung kein unmittelbarer klagbarer Anspruch des Bürgers. Ein derartiger Anspruch und damit eine unmittelbare Außenwirkung kann letztlich nur angenommen werden, wenn die Rechtsprechung an die Norm gebunden ist. Nach dem Grundsatz „keine Gleichheit im Unrecht“ kann sich jedoch niemand auf eine ständige Verwaltungspraxis berufen, wenn diese rechtswidrig ist.[21] Entsprechendes muß folglich für Verwaltungsvorschriften gelten. D. h. daß die Rechtsprechung die Rechtmäßigkeit der Verwaltungsvorschrift zu prüfen hat, wenn jemand einen Anspruch auf eine Verwaltungsvorschrift stützt. Dabei ergibt sich die Rechtmäßigkeit der Verwaltungsvorschrift als niederrangiges Recht[22] aus ihrer Vereinbarkeit mit höherrangigem Recht. Entscheidend für die Frage des Bestehens eines Anspruchs ist damit allein das zugrunde liegende Gesetz.[23] Verwaltungsvorschriften haben hier für den Richter keinen größeren Bindungswert als Stellungnahmen des Schrifttums.[24] Die Selbstbindung der Verwaltung begründet daher weder im Bereich des faktischen noch im Bereich des normativen Verwaltungshandelns eine unmittelbare Außenwirkung.

Aufgrund der Gewaltenteilung (Artikel 20 Absatz 3 GG) ist diese auf der Verwaltungsvorschrift beruhende Gesetzesanwendung für die Rechtsprechung unverbindlich.[25] Demzufolge begründen Verwaltungsvorschriften weder Rechte noch Pflichten für die Bürger. Rechte und Pflichten bestehen letztlich allein aufgrund des der Verwaltungsvorschrift zugrunde liegenden formellen Gesetzes bzw. der darauf beruhenden Rechtsverordnung.[26] Norminterpretierende und ermessenslenkende Verwaltungsvorschriften sind daher nicht als Rechtsnormen i. S. d. Art. 2 EGBGB zu qualifizieren und können damit keine im Rahmen des § 823 Abs. 2 BGB zu beachtenden Schutzgesetze sein.

---

21 Vgl. Götz, NJW 1979, 1478 ff., Pietzcker, NJW 1981, 2087; Stern, Staatsrecht I, Kap. 20 IV 4; Guttenberg JuS 1993, 1006, 1008.

22 Die Rechtssatzqualität von Verwaltungsvorschriften ist dagegen nach heutigem Normenverständnis unumstritten; vgl. Maurer, Verwaltungsrecht § 24 Rn. 3.

23 Daher macht auch ein Verstoß gegen eine Verwaltungsvorschrift einen Verwaltungsakt nicht rechtswidrig solange kein Gesetzesverstoß vorliegt, vgl. Stern, Staatsrecht I, Kap. 20 IV 4.

24 Ossenbühl in: Erichsen/Martens § 6 V 4; Lange NJW 1992, 1193, 1195.

25 Vgl. Backherms, JuS 1980, 9, 12; Arndt, JuS 1979, 784, 787.

26 Maurer, Verwaltungsrecht, § 24 Rn. 29 f.; Stern, Staatsrecht I, Kap. 20 IV 4.

b) Normkonkretisierende Verwaltungsvorschriften

Umstritten ist hingegen, ob Verwaltungsvorschriften im Bereich der technischen Sicherheit, wie beispielsweise im Bereich des Strahlenschutzes, eine unmittelbare Außenwirkung -und damit ggf. Rechtsnormqualität- zukommt, wenn die Verwaltung die betreffenden Vorschriften zur Konkretisierung eines ausfüllungsbedürftigen Gesetzes -etwa eines Beurteilungsspielraumes- erlassen hat. Die nach §§ 3, 6 StrlSchV erforderliche Genehmigung ist beispielsweise u. a. davon abhängig, daß die Einrichtungen vorhanden sind, die nach dem Stand von Wissenschaft und Technik zur Einhaltung der Schutzvorschriften erforderlich sind. Diese räumlichen und apparativen Voraussetzungen werden in Ziffer 3.2 und 3.3 der Richtlinie Strahlenschutz in der Medizin und den dazu gehörigen Anlagen A 9 und A 10 konkretisiert. Eine derartigen Konkretisierung des unbestimmten Rechtsbegriffes vom „Stand von Wissenschaft und Technik“ soll nach einer Ansicht eine rechtsnormähnliche Verbindlichkeit zukommen, indem die Gerichte an die Vorgabe gebunden sein sollen. Hiernach wäre die für eine Rechtsnorm erforderliche Außenwirkung der Verwaltungsvorschriften gegeben, so daß es sich bei den ministeriellen Richtlinien um Schutzgesetze handeln könnte.

aa) Lehre von der normkonkretisierenden Verwaltungsvorschrift

Eine Bindung der Rechtsprechung an Verwaltungsvorschriften nimmt eine im Schrifttum weitverbreitete Ansicht im Anschluß an die Wyhl-Entscheidung des BVerwG[27] im Bereich der technischen Sicherheit und des Umweltschutzes unter dem Begriff der normkonkretisierenden Verwaltungsvorschriften an.[28]

Voraussetzung einer derartigen Normkonkretisierung durch die Verwaltung ist nach dieser Ansicht, daß die zu konkretisierende Norm in besonderem Maße konkretisierungsbedürftig ist[29], was insbesondere bei

---

27 BVerwGE 72, 300 = NVwZ 1986, 208.

28 Ossenbühl, HStR III S. 438; Erbguth, DVBl. 1989, 473 ff.; Gerhardt, NJW 1989, 2233 ff.; Gusy DVBl. 1987, 497 ff.

29 Scheffler DÖV 1980, 236, 238 spricht insofern von „bewußt unvollständigen Gesetzen“ und „Freiräumen, die von einer gesetzlichen Regelung bewußt nicht erfaßt werden“.

dynamischen Verweisungen[30] auf den „Stand der Technik" u. ä. der Fall sein soll.[31] Soweit eine gesetzliche Ermächtigung der Verwaltung zum Normerlaß bestehe[32] und das Verfahren ihres Zustandekommens rechtsstaatlich und sachverständig geregelt sei, seien die Gerichte unmittelbar an die Normen gebunden.[33] Anderenfalls müßten die Gerichte in einem arbeits- und zeitaufwendigen Verfahren eine Normkonkretisierung in jedem Einzelfall selbst vornehmen.[34] Dies sei jedoch in Anbetracht des hohen Sachverstandes sowie der überlegenen personellen und sachlichen Ausstattung der Behörden (i. d. R. der Ministerien) durch die Gerichte nicht in gleichem Maße möglich.[35]

Zudem enthalte die zum Normerlaß berechtigende Ermächtigung zumeist eine Verpflichtung zur Anhörung der beteiligten Kreise. So ist beispielsweise nach § 51 BImSchG ein jeweils auszuwählender Kreis von Vertretern der Wissenschaft, der Betroffenen, der beteiligten Wirtschaft, des beteiligten Verkehrswesens und der für den Immissionsschutz zuständigen Landesbehörden anzuhören. Dies begründe eine sachliche Ausgewogenheit der Normen.[36]

Der Umstand, daß es sich terminologisch um Verwaltungsvorschriften handelt, sei zu vernachlässigen.[37] Die Funktion der Norm folge nicht aus deren rechtstheoretischer Begriffsbildung sondern durch eine umfassende Würdigung aller Aspekte. Zu diesen Aspekten zählten die Legitimation der Verwaltung aufgrund des Auftrages zur Normkonkretisierung, die große Fachkompetenz im Entscheidungsbereich sowie die überragen-

---

30 Zur Unterscheidung zwischen statischen und dynamischen Verweisungen siehe Soergel-Hartmann Art. 2 EGBGB Rn. 3: Die statische Verweisung verweist auf ein konkretes Gesetz in der geltenden Fassung während die dynamische Verweisung auf ein Gesetz in der jeweils geltenden Fassung verweist.

31 Diese Formulierung findet sich z. B. in § 48 Nr. 2 BImSchG.

32 Dies sei z. B. bei § 48 BImSchG und § 45 StrlSchV der Fall.

33 Vgl. OVG Lüneburg, NVwZ 1985, 357 (Buschhaus); Erbguth DVBl. 1989, 473, 484.

34 Vgl. Jarass, NJW 1987, 1225, 1227.

35 Vgl. Erbguth DVBl. 1989, 473, 485; Gusy DVBl. 1987, 497, 502; Gerhardt, NJW 1989, 2233, 2236 f.

36 Jarass, NJW 1987,1225,1230; Gerhardt, NJW 1989, 2233, 2236f; Gusy, DVBl. 1987, 497, 504 f.

37 Vgl. Hill, NVwZ 1989, 401, 403.

den Mittel zur Entscheidungsfindung.[38] Mit dem Erlaß der Vorschriften übe die Verwaltung eine eigene Funktion aus. Wie sich aus Artikel 83 f. GG ergebe, handele es sich bei Verwaltungsvorschriften um administratives Vollzugsrecht. Soweit gesetzliche Regelungen nicht bestünden, folge aus der Handlungs- und (Einzelfalls-) Entscheidungspflicht der Verwaltung die Kompetenz zum Erlaß von Regeln zum Vollzug der Gesetze.[39] Die Verpflichtung, eine Entscheidung im Einzelfall zu treffen, begründe zugleich die Berechtigung, die Summe gleichgelagerter Einzelfälle durch den Erlaß von Verwaltungsvorschriften im voraus zu entscheiden.[40] Da die Gerichte die Einzelfallentscheidungen gemäß § 114 VwGO nur auf Ermessensfehler überprüfen dürften, müsse dies auch für im voraus abstrakt getroffene, als Norm formulierte Entscheidungen gelten.

Eine Unterscheidung zwischen Rechtsverordnung und Verwaltungsvorschrift ergebe sich hauptsächlich aus der Reichweite der inhaltlichen Geltung und Flexibilität. Rechtsverordnungen dienten dazu, Gesetze zu vervollständigen. Demgegenüber dienten Verwaltungsvorschriften dazu, Gesetze unter Ausnutzung der von diesen eingeräumten[41] Gestaltungsfreiräumen unter Einbeziehung eigener Wertungen zu vollziehen.[42] Entscheidender Unterschied zu einer bloßen Leitlinie sei, daß die Vorschriften abwägende Bewertungen auf tatsächlicher und politischer Ebene enthalten, so daß sie einem politischen Gesamtkonzept zur Gesetzesanwendung entsprächen.[43]

Der verfassungsrechtlich vorgeschriebene Gesetzesvorbehalt werde nicht verletzt, da der Gesetzgeber nach wie vor die normativen Grundentscheidungen selbst zu treffen habe. Da sich im Recht der technischen Sicherheit die Verhältnisse ständig änderten, liege es in der Natur der Sache, daß der Gesetzgeber nur das Wesentliche in Gesetzesform

---

38 Vgl. Hill NVwZ 1989, 401, 403; Erbguth DVBl. 1989, 473, 480, Scheffler DÖV 1980, 236, 237.

39 Vgl. Erbguth DVBl. 1989, 473, 480.

40 Vgl. Gusy DVBl. 1987, 497, 498; Ossenbühl in: Erichsen/Martens § 6 V 4.

41 Nach Scheffler DÖV 1980, 236, 237 ist diese Machtübertragung vom Wohlwollen des Gesetzgebers abhängig, da er die Verwaltungsvorschriften durch Erlaß entsprechender Gesetze jederzeit aufheben könne.

42 Vgl. Ossenbühl, Verwaltungsvorschrift und Grundgesetz, S. 164 ff.; Erbguth, DVBl. 1989, 473, 477.

43 Hill, NVwZ 1989, 401, 409.

bestimmen könne. Die Festlegung von Details dürfe der Gesetzgeber der Exekutive dabei zur Ausfüllung der Norm durch Verwaltungsvorschriften überantworten. Insoweit sei es dem Gesetzgeber unbenommen, der Verwaltung Gestaltungs-, Ermessens- und Beurteilungsspielräume durch Gesetz zu übertragen. Die Konkretisierung dieser Spielräume durch Verwaltungsvorschriften ermögliche erst die Vollziehung des abstrakten Gesetzes.[44] Da die Verwaltung zur Vollziehung der Gesetze berufen sei, sei die Pflicht zur Konkretisierung der Gesetze eine Nebenpflicht neben deren Vollziehung.[45]

Ferner sei es grundsätzlich die Sache des Gesetzgebers, welche Kompetenzen er übertragen wolle. Da der Gesetzgeber der Verwaltung eine seiner eigenen Aufgaben überantwortet habe, seien die Verwaltungsvorschriften dem Funktionsbereich des Gesetzgebers zuzuordnen. Aus dem Grundsatz der Gewaltenteilung folge, daß die hiernach von der Verwaltung erlassenen Verwaltungsvorschriften der gerichtlichen Kontrolle entzogen seien, soweit die Verwaltungsvorschriften mit höherrangigem Recht zu vereinbaren seien.[46]

Die Befugnis des Gesetzgebers, die Normkonkretisierung auf die Verwaltung zu übertragen, sei allerdings auf den Bereich kaum grundrechtsrelevanter Maßnahmen beschränkt. Einschneidende Eingriffe in Grundrechtspositionen, wie etwa Vergaberichtlinien für die Bewerberauswahl bei der Vergabe von Genehmigungen für den Güterfernverkehr müßten vom Gesetzgeber selbst geregelt werden.[47]

Andererseits müsse die Bindungswirkung der Norm dort ihre Grenzen finden, wo die Besonderheiten des konkreten Falles von der Norm nicht erfaßt würden. Dies sei bei atypischen Sachverhalten und neuen wis-

---

44 Gusy, DVBl. 1987, 497, 498.

45 Vgl. Hill, NVwZ 1989, 401, 408; Gusy, DVBl. 1987, 497, 498.

46 Vgl. Erbguth, DVBl. 1989, 473, 485 f.; vgl. auch Hill, NVwZ 1989, 401, 403, der sich auf die Sasbach-Entscheidung des BVerfG (BVerfG NJW 1982, 2173) beruft. M. E. ist dies der Entscheidung nicht zwingend zu entnehmen, da diese lediglich besagt, daß normativ eröffnete Spielräume nicht überprüfbar seien. Nicht gesagt wird in dieser Entscheidung hingegen, daß Verwaltungsvorschriften hiervon umfaßt seien. Die Entscheidung kann demnach auch dahingehend verstanden werden, daß lediglich die Entscheidung im Einzelfall nicht überprüfbar ist, vgl. § 114 VwGO.

47 BVerwGE 39, 197; Ossenbühl in: Erichsen/Martens § 6 V 4.

senschaftlichen Erkenntnissen der Fall.[48] Bei Vorliegen von Anhaltspunkten für eine Unzulänglichkeit der Norm dürften die Gerichte diese unter Mithilfe von Sachverständigen auch inhaltlich überprüfen.

bb) Kritik

Wie Maurer[49] zutreffend feststellt, steht und fällt die Lehre vom originären Administrativrecht mit der Prämisse, daß der Verwaltung eine Rechtsetzungskompetenz zusteht.

Eine solche ist bereits unter dem Gesichtspunkt der Gewaltenteilung fraglich. Gemäß Artikel 20 Abs. 3 GG ist die Verwaltung als vollziehende Gewalt an Gesetz und Recht gebunden. Insofern bestehen bereits semantische Schwierigkeiten, Verwaltungsvorschriften als Außenrechtsnormen zu qualifizieren. Mit der Anerkennung einer Befugnis der Exekutive zum Normerlaß würde es sich bei dieser nicht nur um die vollziehende, sondern auch um die erlassende bzw. rechtsetzende Gewalt handeln. Die grundgesetzliche Bindung der Verwaltung an Gesetz und Recht wäre zudem ein stumpfes Schwert, wenn die Verwaltung selbst Normen erlassen könnte, die gerichtlich nicht oder nur eingeschränkt überprüfbar wären.[50]

Zwar sieht Artikel 80 des GG ausdrücklich die Möglichkeit vor, daß der Gesetzgeber die Exekutive zum Erlaß von Rechtsverordnungen ermächtigen kann. Dies muß jedoch für jeden Einzelfall durch Gesetz erfolgen. Daher ist es zu weitgehend, von „bewußt unvollständigen Gesetzen"[51] auf eine Befugnis zum Normerlaß zu schließen.[52] Einerseits geht Artikel 80 Absatz 1 Satz 1 GG von einer ausdrücklichen Ermächtigung aus, wenn diese durch Gesetz übertragen werden soll. Daß diese Ermächtigung der Verwaltung zum Normerlaß durch Interpretation des zu konkretisierenden Gesetzes auf dessen bewußte Unvollständigkeit gewonnen werden kann, überzeugt nicht. Soweit das zu konkretisierende

---

48 Vgl. Erbguth, DVBl. 1989, 473, 486; Hill, NVwZ 1989, 401, 409; Ossenbühl in: Erichsen/Martens § 6 V 4.

49 Maurer, Allgemeines Verwaltungsrecht § 24 Rn. 25 a.

50 Zu denken ist hierbei insbesondere an § 49 Abs. 2 Nr. 4 VwVfG, der den Widerruf eines Verwaltungsaktes ermöglicht, wenn die Behörde aufgrund geänderter Rechtsvorschrift berechtigt wäre, den Verwaltungsakt nicht zu erlassen.

51 Scheffler, DÖV 1980, 236, 237.

52 Vgl. Lange, NJW 1992, 1193, 1195.

Gesetz keine Aussage dazu enthält, ob es durch die Verwaltung vervollständigt werden soll oder nicht, dürfte die Feststellung einer bewußten Unvollständigkeit vielfach nicht möglich sein. Damit bliebe es der Verwaltung überlassen, zu entscheiden, welches Gesetz sie vervollständigen will. Um dies zu verhindern müßte der (formelle) Gesetzgeber in jedem Gesetz zum Ausdruck bringen, daß er eine Konkretisierung durch die Verwaltung nicht wünscht. Daher schreibt Artikel 80 Absatz 1 Satz 2 GG vor, daß Inhalt, Zweck und Ausmaß der erteilten Ermächtigung im Gesetz bestimmt sein müssen. Satz 3 der Vorschrift bestimmt darüber hinaus, daß die Verwaltung bei Erlaß von Rechtsverordnungen die Ermächtigungsgrundlage anzugeben hat.[53] Ein Verstoß gegen dieses Zitiergebot führt zur Nichtigkeit der Rechtsverordnung.[54] Weiterhin treten Gesetze und Rechtsverordnungen gemäß Artikel 82 GG erst mit ihrer Verkündung in Kraft. Verwaltungsvorschriften werden hingegen typischerweise nicht veröffentlicht.[55] Nach einer Entscheidung des Bundesverfassungsgerichts soll mangels eines besonderen berechtigten Interesses nicht einmal ein Auskunftsanspruch des Bürgers bzgl. des Inhaltes von Verwaltungsvorschriften bestehen.[56]

Nach alldem ist ersichtlich, daß Verwaltungsvorschriften den hohen Anforderungen des Grundgesetzes für den Erlaß von Rechtsverordnungen nicht genügen. Demzufolge kann sich eine Befugnis der Verwaltungsbehörden zum Normerlaß nicht aus dem eng begrenzten Bereich der Rechtsverordnung im Sinne des Artikel 80 GG ergeben. Da Verwaltungsvorschriften die restriktiven formalen Voraussetzungen für Rechtsverordnungen nicht erfüllen, spricht dies bereits gegen deren Rechtsnormqualität. Das Grundgesetz kennt mit Artikel 80 GG einen Weg, die Verwaltung zur Schaffung allgemeinverbindlicher Rechtsregeln zu ermächtigen. Für die Erteilung und den Gebrauch der Ermächtigung ist zudem in Artikel 80 Absatz 1 und Artikel 82 GG ein besonderes Verfahren vorgeschrieben. Diese Vorschriften würden ihren Sinn verlieren, wenn Rechtsnormen auch auf anderem Wege erlassen werden könnten.[57]

---

53 Vgl. Schmidt-Bleibtreu/Klein Art. 80 Rn. 67 f.

54 Neuerdings verlangt das BVerfG die Zitierung sämtlicher Ermächtigungsgrundlagen falls eine Verordnung auf mehreren Ermächtigungen beruht, BVerfG NJW 1999, 3253 (Legehennen) mit krit. Anm. Roellecke, NJW 1999, 3245.

55 Guttenberg Jus 1993, 1009, 1009.

56 BVerwGE 61, 15, 20 ff.

57 Guttenberg, Jus 1993, 1009, 1010; Rupp, JuS 1975, 609, 612; Lange, NJW 1992, 1193, 1195.

Da Verwaltungsvorschriften keine Rechtsverordnungen darstellen und dennoch ähnliche Rechtswirkungen wie Rechtsverordnungen entfalten sollen, stellt sich die Frage, wodurch sie ihre demokratische Legitimation erhalten haben sollen. Eine Legitimation der Verwaltung zum Normerlaß aufgrund des Auftrages zur Normkonkretisierung, der großen Fachkompetenz in dem zu regelnden Bereich sowie der überragenden Mittel zur Entscheidungsfindung,[58] kommt m. E. nicht in Betracht. Der Auftrag der Verwaltung zur Normkonkretisierung besteht mit einem gerichtlich nicht bzw. nur eingeschränkt nachprüfbaren Inhalt nur bei Ermessensnormen im Rahmen von Einzelfallentscheidungen. Wie bereits dargelegt, sind selbst die Verwaltungsvorschriften zur Festlegung dieses Ermessens nicht unmittelbar außenwirksam.[59]

Jenseits des Bereiches der Ermessensnormen fehlt darüber hinaus bereits die Befugnis zur unüberprüfbaren Einzelfallentscheidung. Insbesondere die hier interessierenden unbestimmten Rechtsbegriffe wie „Stand der Technik“ (§ 48 Nr. 2 BImSchG), „nach dem Stand von Wissenschaft und Technik“ (§ 6 I Nr. 5 StrhlSchV) usw. sind auch im Rahmen von Einzelfallentscheidungen gerichtlich voll überprüfbar.[60] Insofern kann eine Verwaltungsvorschrift, die einen unbestimmten Rechtsbegriff konkretisiert, die Gerichte weder allgemein noch im Einzelfall binden.[61] Vielmehr müssen die Gerichte im Einzelfall selbst bestimmen, welche medizinischen Apparate beispielsweise dem Stand der Technik i. S. d. § 6 StrhlSchV zur Zeit der Entscheidung entsprechen. Mit der Verweisung auf den Stand der Technik hat der Gesetzgeber letztlich zum Ausdruck gebracht, daß sich die Einzelfallentscheidung nach objektiven Kriterien richten soll. Diese können in einer Norm zwar wiedergegeben werden, eine Festlegung durch die Norm ist hingegen nicht möglich. Daher müssen die Gerichte feststellen, ob der Stand der Technik in der Norm zutreffend wiedergegeben wird. Dies mag zwar in Anbetracht der Fachkompetenz und Ausstattung der Verwaltung eine im Regelfall überflüssige Prozedur sein. Letztlich ist aber weder auszuschließen, daß die Vorschrift dennoch einen Fehler enthält, noch daß sie aufgrund politischer Einschätzung den Stand der Technik nicht objektiv wiedergibt.[62]

---

58 So Hill, NVwZ 1989, 401, 403; Erbguth, DVBl. 1989, 473, 480, Scheffler, DÖV 1980, 236, 237.

59 3. Kap. I. 1. a).

60 Guttenberg, JuS 1993, 1006, 1008.

61 Vgl. Backherms, JuS 1980, 9, 12.

62 So wird der Umweltminister den Bündnis 90 /Grünen im Atomrecht ein anderes Verständnis von der nach dem Stand von Wissenschaft und Technik erforderli-

Eine Einschätzungsprärogative der Verwaltung besteht dabei grundsätzlich nicht.[63] Die verfassungsrechtlich vorgeschriebene Gewaltenteilung besteht auch zur Kontrolle der Verwaltung durch die Gerichte. Der Verwaltung einen gerichtlich nicht kontrollierbaren Freiraum zuzubilligen, steht dem diametral gegenüber. Dies läßt sich auch nicht damit rechtfertigen, daß man die Verwaltung im Bereich der Normkonkretisierung als abhängiges Anhängsel des Gesetzgebers betrachtet, der die Verwaltungsvorschriften jederzeit durch Erlaß entsprechender Gesetze aufheben könne.[64] Die verfassungsrechtlich garantierte Gewaltenteilung ist eines der obersten Rechtsprinzipien, welches keine Aufweichung verträgt. Der Gesetzgeber kann nicht opportune Verwaltungsvorschriften nur so lange aufheben, wie er zum Erlaß entsprechender Gesetze fähig ist.[65] Die geschichtlichen Erfahrungen zeigen hingegen, daß dies nicht immer möglich war.

Gleichermaßen kann eine Befugnis der Verwaltung zum Normerlaß nicht aus Artikel 83 f. GG hergeleitet werden. Artikel 84 Absatz 2 GG gibt der Bundesregierung die Befugnis zum Erlaß allgemeiner Verwaltungsvorschriften. Unbeschadet der Frage, ob und wie hieraus die Befugnis von Bundes- oder Landesministerien zum Normerlaß begründet werden soll, handelt es sich nur um die Berechtigung zum Erlaß allgemeiner Verwaltungsvorschriften.[66] Diese geben der Verwaltung lediglich die Befugnis, die formelle Ausgestaltung des Verwaltungsverfahrens durch Verfahrensvorschriften zu regeln. Eine Kompetenz der Verwaltung zur Regelung materiellrechtlicher Inhalte kann Artikel 83 f. GG hingegen nicht entnommen werden.[67] Eine politische Entscheidungsprärogative kann der Verwaltung allenfalls dort eingeräumt werden, wo der Stand der Technik einen Spielraum läßt bzw. wo mehrere sachlich richtige Entscheidungen möglich sind.

---

chen Vorsorge gegen Schäden haben als dessen Vorgänger von der CDU/CSU Fraktion. Vgl. allgemein: Jarass, NJW 1987,1225,1230; Gerhardt, NJW 1989, 2233, 2236f; Gusy, DVBl. 1987, 497, 504 f.

63 Vgl. Backherms, JuS 1980, 9, 13.

64 So wohl Scheffler, DÖV 1980, 236, 237.

65 Für Scheffler, DÖV 1980, 236,237 ist dies mehr eine Frage des Wollens als des Könnens, da er die Gefahr einer Verquickung der Gewalten sieht.

66 Vgl. hierzu BVerfGE 33, 1, 13; 40, 276, 283.

67 Schmidt-Bleibtreu/Klein Art. 84 Rn. 3 ff.; v. Münch Art. 84 Rn. 3.

Der rechtliche Ansatz, von der Entscheidungsbefugnis im Einzelfall auf die Befugnis zur Normkonkretisierung zu schließen, gibt letztlich das Maß der richterlichen Kontrollbefugnis: Soweit die Gerichte im Einzelfall befugt sind, die Entscheidung der Verwaltung zu überprüfen und zu verwerfen, soweit sind sie auch vor dem Hintergrund normkonkretisierender Verwaltungsvorschriften befugt, die hierauf beruhenden Entscheidungen der Verwaltung zu überprüfen und zu verwerfen.[68] Da die Gerichte sowohl Ermessensentscheidungen der Verwaltung als auch Entscheidungen über unbestimmte Rechtsbegriffe mit Beurteilungsspielraum[69] überprüfen dürfen, muß dies in dem vorgegebenen Rahmen auch gelten, wenn diese Entscheidungen auf Verwaltungsvorschriften basieren. Die Überprüfung ist hier zwar um den Ermessens- bzw. Beurteilungsspielraum eingeschränkt.[70] Die Gerichte haben aber dennoch zu überprüfen, ob sich die Verwaltungsentscheidung in diesem Spielraum bewegt.[71] Bei den unbestimmten Rechtsbegriffen „Stand der Technik“, „Stand von Wissenschaft und Technik“ usw. sind die Entscheidungen daher gerichtlich darauf überprüfbar, ob sie diesen Stand wiedergeben. Ist dies nicht der Fall, so muß das Gericht den Stand durch Heranziehung von Sachverständigen selbst ermitteln. Die Verwaltungsvorschrift findet dann keine Anwendung.[72] Hier liegt ein wesentlicher Unterschied zum herkömmlichen Gesetzesbegriff: Die traditionellen Gesetze führen zu einer absoluten Bindung der Gerichte. Die Entscheidung über deren Rechtswidrigkeit ist allein dem Bundesverfassungsgericht vorbehalten.[73]

Entscheidend ist damit letztlich, ob die Einzelfallentscheidung rechtmäßig ist. Diese Entscheidung mag zwar auf einer Verwaltungsvorschrift beruhen, für das Gericht ist dies jedoch unerheblich. Das Gericht ist allenfalls soweit mittelbar an die Verwaltungsvorschrift gebunden, soweit

---

68 Deutlich in BVerfGE 78, 214, 227 = NJW 1989, 666, 667: „Verwaltungsvorschriften mit materiell-rechtlichem Inhalt sind grundsätzlich Gegenstand, nicht jedoch Maßstab richterlicher Kontrolle.“

69 BVerfG NJW 1991, 2005 ff. (Prüfungsentscheidungen).

70 Ausführlich hierzu: Gusy, DVBl. 1998, 497, 500.

71 Vgl. Gusy, DVBl. 1987, 497, 499; dies erkennt auch BVerwGE 72, 320, 321 wenn es die Gerichte zur Prüfung der Willkürfreiheit ermächtigt.

72 Dies gilt gleichermaßen für die Verwaltung; auch diese muß bei Vorliegen besonderer Umstände von der Verwaltungsvorschrift abweichen können. Vgl. Lange, NJW 1992, 1193, 1195.

73 Guttenberg, JuS 1993, 1006, 1009 spricht insofern von Unverbrüchigkeit der Rechtsnormen.

die auf ihr beruhende Entscheidung der Verwaltung rechtmäßig ist.[74] Anderenfalls würde sich auch die Frage stellen, wie Verwaltungsvorschriften auf ihre Rechtmäßigkeit überprüft werden sollten.[75]

Darüber hinaus wäre selbst beim Bestehen einer unmittelbaren Außenwirkung von Verwaltungsvorschriften im Bereich des öffentlichen Rechts noch keine zwingende Zuordnung für den Bereich des Privatrechts vorgenommen.[76] Gerade hier würde die Verletzung des Gewaltenteilungsgrundsatzes besonders deutlich. Die Verwaltung hätte es nicht nur in der Hand, das Verhältnis zwischen Bürger und Staat festzulegen, sie könnte - gerichtlich unüberprüfbar - sogar festlegen, welche Verträge gemäß § 134 BGB nichtig sein sollen, unter welchen Voraussetzungen jemand gemäß § 823 Absatz 2 BGB zum Schadensersatz verpflichtet ist und wann jemand einen Abwehranspruch gegen einen anderen gemäß § 1004 BGB hat.[77] Insbesondere bei dem vorliegend interessierenden Schadensersatzanspruch gemäß § 823 Absatz 2 BGB verdeutlicht sich die Problematik: Mag die Verwaltungsvorschrift im öffentlich-rechtlichen Bereich noch so unbedeutend sein, die Grundsatzentscheidung, ob und wann jemand zum Schadensersatz verpflichtet ist, ist ein erheblicher Grundrechtseingriff. Sowohl die freie Entfaltung der Persönlichkeit gemäß Artikel 2 Absatz 1 GG als auch das gemäß Artikel 14 GG garantierte Eigentum werden hierdurch eingeschränkt. Nach der Wesentlichkeitstheorie steht die Entscheidung über Grundrechtseingriffe jedoch allein dem Gesetzgeber zu.[78]

---

[74] So wohl auch Gusy, DVBl. 1987, 497, 499, der dies als Grenze der Kompetenz der Dritten Gewalt bezeichnet; Guttenberg, JuS 1993, 1006, 1008.

[75] BVerwG NJW 1996, 2046 f. lehnt generell die Durchführung eines Normkontrollverfahrens für Richtlinien mit sachverständiger Beurteilung (kommunaler Mietspiegel) mangels Rechtsnormqualität ab.

[76] So auch Gusy, DVBl. 1987, 497, 505; Jarass, NJW 1987,1225,1230; MK-Mertens § 823 Rn. 183.

[77] BVerwG NJW 1996, 2046, 2048: Entscheidung über die Eignung eines Mietspiegels zur Begründung eines Mieterhöhungsverlangens ist von Rechts wegen Sache der ordentlichen Gerichte.

[78] Allgemein hierzu: Rupp, JuS 1975, 609, 613; zu den verfassungsrechtlichen Anforderungen an zivilrechtliche Schadensersatzvorschriften insbesondere im Bereich des § 823 II BGB siehe Peters, JZ 1983, 913.

c) Ergebnis

Verwaltungsvorschriften besitzen grundsätzlich keinen Rechtsnormcharakter i. s. d. Artikel 2 EGBGB, da sie regelmäßig als Binnenrecht der Verwaltung keine Allgemeinverbindlichkeit besitzen. Norminterpretierende und -konkretisierende Verwaltungsvorschriften haben keine unmittelbare Außenwirkung. Mangels Rechtsetzungsbefugnis der Verwaltung können die von der Verwaltung erlassenen Vorschriften die Gerichte und den Einzelnen nicht unmittelbar binden. Eine Bindung besteht allenfalls aufgrund des zugrunde liegenden Gesetzes. Damit sind auch die ministeriellen Richtlinien in der Medizin mangels unmittelbarer Außenwirkung keine Rechtsnormen i. S. d. Artikel 2 EGBGB und damit keine im Rahmen des § 823 Absatz 2 BGB zu beachtenden Gesetze.

2. Standesrechtliche Vorschriften

Auf der Ebene des ärztlichen Standesrechts existiert eine Vielzahl von Vorschriften, die von ihrem Regelungsgehalt als Schutzgesetze in Betracht kommen. Allerdings handelt es sich nur bei den wenigsten dieser Vorschriften um Rechtsnormen und damit um Gesetze i. S. d. § 823 Abs. 2 BGB.

a) Normen der Bundesärztekammer

Mangels Rechtsetzungsbefugnis der Bundesärztekammer kommt deren Normen keine verbindliche Außenwirkung zu.[79] Bei der Bundesärztekammer handelt es sich aufgrund der mangelnden Gesetzgebungsbefugnis des Bundes auf dem Gebiet des ärztlichen Berufsrechts[80] lediglich um einen privatrechtlichen (nicht eingetragenen) Verein.[81] Satzungen

---

79 Deutsch, Medizinrecht Rn. 22; Vesting, NJW 1997, 1605, 1606.

80 Nach BVerfG NJW 1955, 17 hat der Bund gemäß Artikel 72, 74 Nr. 19 GG im Rahmen der konkurrierenden Gesetzgebung lediglich die Befugnis Gesetze bzgl. der Zulassung zum Arztberuf zu erlassen. Nicht hiervon umfaßt sind die sog. Berufsausübungsregelungen. Vgl. auch BVerfG NJW 1999, 841, 843 (Bay. Schwangerenhilfeergänzungsgesetz); Vesting, NJW 1997, 1606, 1607.

81 Hörnemann, Selbstverwaltung, S.81; Taupitz, Die Standesordnungen der freien Berufe, S.748 ff.; ders. MedR 1998, S. 1, 2; Vogt, Ärztliche Selbstverwaltung, S.

privater Vereine entfalten nur kraft freiwilliger Unterwerfung der Mitglieder eine bindende Wirkung für diese.[82] Derartige Satzungen entsprechen daher am ehesten dem Rechtstypus des Vertrages, da sich jedes Mitglied bzgl. der Frage der persönlichen Geltung selbst entscheiden kann. Diese Entscheidung wird zunächst mit dem freiwilligen Vereinsbeitritt getroffen. Später hat das Mitglied durch sein Stimmrecht bei Abstimmungen zumindest grundsätzlich Einfluß auf den Satzungsinhalt.[83] Wenngleich der Einfluß des Einzelnen bei großen Vereinen nicht mehr zum Ausdruck kommt,[84] kann er sich zumindest durch Austritt aus dem Verein der Geltung der Satzung entziehen. Da der Bundesärztekammer diese Problematik bewußt ist, versucht sie gar nicht erst, bindendes Recht zu erlassen. Vielmehr sollen die Normen der Bundesärztekammer lediglich Empfehlungen für die Landesärztekammern darstellen, wie beispielsweise im Fall der Musterberufsordnung.[85]

b) Normen der Landesärztekammern

aa) Allgemeine Befugnis zum Erlaß von Rechtsnormen

Die Landesärztekammern verfügen hingegen als Körperschaften des öffentlichen Rechts[86] über die erforderliche Rechtsetzungsbefugnis. Diese wird ihnen regelmäßig durch die Kammergesetze für Heilberufe verliehen. So bestimmt beispielsweise § 6 des niedersächsischen Kammergesetzes für Heilberufe (KGH), daß sich die Kammern[87] eine Satzung geben.

---

144 ff.

82 Vgl. Soergel-Hartmann Art. 2 Rn. 9; Palandt-Heinrichs § 25 Rn 3; MK-Mertens § 823 Rn. 182.

83 Vgl. Staudinger-Merten Art. 2 EGBGB Rn. 91.

84 Taupitz, Standesordnungen, S. 549 ff. spricht insofern von einer rechtsnormähnlichen Wirkung.

85 Vgl. Laufs, Arztrecht, Rn. 65; Taupitz, JZ 1994, 221, 223; Kemmnitz in Hart, Ärztliche Leitlinien, S. 89, 96.

86 Diese Rechtsform ist für die niedersächsische Ärztekammer in § 1 Absatz 2 KGH festgelegt.

87 Das Gesetz verwendet hier den Plural, da es auch für die Apotheker-, Zahnärzte- und Tierärztekammer gilt.

Auch diese Satzung ist zwar nur für die Kammermitglieder verbindlich,[88] doch ist -anders als bei privaten Vereinen- der Inhalt der Satzung dem unmittelbaren Einfluß des Einzelnen entzogen. Die alleinige Befugnis zum Satzungserlaß liegt gemäß § 25 KGH bei der Kammerversammlung. Bei dieser handelt es sich gemäß § 16 KGH um ein weiteres Organ der Kammer neben dem Vorstand. Die Kammerversammlung wird von den Kammermitgliedern aus deren Mitte gewählt. Durch die Wahl der Kammerversammlung kann das einzelne Kammermitglied daher allenfalls mittelbaren Einfluß auf den Satzungsinhalt nehmen.

Ferner können sich Kammermitglieder auch nicht durch einen Austritt aus der Kammer der Geltung der Satzung entziehen. Gemäß § 2 KGH handelt es sich bei der Kammerzugehörigkeit um eine Zwangsmitgliedschaft. Das heißt, daß jeder approbierte, in Niedersachsen tätige Arzt unabhängig von seinem Willen Mitglied der Niedersächsischen Ärztekammer ist.[89] Die mangelnde Möglichkeit, Einfluß auf den Inhalt der Satzung zu nehmen oder sich der Geltung der Satzung zu entziehen, unterscheidet die Satzungen der Landesärztekammern damit von den Satzungen privater Vereine und damit von vertraglichen Vereinbarungen.

Auch das Argument, daß es sich bei den berufsständischen Satzungen um reines Innenrecht der Kammern handele und diesem daher keine Außenwirkung zukomme,[90] vermag an dem Rechtsnormcharakter der Satzungen nichts zu ändern. Hierbei ist bereits fraglich, ob den Satzungen überhaupt eine Außenwirkung abgesprochen werden kann. Zutreffend ist, daß Kammersatzungen zumeist auf eine Geltung gegenüber den Kammerangehörigen beschränkt sind. Zum Erlaß belastender Gesetze wird den Kammern regelmäßig die Befugnis fehlen, wenn Außenstehende einbezogen sein sollen.[91] Begünstigende Regelungen kann die Kammer jedoch auch ohne ausdrückliche gesetzliche Ermächtigung mit Drittwirkung erlassen.[92] Daß der Adressatenkreis der Satzungen zumeist

---

88 Vogt, Ärztliche Selbstverwaltung, S. 43.

89 Vgl. allgemein zur Pflichtmitgliedschaft Taupitz MedR 1998, 1, 6; Dettmeyer, NJW 1999, 3367, 3368; die Pflichtmitgliedschaft ist verfassungsrechtlich zulässig, vgl. BVerfGE 10, 89,102; 15, 235, 239.

90 So BGH NJW 1981, 2007, 2008.

91 Nach BVerfG NJW 1972, 1504 (Facharztbeschluß) gilt dies auch für nicht bloß unerhebliche Grundrechtseingriffe gegenüber den Kammerangehörigen. Vgl. auch Francke/Hart, Ärztliche Verantwortung, S. 146 f.; Laufs/Uhlenbruck-Laufs, Handbuch des Arztrechts, § 5 Rn. 7; BVerfG NJW 2000, 347, 348.

92 Zu denken ist hier beispielsweise an die Festlegung von Mindestvergütungen für

auf im Kammergebiet tätige Ärzte beschränkt ist, spricht ebensowenig gegen eine Außenwirkung wie die örtliche Beschränkung von Gemeindesatzungen, da jeder der in den sachlichen Geltungsbereich gerät der Satzung unterworfen ist.[93]

Entscheidend ist, worauf *Taupitz* zutreffend hinweist, daß es sich bei den Kammerordnungen aufgrund der staatlichen Verleihung von Hoheitsbefugnissen um die Ausübung staatlicher Macht gegenüber Bürgern handelt.[94] Diese wird den Kammern vom Staat wegen der größeren Sachnähe und Fachkompetenz übertragen.[95] Dies zeigt sich bei der Kammerordnung und der Berufsordnung der Ärztekammer Niedersachsen insbesondere daran, daß diese erst durch die aufsichtsbehördliche Genehmigung des Niedersächsischen Sozialministeriums in Kraft treten konnten, § 26 KHG. Demzufolge handelt es sich bei Kammersatzungen grundsätzlich um Angelegenheiten des Staates, die der Staat durch die Kammern regeln läßt.[96] Da die Kammern nicht zur staatseigenen Verwaltung gehören, treten die Rechtswirkungen der Satzungen außerhalb des Staates ein und entfalten damit die erforderliche Außenwirkung.[97] Damit können die Satzungen grundsätzlich als materielle Rechtsnormen im Sinne des Art. 2 EGBGB qualifiziert werden.[98]

Angestellte oder die Festlegung einer Hinterbliebenenversorgung.

93 Staudinger-Merten Art. 2 EGBGB Rn. 30; Schulin/Düe, JuS 1984 920, 924.

94 Taupitz FS Steffen, S. 493; ders., JZ 1994, 221, 224; Vogt, Ärztliche Selbstverwaltung, S. 42 ff.; allgemein: Achterberg, Verwaltungsrecht, § 16 Rn. 62; BVerwG NJW 1999, 2292, 2293 ff (Handwerkskammer).

95 Vgl. BVerfG NJW 1972, 1504,1506; BVerwG NJW 1999, 2292, 2293 f.; Ossenbühl in: Erichsen/Martens, Allgemeines Verwaltungsrecht § 7 VI 1; außerdem finden „eigene" Vorschriften eine größere Akzeptanz bei den Kammermitgliedern als vom Staat geschaffene Regelungen.

96 Vgl. BVerwG NJW 1999, 2292, 2293; Dettmeyer, NJW 1999, 3367.

97 Taupitz FS Steffen, S. 493; ders. Standesordnungen S. 1077.

98 Taupitz FS Steffen, S. 493; ders. Standesordnungen S. 1077; ders. MedR 1998, 1, 5; Vogt, Ärztliche Selbstverwaltung, S. 42 f.; Staudinger-Merten Art. 2 EGBGB Rn. 30; Palandt-Heinrichs Rn. 19 vor § 1;RGRK-Steffen § 823 Rn. 539; BVerfGE 10, 20; 33,125; a. A. AK-Reich § 823 II Rn. 2 allerdings ohne nähere Begründung nur allgemein für Berufsordnungen; Staudinger-Schäfer (12. Auflage) § 823 Rn. 576 f. unter Bezugnahme auf BGH NJW 1965, 2007, wo es nicht um die Rechtsnormqualität sondern um den Schutzzweck ging.

bb) Rechtsnormeigenschaft der einzelnen Rechtsquellen

Soweit festgestellt wurde, daß es sich bei Satzungen der Landesärztekammern um Rechtsnormen i. S. d. Art. 2 EGBGB handelt, ist damit noch nichts darüber gesagt, ob auch andere Rechtsquellen der Landesärztekammern die Rechtsnormeigenschaft erfüllen bzw. wann eine Vorschrift als Satzung zu qualifizieren ist.

Wie bereits dargelegt, sind Satzungen der Landesärztekammern nur dann als Rechtsnormen zu qualifizieren, wenn die Landesärztekammer die Satzungsbefugnis für den betreffenden Bereich hat. Dies wiederum setzt voraus, daß es sich um einen Gegenstand der Länderkompetenz handelt, zu dessen Regelung die Ärztekammer durch den Landesgesetzgeber ermächtigt wurde.[99] Soweit keine spezialgesetzliche Ermächtigung gegeben ist, muß auf die allgemeinen Satzungsermächtigungen der Kammergesetze zurückgegriffen werden.[100]

In § 25 des niedersächsischen KGH wird die Kammer zum Erlaß von Satzungen über die enumerativ aufgeführten Gegenstände ermächtigt. Dieser Aufgabenkatalog ist allerdings nicht abschließend, da es sich hierbei um eine exemplarische Auflistung handelt, was durch das Wort „insbesondere" zum Ausdruck gebracht wird. Die Zulässigkeit der Regelung nicht ausdrücklich der Ärztekammer zugewiesener Aufgaben durch dieselbe muß dann im Wege der Auslegung des Kammergesetzes unter Berücksichtigung sämtlicher Aufgaben der Ärztekammer und dem Sachbezug der Regelung ermittelt werden.[101] Eine explizite Satzungsermächtigung ist grundsätzlich nicht erforderlich.

Für die hier interessierenden Normen zur Steuerung der ärztlichen Behandlung besteht eine besondere Sachnähe zu der Satzungsbefugnis der Ärztekammer für die Berufsordnung und die Weiterbildungsordnung, § 25 Nr. 1. f) und g) KGH. Diese Satzungsbefugnis wird in § 33 Absatz 1 KGH konkretisiert. Im Zusammenhang mit den Berufspflichten werden hier die Pflicht zur gewissenhaften Berufsausübung, die Fortbildungs- und Informationspflicht des Arztes festgelegt, wobei das Nähere durch die Berufsordnung geregelt werden soll. Da jede Qualitätsverbesserung

---

[99] Vesting, NJW 1997, 1605, 1606.

[100] Vgl. Laufs, Arztrecht, Rn. 67 ff.

[101] Vgl. VGH Bad.-Württ. MedR 1991, 346 ff. zu der entsprechenden Regelung des § 31 des Bad.-Württ. Kammergesetzes; Vogt, Ärztliche Selbstverwaltung, S. 39.

Ausdruck einer gewissenhaften Berufsausübung ist und zugleich mit der Fortbildungs- und Informationspflicht des Arztes verknüpft ist, ist § 33 Abs. 1 i. V. m. § 25 Nr. 1 f) und g) KGH als Ermächtigungsgrundlage zum Satzungserlaß ausreichend.[102]

Auf der anderen Seite muß sich die konkrete Norm in den vom Bundesverfassungsgericht im Facharztbeschluß[103] aufgezeigten Grenzen halten. Hiernach ist die Satzungsbefugnis der Ärztekammern durch den Gesetzesvorbehalt der Grundrechte begrenzt. Wann der Gesetzesvorbehalt der Grundrechte eingreift, bestimmt sich nach der Intensität des Eingriffs in das Grundrecht. Wesentliche Einschränkungen des Freiheitsgrundrechts der Berufsausübung[104] bedürfen dann eines formellen, parlamentarischen Gesetzes.[105] Geringfügige Eingriffe, wie die Normierung von Berufspflichten ohne statusbildenden Charakter, sind den Berufsverbänden erlaubt.[106] Allerdings ist eine scharfe Trennung zwischen wesentlichen und geringfügigen Eingriffen nicht immer möglich, die Übergänge sind fließend. Aus diesem Grunde werden um so höhere Anforderungen an die Bestimmtheit der gesetzlichen Ermächtigung zur Normierung der Berufsausübungsregelungen gestellt, je empfindlicher der Berufsangehörige in seiner freien beruflichen Betätigung beeinträchtigt wird.[107] Gleichermaßen gilt dies für Einschränkungen der Patientenrechte, wie zum Beispiel einer Einschränkung der Wahl des Arztes oder der Behandlungsmethode.[108] Die Ermächtigung muß das zulässige Maß des Eingriffs dann um so exakter bestimmen.[109]

---

[102] Ähnlich VGH Bad.-Württ. MedR 1991, 346, 347.

[103] BVerfGE 33, 125 = NJW 1972, 1504 ff. mit Anm. von Starck NJW 1972, 1489.

[104] Für die Regelung der Berufswahl und -zulassung ist ja ohnehin der Bundesgesetzgeber nach Artikel 74 Nr. 19 GG zuständig.

[105] Taupitz, MedR 1998, 1; Achterberg, Verwaltungsrecht, § 16 Rn. 65; Ossenbühl in: Erichsen/Martens, Allgemeines Verwaltungsrecht § 7 VI 3; Wimmer, NJW 1995, 1577, 1579; BVerfGE 33, 125 = NJW 1972, 1504, 1507.

[106] BVerfG NJW 1981, 2239 (Fachanwalt).

[107] BVerfGE 33, 125 = NJW 1972, 1504, 1508; BVerfG NJW 1981, 2239 (Fachanwalt); Laufs/Uhlenbruck-Laufs, Handbuch des Arztrechts, § 5 Rn. 7; Wimmer, NJW 1995, 1577, 1580 f.

[108] Francke/Hart, Ärztliche Verantwortung, S. 146 f.; vgl. auch BVerfG NJW 2000, 347, 348 (Versäumnisurteil): Standesrechtliche Verbote dürfen nicht zu Lasten der Prozeßparteien gehen.

[109] BVerfG NJW 1972,1504, 1507 (Facharzt); BVerfG NJW 1975, 1455 (Rezeptsammelstellen); Starck, NJW 1972, 1489, 1491.

Da Qualitätssicherungsnormen weder den fachlichen noch den sozialen Status des einzelnen Arztes berühren, können diese grundsätzlich von den Ärztekammern als Satzungen erlassen werden. Problematisch ist allerdings, daß auch Qualitätssicherungsnormen teilweise zu einer erheblichen Erschwernis der Berufsausübung führen. Die Richtlinien über den intratubaren Gametentransfer statuieren beispielsweise derart hohe fachlich-personelle Voraussetzungen, daß vorgeschrieben ist, daß von sechs vorgeschriebenen Teilbereichen des Fachs jeweils nur zwei Bereiche gleichzeitig von einem Arzt oder Wissenschaftler der Arbeitsgruppe verantwortlich geführt werden können.[110] Da es sich hierbei jedoch nicht um Regelungen handelt, die den Zugang zum Arztberuf oder einem anerkannten Fach erschweren, wird die Gesetzgebungskompetenz der Ärztekammer regelmäßig nur dann problematisch sein, wenn die Regelungen nicht mehr von der allgemeinen Satzungsermächtigung getragen werden. Dies wird nur dann anzunehmen sein, wenn die Norm über die Satzungsermächtigung zur Regelung der Berufsausübung hinausgeht. Da die ärztliche Pflicht zur gewissenhaften Berufsausübung sowohl zum Schutz der Patienten als auch zum Schutz des Ansehens des Berufsstandes besteht, kommt ihr für die ärztlichen Berufsordnungen die Bedeutung eines Leitmotivs zu. Ärztliche Qualitätsstandards sollen zu einer Fehlerminimierung und Behandlungsoptimierung führen. Diese Ziele dienen letztlich auch dem Schutz der Patienten und des Ansehens des ärztlichen Berufsstands. Damit konkretisieren ärztliche Qualitätsstandards die allgemeine Pflicht zur gewissenhaften Berufsausübung für das spezielle Aufgabengebiet. Soweit ein Qualitätsstandard Vorgaben macht, die zu einer Erschwerung der ärztlichen Berufsausübung führen, wäre der Arzt aufgrund seiner allgemeinen Berufspflichten zur Beachtung des Qualitätsstandards verpflichtet, auch wenn dieser nicht als Satzung festgelegt worden wäre.[111] Da es sich bei Qualitätsstandards folglich um Berufspflichten handelt, besteht eine hinreichend konkrete Ermächtigung der Ärztekammer zu deren Erlaß in Form einer Satzung in § 25 Nr. 1 f) KGH.

---

[110] Punkt 3.5.1 der Richtlinie, sog. Dreierteam; zur Zulässigkeit dieser Vorgabe vgl. VGH Bad.-Württ. MedR 1991, 346 ff.

[111] Laufs, FS. E. Deutsch, S. 625, 632. In diesem Fall könnte lediglich darüber Streit entstehen, ob der Standard inhaltlich zutreffend festgelegt ist. Bei einer Festlegung des Standards durch Satzung besteht dieses Problem aufgrund der Einschätzungsprärogative des Gesetzgebers nicht, vgl. VGH Bad.-Württ. MedR 1991, 346 ff.

In formeller Hinsicht müssen die entsprechenden Normen zwei besondere Voraussetzungen erfüllen. Zum einen müssen sie wie jedes Gesetz veröffentlicht werden.[112] Ausreichend hierfür ist allerdings die Veröffentlichung im jeweiligen Ärzteblatt, da dieses allen Kammermitgliedern zugänglich ist. Eine Bekanntmachung in der Form des Artikel 82 GG ist nicht erforderlich, da es sich weder um formelle Gesetze noch um Rechtsverordnungen handelt. Zum anderen ist in den Kammergesetzen zumeist vorgesehen, daß Satzungen und wichtige Beschlüsse zur Rechtswirksamkeit der Genehmigung der Aufsichtsbehörde bedürfen.[113]

Nicht grundsätzlich entscheidend im Zusammenhang mit der Frage nach der Rechtsnatur einer Norm ist deren Bezeichnung. Früher mag zwar das „herkömmliche Verständnis, wonach Richtlinien keine Rechtsvorschriften“[114] seien, bestanden haben. Spätestens seit der Rechtsprechung des BSG zur Rechtsnatur der Richtlinien des Bundesausschusses Ärzte und Krankenkassen[115] dürfte jedoch feststehen, daß sich allein aus der Nomenklatur keine entscheidenden Argumente für die Qualifikation einer Norm gewinnen lassen.[116] Vielmehr dürfte es im Rahmen der oben dargestellten verfassungsrechtlichen Anforderungen hauptsächlich auf den Rechtsetzungswillen des Normgebers ankommen. Dieser Wille ergibt sich zwar oftmals nicht unmittelbar aus der zu beurteilenden Norm,[117] kann aber aus den Begleitumständen ermittelt werden.[118] Bei Normen der Landesärztekammern wird insbesondere vom erforderlichen

---

[112] Ossenbühl in: Erichsen/Martens, Allgemeines Verwaltungsrecht § 7 VI 4.

[113] In Nds. ist dies in 26 KGH geregelt. Vgl. allg. Achterberg, Verwaltungsrecht, § 16 Rn. 66; Ausführlich zur Staatsaufsicht: Vogt, Ärztliche Selbstverwaltung, S. 160 ff.; OVG Hamburg MedR 1995, 280, 281.

[114] Jarass, NJW 1982, 1833, 1836; BGHZ 61, 312, 313 (= NJW 1974,148,149): „Die Richtlinien sind schon nach ihrer Bezeichnung keine Rechtsnormen.“.

[115] BSG MedR 1997, 123.

[116] Vgl. Tempel-Kromminga, Richtlinien der Bundesausschüsse, S. 42.

[117] Eine Ausnahme bilden die Richtlinien der Niedersächsischen Ärztekammer zur Durchführung des Intratubaren Gametentransfers, der In-vitro-Fertilisation mit Embryotransfer und anderer verwandter Methoden. Diese wurden 1985 als Teil der Berufsordnung erlassen, was in der Einführung zu der Fassung vom 30.11.1996 ausdrückliche Erwähnung findet. Als Teil der Berufsordnung haben die Richtlinien folglich dieselbe Rechtsqualität als Satzung und damit als Gesetz. In Bayern besteht darüber hinaus die Tradition, die verbindlichen Berufsordnungen als Satzungen zu bezeichnen, vgl. Art. 16 II Ärztegesetz vom 25.5.1946, GVBl. S. 193.

[118] S. hierzu Taupitz, Berufsordnungen, S. 579 ff.

Rechtsetzungswillen des Normgebers auszugehen sein, wenn die betreffende Norm zuvor von der Bundesärztekammer erstellt und als Richtlinie verabschiedet worden ist und die Landesärztekammer die Richtlinie sodann in dem für die Satzungsgebung vorgeschriebenen Verfahren verabschiedet hat.[119] Der Normsetzungswillen findet hierbei in der Tatsache seinen Ausdruck, daß eine Umsetzung auf Landesebene nur Sinn macht, wenn die Verbindlichkeit der Norm ausgesprochen werden soll. Die deklaratorische und informierende Bedeutung der Norm besteht bereits aufgrund der anerkannten fachlichen Kompetenz der Bundesärztekammer.[120] Weiterhin muß berücksichtigt werden, welches Instrumentarium dem Normgeber zur Verfügung steht. Die Ärztekammern kennen neben den Satzungen und den Richtlinien Standards, Leitlinien und Empfehlungen. Diese stehen in einem der Reihenfolge der Aufzählung entsprechenden Rangverhältnis.[121] Die Tatsache, daß eine Norm als Richtlinie verabschiedet wird, kann demnach als Indiz dafür herangezogen werden, daß ein hohes Maß an Verbindlichkeit gewollt ist. Es ist auf jeden Fall von einer Rechtsnorm auszugehen, wenn die Richtlinien zum Bestandteil der Berufsordnung erklärt werden, wie dies im Falle der Richtlinien über den Gametentransfer etc. geschehen ist.[122] In diesem Fall sind die Normen als Teil der Satzung gleichfalls als Satzung zu qualifizieren, wenn sie von der Vertreterversammlung beschlossen wurden.[123]

---

[119] Vgl. Clade, DÄBl. 1994, B-1838 zur QS-Richtlinie der Bundesärztekammer vom 13.04.1994; Heerklotz in Nagel/Fuchs, Leitlinien und Standards, S. 84, 85; Vesting, MedR 1998, 168, 171; OVG Hamburg MedR 1995, 280, 281 verneinte die Rechtsnormeigenschaft der Weiterbildungsordnung der Hamburger Ärztekammer, da keine Genehmigung durch die Aufsichtsbehörde vorlag.

[120] Ausführlich zur fehlenden Verbindlichkeit von Richtlinien der Bundesärztekammer Vesting, MedR 1998, 168 ff.

[121] Heerklotz in Nagel/Fuchs, S. 84 ff.; vgl. auch die Ausführungen unter Kap. 4 III. 3. b) cc) bzgl. der Unterschiede dieser Instrumentarien; a. A. Uhlenbruck, Der Frauenarzt 1998, 1540.

[122] Nach BVerwG NJW 1992, 1577 handelt es sich hierbei um Berufsausübungsregeln, obwohl sie im Einzelfall zu einer Versagung der konkreten Tätigkeit führen.

[123] Vgl. Laufs, FS. E. Deutsch, S. 625, 632; Vesting, NJW 1997, 1605, 1606.

c) Zusammenfassung

Bei den Normen der Bundesärztekammer handelt es sich bereits mangels Gesetzgebungsbefugnis des Bundes nicht um Gesetze i. S. d. § 823 Abs. 2 BGB.

Bei den Normen der Landesärztekammern kann es sich um Rechtsnormen handeln, wenn diese von der zuständigen Aufsichtsbehörde genehmigt wurden und veröffentlicht sind und es sich im Rahmen der bestehenden Satzungsermächtigung um Angelegenheiten der Berufsausübung handelt. Die Bezeichnung als Richtlinie steht einer Qualifikation als Rechtsnorm nicht entgegen. Diese Normen können Schutzgesetze sein.

3. Normen der Kassenärztlichen Vereinigungen

a) Allgemeine Befugnis zur Setzung von Rechtsnormen

Bei den Kassenärztlichen Vereinigungen handelt es sich -wie auch bei den Ärztekammern- um Selbstverwaltungskörperschaften des öffentlichen Rechts, § 77 Abs. 5 SGB V. Für Vertragsärzte gilt das Prinzip der Pflichtmitgliedschaft, § 77 Abs. 3 SGB V.[124] Die Kassenärztlichen Vereinigungen haben gemäß der §§ 81, 79 SGB V das Recht bzw. die Verpflichtung, sich eine Satzung zu geben. Daher handelt es sich auch hier um die Ausübung derivativer staatlicher Macht.[125] Da die Rechtswirkungen außerhalb der Staatsverwaltung bei den Vertragsärzten eintreten, sind die Vorschriften nicht als Verwaltungsvorschriften zu qualifizieren.[126]

Die Abgrenzung zu einer vertraglichen Regelung -wie zum Beispiel einer Vereinssatzung- ist trotz der mißverständlichen Bezeichnung als „Vertrags"-Arzt nicht anders als die Abgrenzung im Fall der Ärztekammern. Ein unmittelbarer Einfluß der Vertragsärzte auf den Satzungsinhalt besteht nicht, da die Satzungen von den Vertreterversammlungen verabschiedet werden. Zudem können sich die Vertragsärzte einer Geltung

---

124 Zur Verfassungsmäßigkeit der Pflichtmitgliedschaft BVerfGE 10, 89; 10, 354.

125 Vgl. Schulin/Düe, JuS 1984, 920, 922.

126 S. o. Kap. 3 I 2 b) aa).

der Satzung auch nicht durch Aufgabe des Vertragsarztsitzes entziehen. Sie wären dann nämlich nach § 77 Abs. 3 Satz 2 SGB V außerordentliche Mitglieder der Kassenärztlichen Vereinigung. Die Satzung würde sie gemäß § 81 Abs. 1 Satz 3 Nr. 4 SGB V weiterhin verpflichten bzw. berechtigen.[127] Ferner liegt in der Möglichkeit, sich durch Abgabe des Vertragsarztsitzes der Unterwerfung zu entziehen, keine Freiwilligkeit im Sinne einer vertraglichen Regelung, wie der Vergleich mit gemeindlichen Satzungen zeigt. Auch hier besteht die Möglichkeit, sich durch Auszug aus der Gemeinde der Geltung der Gemeindesatzung zu entziehen. Dennoch bestehen keine Bedenken dagegen, derartige Satzungen als Rechtsnormen und nicht als Verträge zu qualifizieren.[128]

Die Reichweite der Satzungsbefugnis der Kassenärztlichen Vereinigungen ist auf den vertragsärztlichen Bereich beschränkt und ergibt sich vornehmlich aus dem Sicherstellungsauftrag nach § 75 SGB V. Für den vorliegend interessierenden Bereich der ärztlichen Behandlung folgt die Regelungsbefugnis aus den Bereichen der vertragsärztlichen Berufspflichten sowie der Fortbildung der Ärzte auf dem Gebiet der vertraglichen Tätigkeit, § 81 Abs. 4 SGB V. Da diese Bereiche keinen Einfluß auf den ärztlichen Status -und damit auf die Berufswahl haben, sind derartige Regelungen verfassungsrechtlich zumeist unproblematisch. Dem Gebot der Bekanntgabe wird regelmäßig durch Veröffentlichung in dem jeweiligen Landesärzteblatt genüge getan.[129]

Bei den als Satzung erlassenen Normen der Kassenärztlichen Vereinigungen handelt es sich um Rechtsnormen im Sinne des Art. 2 EGBGB.

b) Rechtsnormeigenschaft einzelner Rechtsquellen

Die meisten Satzungen der Kassenärztlichen Vereinigungen enthalten

---

[127] Allerdings dürfte eine derartige Verpflichtung keine praktischen Auswirkungen für Nichtvertragsärzte haben, da die Satzung nur Regelungen über vertragsärztliche Pflichten treffen darf. Die Regelungen allgemeiner ärztlicher Pflichten ist den Berufsordnungen der Ärztekammern vorbehalten, vgl. Liebold/Zalewski C 81-12.

[128] Schulin/Düe, JuS 1984, 920, 925; Staudinger-Merten Art. 2 EGBGB Rn. 30 Taupitz FS Steffen, S. 493; ders. Standesordnungen S. 1077; ders., MedR. 1998, 1, 5; Vogt, Ärztliche Selbstverwaltung, S. 42 f.; BVerfGE 10, 20; 33,125.

[129] S. o. Kap. 3 I. 2. b) bb).

Vorschriften, nach denen satzungsgemäß gefaßte Beschlüsse und Entscheidungen der zuständigen Organe für die Mitglieder verbindlich sind.[130] Hieraus folgt, daß es sich bei der konkreten Norm im Einzelfall um eine Vorschrift handeln kann, die die Verbindlichkeit der Satzung teilen soll. Demnach ist die Rechtsnormeigenschaft bei Normen der Kassenärztlichen Vereinigungen -wie bereits für den Bereich der Landesärztekammern beschrieben- durch Ermittlung des Rechtsetzungswillens der Vertreterversammlung festzustellen. Vorausgesetzt ist freilich, daß die konkrete Norm die für den Erlaß einer Satzung geltenden Formerfordernisse erfüllt.

4. Normen der Kassenärztlichen Bundesvereinigung

Wie bei den Kassenärztlichen Vereinigungen handelt es sich auch bei den Kassenärztlichen Bundesvereinigungen kraft gesetzlicher Anordnung in § 77 Abs. 5 SGB V um Körperschaften des öffentlichen Rechts. Mitglieder der Kassenärztlichen Bundesvereinigungen sind jedoch nicht die Vertragsärzte, sondern die Kassenärztlichen Vereinigungen.[131] Dementsprechend besteht keine unmittelbare Geltung von Normen der Bundesvereinigung gegenüber den Vertragsärzten.[132]

§ 81 Absatz 3 SGB V bestimmt, daß die Satzungen der Kassenärztlichen Vereinigungen Bestimmungen enthalten müssen, nach denen bestimmte Normen für die Kassenärztlichen Vereinigungen und deren Mitglieder verbindlich sind. Nach Nr. 1 dieser Vorschrift sind die von den Kassenärztlichen Bundesvereinigungen abzuschließenden Verträge und die dazu gefaßten Beschlüsse sowie die Bestimmungen über die überbezirkliche Durchführung der vertragsärztlichen Versorgung und den Zahlungsausgleich zwischen den Kassenärztlichen Vereinigungen in den Satzungen der einzelnen Kassenärztlichen Vereinigungen für verbindlich zu erklären.[133] Verträge sind in diesem Zusammenhang die Bundesmantelverträge gemäß §§ 82, 87 SGB V sowie die Verträge mit

---

[130] So z. B § 4 Abs. 3 a) der Satzung der Kassenärztlichen Vereinigung Nordrhein oder § 3 der Kassenärztlichen Vereinigung Niedersachsen.

[131] Vgl. Liebold/Zalewski C 81-19; Schulin/Düe, JuS 1984, 920, 923; SGB V Komm.- Heintze § 81 Ziff. 7).

[132] SGB V-Komm.- Heintze § 81 Ziff. 7).

[133] Die Verbindlichkeit der vertraglichen Bestimmungen für die Vertragsärzte ist darüber hinaus in § 95 Abs. 3 S. 2 angeordnet.

sonstigen Trägern der Heilfürsorge nach § 75 SGB V.[134]

Diese Verträge enthalten vereinzelt Bestimmungen mit unmittelbarer haftungsrechtlicher Relevanz. So regelt beispielsweise § 24 BMV bzw. § 27 Arzt/Ersatzkassenvertrag, wann Überweisungen vorzunehmen sind und wie diese zwischen den Kollegen abzulaufen haben; § 31 BMV bzw. § 17 Arzt/Ersatzkassenvertrag schreibt vor, daß Arbeitsunfähigkeitsbescheinigungen nur nach ärztlicher Untersuchung ausgestellt werden dürfen etc.. Von besonderem haftungsrechtlichen Interesse sind die Anlagen zu diesen Verträgen, die gemäß § 1 Abs. 2 BMV bzw. § 1 Abs. 5 Arzt/Ersatzkassen-Vertrag Bestandteil der Verträge sind. Bei diesen Anlagen handelt es sich um Verträge und Vereinbarungen zwischen den Vertragspartnern, die konkrete ärztliche Leistungen zum Teil inhaltlich konkretisieren.[135]

a) Rechtsnatur der Verträge im Sinne des § 81 Abs. 3 Nr. 1 SGB V

aa) Originäre Rechtsnormen

Bereits die Bezeichnung als Vertrag zeigt, daß es sich hierbei nicht um Rechtsnormen, sondern um öffentlich-rechtliche Verträge im Sinne der §§ 54 ff. VwVfG handelt.[136] Gleichwohl werden diese Verträge zum Teil als Rechtsnormen qualifiziert. So werden diese als „Kollektivverträge mit Satzungscharakter“[137] bzw. als „Rechtsetzung durch Kollektivverträge“[138] bezeichnet. Eine derartige Qualifikation verkürzt jedoch die aus verfassungsrechtlicher Sicht an eine Satzung zu stellenden Anforderungen. Das Bundesverfassungsgericht hat in seiner Entscheidung aus dem Jahr 1959 Satzungen als „Rechtsvorschriften, die von einer dem Staat eingeordneten juristischen Person des öffentlichen Rechts im Rahmen der ihr gesetzlich verliehenen Autonomie mit Wirksamkeit für

---

[134] Vgl. Kasseler Kommentar-Hess § 81 Rn.18; Krauskopf/Schroeder-Printzen § 81 Rn. 15.

[135] Zu nennen sind insbesondere die Psychotherapie-, Diabetes-, Dialyse- und Impfvereinbarung.

[136] Vgl. Krauskopf/Schroeder-Printzen § 82 Rn. 6; Schulin/Düe, JuS 1984, 920, 923f.;SGB V-Komm.-Heintze § 83 Ziff. 3); Kasseler Kommentar-Hess § 82 Rn. 7 billigt den Verträgen wegen ihrer Abstraktheit Rechtsnormcharakter zu.

[137] Umbach/Clemens, VSSR 1992, 265, 292; Clemens, NZS 1994, 338, 345.

[138] BSGE 71, 42, 48; 81, 54, 64.

die ihr angehörigen und unterworfenen Personen erlassen werden" definiert.[139]

Die einzelnen Vertragsärzte gehören weder der Kassenärztlichen Bundesvereinigung noch den Spitzenverbänden der Krankenkassen an. Demnach sind sie auch nicht deren Satzungsgewalt unterworfen. Selbst wenn sie der Satzungsgewalt unterworfen wären, wäre es fraglich, ob bereits der Vertragsschluß zu einer satzungsmäßigen Festschreibung führen würde. Hiergegen spricht, daß nach § 5 Abs. 2 der Satzung der Kassenärztlichen Bundesvereinigung die Vertreterversammlung das alleinige, undelegierbare Recht zum Satzungserlaß hat. Ein Satzungserlaß durch Vertragsschluß ist daher ausgeschlossen.[140]

Auch die Argumentation des BSG, nach der die Normsetzung durch Kollektivvertrag zwischen den Vertragspartnern der Tradition entspreche,[141] führt nicht zwingend zur Qualifikation der Verträge als Rechtsnormen. Nach überwiegender Auffassung scheitert dies zwar nicht bereits an dem Umstand, daß es sich bei den Verträgen nicht um einen der anerkannten Rechtsnormtypen handelt.[142] Insoweit gibt es keinen Vorbehalt des Grundgesetzes bezüglich zulässiger Rechtsnormtypen.[143] Vielmehr muß allein der Vorrang des Grundgesetzes beachtet werden. Das heißt -was eigentlich selbstverständlich ist-, daß die Rechtsnorm nicht gegen das Grundgesetz verstoßen darf.

Auch durch das Bundesverfassungsgericht ist bislang noch keine abschließende Entscheidung zu einem numerus clausus der Rechtsetzungstypen ergangen. Die Aufzählung materieller Gesetzesquellen erschöpft sich zwar in Verfassungsrecht, förmliche Gesetze, Rechtsverordnung, autonome Satzung und Gewohnheitsrecht.[144] Andererseits ist aber auch das autonome Recht im Grundgesetz nicht ausdrücklich er-

---

139 BVerfG NJW 1959, 1531, 1533.

140 Vgl. Wimmer, NJW 1995, 1577, 1580; Ossenbühl, NZS 1997, 497, 501 f.

141 So auch Engelmann in Hart, Ärztliche Leitlinien, S. 199, 207.

142 Wimmer, NJW 1995, 1577, 1579; BSG E 71, 42, 48; 81, 54, 64; BSG MedR 1997, 123, 126; a. A. Ossenbühl, NZS 1997, 497, 499 f.

143 Plantholz, SGb 1997, 549, 551; Schnapp, MedR 1996, 418, 419; Clemens, NZS 1994, 337, 343 hatte im Rahmen dieser Erkenntnis „eine Vielfalt ungewöhnlicher Normentypen" im Kassenarztrecht entdeckt. Dies hat er in MedR 1996, 432 ff. größtenteils revidiert.

144 So z. b. BVerfGE 78, 214, 227 = NJW 1989, 666, 667.

wähnt. Seine demokratische Legitimation folgt aber aus der mitgliedschaftlichen Organisation als Instrument der Selbstbestimmung, wie es in Art. 28 Abs. 2 S.1 GG ausdrücklich für die Gemeinden vorgesehen ist.[145] Diese demokratische Legitimation fehlt den Verträgen nach § 82 SGB V gerade, da anderenfalls auch eine Qualifikation als Satzung möglich wäre.

Mangels demokratischer Legitimation durch die von der Norm Betroffenen ist nicht ersichtlich, woraus sich die verfassungsrechtliche Rechtfertigung einer grundgesetzlich nicht vorgesehenen Rechtsnorm ergeben soll.[146] Allein aus einer gesetzlichen Ermächtigung (zum Beispiel in § 82 SGB V), Verträge und Vereinbarungen abzuschließen, kann keine Außenrechtsqualität begründet werden. Eine derartige Ermächtigung müßte den Voraussetzungen des Art. 80 GG entsprechen. Dies scheitert bereits daran, daß eine Delegation an andere als die in Art. 80 GG genannten Stellen nur im Wege der Subdelegation durch diese Stellen möglich ist.[147] Vorliegend würde es sich hingegen um eine unmittelbare Subdelegation durch § 82 SGB V handeln.[148] Die Betrachtung einer aufgrund unmittelbarer Subdelegation erlassenen Norm als Rechtsnorm würde daher im Ergebnis auf eine Umgehung des Art. 80 GG hinauslaufen.[149]

Da die Verträge damit weder durch den formellen Gesetzgeber noch durch die von der Norm Betroffenen legitimiert sind, ist nicht ersichtlich, woher den Verträgen die Macht zukommen soll, Dritte zu binden. Im Bereich des Arbeitsrechts wurde eine derartige Ausnahme für Allgemeinverbindlicherklärungen von Tarifverträgen zugelassen.[150] Über die in Art. 9 Abs. 3 GG verankerte Tarifautonomie konnte hierfür eine hinreichende verfassungsrechtliche Stütze gefunden werden. Zudem wird in

---

145 BVerfGE 44, 322, 346 = NJW 1977, 2255, 2258; Schnapp, MedR 1996, 418, 419.

146 Mit ähnlicher Argumentation verneint das BVerfGE 76, 171, 186 = NJW 1988, 191, 192 sogar die Tauglichkeit anwaltlicher Standesrichtlinien als Auslegungshilfe.

147 Vgl. Arndt, JuS 1979, 784, 786; Wimmer, MedR 1996, 425, 426; VG Hamburg NJW 1979, 667, 668 f. mit Anm. Baden, NJW 1979, 623 ff.

148 So auch BSG NZS 1995, 502, 509 zu § 35 III SGB V.

149 A. A. BSG MedR 1997, 123, 127; wie hier noch: BSG NZS 1995, 502, 509, Wimmer, MedR 1997, 225, 226 (Anm. zu BSG MedR 1997, 123), der zudem das Fehlen der Ausfertigung und der Veröffentlichung rügt.

150 BAG NJW 1961, 1837; 1985, 1238, 1239.

§ 1 Absatz 1 des Tarifvertragsgesetzes der Inhalt des Tarifvertrages als Rechtsnorm bezeichnet. Eine derartige Regelung besteht im Vertragsarztwesen nicht. Diese spezielle gesetzliche Regelung ist auch nicht auf das Vertragsarztrecht übertragbar, da sie gerade als Ausnahme für das Tarifvertragssystem konzipiert worden ist.[151]

Ebensowenig vermag eine vorkonstitutionelle Tradition kollektivvertraglicher Beziehungen die Zuweisung von Normsetzungsbefugnissen zu begründen.[152] Zum einem müssen sich auch vorkonstitutionelle Gesetze („Traditionen“ dann wohl um so mehr) gemäß Artikel 123 GG am Grundgesetz messen lassen. Vorkonstitutionelles Recht gilt nur fort, soweit es dem Grundgesetz nicht widerspricht. Da eine Norm ohne demokratische Legitimation nicht mit dem Grundgesetz in Einklang zu bringen ist, kann folglich auch keine derartige Tradition fortgelten.[153] Zum anderen wurde in den Beratungen zu dem (§ 92 SGB V ähnlichen) § 368 p RVO bemängelt, daß die Bundesausschüsse nicht in die Rechte außenstehender Dritter eingreifen dürften. Eine verbindliche Rechtsetzung sollte den Bundesausschüssen daher gerade nicht zugewiesen werden. So sollten die Bundesauschüsse "zum Erlaß von Richtlinien, nicht jedoch von Bestimmungen“,[154] ermächtigt werden.[155] Danach wäre eine anders lautende Tradition abgeschafft worden und könnte heute nicht mehr als Grundlage eines demokratisch nicht unmittelbar legitimierten Rechtsnormtypen dienen.[156]

Zutreffend an der Argumentation des BSG ist zwar, daß der erforderliche Interessenausgleich zwischen den Vertragspartnern am geeignetsten

---

151 Vgl. Wimmer, MedR 1996, 425; Clemens, MedR 1996, 432; Ossenbühl, NZS 1997, 499 f.; Ossenbühl, NZS 1997, 497, 499 leitet hieraus ab, daß dem Gesetzgeber kein Formerfindungsrecht bei der Rechtsetzung zusteht; a. A. Borchert, SGb 1997, 201,202; Schirmer, MedR 1996, 404 ff.

152 So aber BSG E 71, 42, 48; 81, 54, 64; BSG MedR 1997, 123, 126.

153 Vgl. Ossenbühl, NZS 1997, 497, 501.

154 BT-Drs. II/1313.

155 Schulin/Düe, JuS 1984, 920, 924; Ossenbühl, NZS 1997, 497, 502;Schneider-Danwitz/Glaeske, MedR 1999, 164, 166.

156 Nach LSG Bad. Württ. MedR 1996, 328, 330 sowie Clemens, MedR 1996, 432, 434 soll auch eine mittelbare demokratische Legitimation ausreichend sein. Im Vertragsarztrecht sieht allerdings auch Clemens ein hohes Maß an Verdünnung der demokratischen Legitimation, welches nur geringfügige Eingriffe erlaube. Schwerdtfeger SDSRV 1994, 27, 45 bezweifelt bei einer derart „homöopathischen Verdünnung“ eine ausreichende demokratische Legitimation.

durch autonome, vertragliche Regelungen erzielt werden kann.[157] Hieraus folgt jedoch nicht, daß diese vertraglichen Regelungen Rechtsnormcharakter[158] wegen der gewollten Bindung nicht nur der Vertragsparteien sondern auch der Vertragsärzte und Versicherten aufweisen müssen. Eine Bindung der Vertragsärzte kann auch durch eine vertragliche Regelung erreicht werden. So ist insbesondere denkbar, die §§ 81 ff., 95 SGB V als Anordnung einer gesetzlich angeordneten Stellvertretung der Kassenärztlichen Bundesvereinigungen zum Vertragsschluß auch für die Vertragsärzte aufzufassen.[159]

Eine Bindung der Versicherten ist indes nicht grundsätzlich erforderlich.[160] In dem Bereich, in dem Grundrechte der Patienten (oder Dritter, beispielsweise Pharmahersteller[161]) beeinträchtigt werden, wäre eine gesetzliche Regelung zwar aufgrund des Gesetzesvorbehalts erforderlich.[162] Diese müßte jedoch aufgrund der Wesentlichkeitstheorie ohnehin vom formalen Gesetzgeber herrühren.[163] Insoweit macht es für Dritte keinen Unterschied, ob es sich bei den Verträgen um Rechtsnormen handelt. In dem verbleibenden Bereich außerhalb einer Grundrechtsbeeinträchtigung könnte eine Bindung Dritter -insbesondere der Versicherten- auch nach § 2 Abs. 2 S. 2 i.V. m §§ 82 ff. SGB V als vertragliche Regelung im Rahmen der gesetzlichen Stellvertretung erreicht werden. § 2 Abs. 2 S. SGB V schreibt ausdrücklich im Zusammenhang mit dem Sach- und Dienstleistungsanspruch der Versicherten vor, daß die Krankenkassen nach den Vorschriften des Vierten Kapitels des SGB V (§§ 69 bis 140) Verträge mit den Leistungserbringern abschließen.

---

157 BSGE 81, 54, 64.

158 Hiervon zu unterscheiden ist die gebräuchliche Formulierung des „normativen Charakters“ der Verträge. Einen derartigen Charakter hat letztlich jeder Vertrag zwischen den Vertragsparteien.

159 So bereits Schulin/Düe JuS 1984, 920, 925 zu § 368 g RVO.

160 BSG MedR 1997, 123, 126.

161 Sehr ausführlich zu der Grundrechtsbetroffenheit der Pharmahersteller durch Festbeträge in der Arzneimittelversorgung: BSG NZS 1995, 502, 504 ff.. Vgl. auch Wigge, MedR 1999, 524, 526 f.

162 Vgl. SGB V-Komm.- Heintze § 92 Ziff. 4), zu 6.; Plantholz, SGb 1997, 549, 554; Wimmer, MedR 1996, 425, 426; Schneider-Danwitz/Glaeske, MedR 1999, 164, 167.

163 Vgl. Hill, NJW 1982, 2104, 2106; ausdrücklich für den Bereich des § 135 SGB V DGMR MedR 1997, 570, Ziff. II. 7.; Wigge, MedR 1999, 524, 529.

Als Ergebnis bleibt damit festzuhalten, daß weder die Verträge noch die auf ihnen beruhenden weiteren Bestimmungen und Vereinbarungen originäre Rechtsnormen sind.[164]

bb) Rechtsnormen kraft Inkorporation

Die Verträge werden auch nicht dadurch zu Rechtsnormen i. S. d. Art. 2 EGBGB, daß diese im Gesetz und in den Satzungen für verbindlich erklärt werden. Zwar wird die Verbindlichkeit der Verträge für den Vertragsarzt in § 95 Abs. 3 S. 2 SGB V angeordnet. Zudem müssen nach § 81 Abs. 3 Nr. 1 SGB V die Satzungen der Kassenärztlichen Vereinigungen die Verträge für die Kassenärztliche Vereinigung und ihre Mitglieder für verbindlich erklären.

Diese Verbindlicherklärung in § 95 SGB V und den Satzungen der Kassenärztlichen Vereinigungen führt aber nicht dazu, daß die Verträge zu deren Bestandteil und damit zu Rechtsnormen im Sinne des Art. 2 EGBGB werden, da dies die verfassungsrechtlich zulässige Grenze der Verweisung überschreiten würde. Bei dieser Inkorporation sollen sämtliche von den Kassenärztlichen Bundesvereinigungen abzuschließenden Verträge für verbindlich erklärt werden.

Im Anschluß an *Ossenbühl*[165] unterscheidet man bei derartigen Verbindlichkeitserklärungen zwischen statischen und dynamischen Verweisungen. Bei statischen Verweisungen erklärt der Normgeber eine außerhalb der Norm liegende Bestimmung zum Bestandteil der Norm. Durch diese Rezipierung bzw. Inkorporierung werden selbst private Regelungen zu staatlichen Vorschriften mit dem Rang der sie rezipierenden Norm.[166] Da der Normgeber Gelegenheit zur inhaltlichen Prüfung der verwiesenen Norm hatte, wird die Zulässigkeit dieser Gesetzgebungstechnik nahezu einhellig anerkannt.[167] Insoweit ist die Verbindlicherklärung bereits abge-

---

164 Ebenso Wimmer, NJW 1995, 1577, 1582.

165 Ossenbühl, DVBl. 1967, 401 ff.

166 Arndt, JuS 1979, 784, 785; Jarass, NJW 1987, 1225,1231; Karpen, ZRP 1978, 151.

167 BVerfGE 5, 25 ,31; 47, 285,311 ff.; BVerwGE 27, 239, 243 ff.; Ossenbühl, DVBl. 1967, 401 ff.; Nicklisch, NJW 1983, 841, 843; Backherms, JuS 1980, 9, 12; a. A. Staats, ZRP 1978, 59, 60; s. auch die grundsätzlichen Bedenken Wimmers im Bereich des Vertragsarztrechts in MedR 1996, 425, 427.

schlossener Verträge grundsätzlich möglich.

Verfassungsrechtlich unzulässig ist hingegen die dynamische Verweisung in Form einer Verbindlicherklärung noch nicht existierender, erst zukünftig zu verabschiedender, untergesetzlicher Vorschriften oder Verträge.[168] Bei der dynamischen Verweisung handelt es sich um eine faktische Übertragung von Rechtsetzungsbefugnissen.[169] So würde der Kassenärztlichen Bundesvereinigung durch die Verbindlichkeitsanordnung in § 81 SGB V quasi die Kompetenz verliehen, inhaltlich Einfluß auf die Satzungen der Kassenärztlichen Vereinigungen zu nehmen. Da die Kassenärztlichen Bundesvereinigungen jedoch keine demokratisch legitimierten Gesetzgebungsbefugnisse gegenüber den Mitgliedern der Kassenärztlichen Vereinigungen haben, liegt die Gesetzwidrigkeit auf der Hand.[170] Dies verdeutlicht sich, wenn man bedenkt, daß die Verträge mit den Spitzenverbänden der Krankenkassen geschlossen werden.[171] Diesen würde man wegen der teils sehr konträren Interessenlage keine Rechtsherrschaft für den Bereich der ärztlichen Selbstverwaltung zubilligen.[172]

Nach der Rechtsprechung des Bundesverfassungsgerichts[173] soll die verweisende Vorschrift im Rahmen einer verfassungskonformen Auslegung als statische Verweisung betrachtet werden.[174] Dieses mag für eine Vielzahl von Regelungsbereichen ein durchaus sinnvolles Vorgehen sein. In Bezug auf die Bundesmantelverträge würde dies jedoch zu einer Zementierung der bei Gesetzeserlaß des § 95 SGB V geltenden Verträ-

---

168 Schröckers, NJW 1967, 2285 ff. hält die dynamische Verweisung für grds. zulässig. Allerdings behält die verwiesene Norm nach Schröckers ihre ursprüngliche Rechtsform, so daß eine Norm allein durch Verweisung nicht den Status einer Rechtsnorm erhalten könnte.

169 Ossenbühl, DVBl. 1967, 401, 408, Arndt, JuS 1979, 784 ff.; Lipps, NJW 1968, 279, 280; Arndt, JuS 1979, 784, 785; Nicklisch, NJW 1983, 841, 843; BVerfGE 47, 285, 312.

170 Vgl. Hill, NJW 1982, 2104, 2106; Laufs/Uhlenbruck-Laufs, Handbuch des Arztrechts, § 5 Rn. 11; Backherms, JuS 1980, 9, 12; Wimmer, NJW 1995, 1577, 1582.

171 Vgl. Wimmer, NJW 1995, 1577, 1583; Ossenbühl, NZS 1997, 497, 502.

172 Vgl. Schulin, JZ 1992, 419, 420 (Anm. zu BSG JZ 416 = NJW 1991, 778).

173 BVerfGE 48, 240, 244; 60, 135, 156.

174 So auch Baden, NJW 1979, 623, 626.

ge führen.[175] Selbst eine Änderung des § 95 SGB V durch Bezugnahme auf die Geltung neuer Bundesmantelverträge könnte eine Gesetzesänderung noch nicht herbeiführen, da die Satzungen der Kassenärztlichen Vereinigungen gleichfalls verfassungskonform als statische Verweisung ausgelegt werden müßten. Diese müßten daher ebenfalls geändert werden, da sie anderenfalls noch auf die alten Verträge rekurrieren würden.

Bei den Verträgen der Kassenärztlichen Bundesvereinigung handelt es sich folglich nicht um Rechtsnormen im Sinne des Art. 2 EGBGB.[176]

b) Rechtsnatur der Richtlinien nach §§ 75 Abs.7, 136 a, 136 b SGB V

Eine entsprechende Verbindlicherklärung schreibt § 81 Abs. 3 Nr. 2 SGB V bzgl. der Richtlinien der Kassenärztlichen Bundesvereinigungen nach § 75 Abs. 7 und § 136 a bzw. § 136 b SGB V[177] als Pflichtinhalt der Satzung vor. § 75 Abs. 7 SGB V verpflichtet die Bundesvereinigungen zur Aufstellung von Richtlinien, die zur Durchführung der von ihnen geschlossenen Verträge erforderlich sind. Verträge sind hierbei insbesondere die Bundesmantelverträge (§ 82 Abs. 1 SGB V) und die Bundesgesamtverträge (§ 83 SGB V).[178] Da es sich nach obigen Ausführungen bei den Verträgen nicht um Rechtsnormen handelt, ist auch nicht von einer Rechtsnormqualität der auf den Verträgen beruhenden Richtlinien auszugehen.[179] Zudem kann weder in § 75 Abs. 7 noch in § 136 a SGB V eine Verordnungsermächtigung gemäß Artikel 80 GG gesehen werden, die zum Normerlaß ermächtigen würde. Eine solche scheitert bereits aus

---

175 Vgl. die entsprechenden Bedenken Spickhoffs zur Auslegung des § 823 Abs. 2 BGB als statische Verweisung, S. 100 ff. Spickhoff weist zutreffend darauf hin, daß bei einer derartigen Auslegung die Verhaltensstandards aus der Zeit vor 1900 festgeschrieben würden. Dieses Ergebnis würde die Grenzen der zulässigen Auslegung sicherlich überschreiten.

176 Diese Erkenntnis enthält keine Aussage über die Rechtswirksamkeit bzw. die Verbindlichkeit der Verträge für die Vertragsärzte., da eine solche auch als vertragliche Regelung bestehen kann, s.o.

177 § 136 a SGB V gilt für den vertragsärztlichen Bereich, § 136 b SGB V gilt für den vertragszahnärztlichen Bereich.

178 Liebold/ Zalewski C 75-38.

179 A. A. Laufs/Uhlenbruck-Krauskopf, Handbuch des Arztrechts, § 28 Rn. 8 ff.; GKV-Komm.-Wiegand, § 92 Rn. 3; Peters-Hencke § 92 Rn. 4.

formalen Gründen mangels zulässiger Subdelegation, Verkündung[180] und Bekanntmachung.[181]

c) Ergebnis

Die Normen der Kassenärztlichen Bundesvereinigung besitzen weder unmittelbar noch mittelbar Rechtsnormqualität im Sinne des Art. 2 EGBGB bzw. Gesetzesqualität im Sinne des § 823 Abs. 2 BGB.

5. Normen des Bundesausschusses Ärzte und Krankenkassen

Obwohl den Bundesausschüssen gesetzlich nach §§ 92, 135 SGB V die Aufgabe zum Erlaß von Richtlinien zugewiesen ist, handelt es sich bei diesen Richtlinien nicht um Rechtsnormen i. S. d. Art. 2 EGBGB.[182] Entsprechend obiger Darstellung fehlt diesen Richtlinien auf der einen Seite die demokratische Legitimation der durch die Norm Betroffenen. Die Vertragsärzte werden lediglich mittelbar durch die Vertreter der Kassenärztlichen Bundesvereinigung repräsentiert. Daneben befinden sich in den Bundesausschüssen auch Vertreter der Krankenkassen und Unparteiische. Eine Satzungsermächtigung ist daher auch wegen des Fehlens der für Selbstverwaltungskörperschaften typischen Interessenhomogenität nicht anzunehmen.[183] Auf der anderen Seite genügen sowohl die §§ 92, 135 SGB V als auch die Richtlinien nicht den Anforderungen, die das Grundgesetz an Rechtsverordnungen stellt.[184]

Zwar hat der Bundesminister für Gesundheit gemäß § 94 SGB V das Recht, die vom Bundesausschuß beschlossenen Richtlinien zu beanstanden. Hierdurch läßt sich jedoch nicht die mangelnde demokratische

---

180 Vgl. Arndt, JuS 1979, 784, 788; Staats, ZRP 1978, 59, 60 mit Replik von Karpen, ZRP 1978, 151.

181 Wimmer, MedR 1997, 225, 226 (Anm. zu BSG MedR 1997, 123).

182 Ausführlich zur Rechtsnatur der Richtlinien der Bundesausschüsse: Tempel-Kromminga S. 62 ff., die diese Richtlinien als autonome Satzung qualifiziert.

183 Schneider-Danwitz/Glaeske, MedR 1999, 164, 168; Wigge, MedR 1999, 524, 528.

184 Wimmer, MedR 1997, 225, 226 (Anm. zu BSG MedR 1997, 123); ders., MedR 1996, 425, 428; Ossenbühl, NZS 1997, 497, 502; Schneider-Danwitz/Glaeske, MedR 1999, 164, 167, 170.

Legitimation kompensieren.[185] Zum einen ist auch der Bundesminister nicht unmittelbar demokratisch legitimiert. Zum anderen löst bloßes Schweigen regelmäßig keine Rechtsfolgen aus. Insofern sollte auch ein Schweigen in Form einer Nichtbeanstandung nicht dazu führen, daß eine Norm zu einer Rechtsnorm wird.[186] Zudem wäre unklar, wann die Rechtsnormqualität entstehen sollte: Bei Verabschiedung durch den Bundesausschuß, bei Kenntnis des Bundesministers von der Richtlinie oder erst nach Ablauf der zweimonatigen Beanstandungsfrist des § 94 SGB V ?

Der Rechtsnormeigenschaft der Richtlinien der Bundesausschüsse steht zudem die mangelnde Gesetzgebungsbefugnis des Bundes auf dem Gebiet der Berufsausübungsregelungen entgegen.[187]

Soweit die Richtlinien des Bundesausschusses in den Satzungen der Kassenärztlichen Vereinigungen nach § 81 Abs. 3 Nr. 2 SGB V für verbindlich zu erklären sind, führt dies entsprechend obiger Ausführungen nicht dazu, daß die Richtlinien als Teil der Satzung zu Rechtsnormen werden.[188]

Da die Richtlinien des Bundesausschusses damit weder auf staatlicher noch auf autonomer Rechtsetzungsbefugnis beruhen, handelt es sich um bloßes Binnenrecht der im Vertragsarztwesen Beteiligten.[189] In dieser Binnenbeziehung haben die Normen das Wesen von Verwaltungsrichtlinien. Diese können entsprechend obiger Ausführungen auch nicht unter dem Gesichtspunkt der normkonkretisierenden Verwaltungsvorschrift als Rechtsnormen qualifiziert werden.[190] Die Richtlinien der Bun-

---

185 So aber BSG MedR 1997, 123, 129 unter Berufung auf die Allgemeinverbindlicherklärung von Tarifverträgen. Hiergegen: Ossenbühl, NZS 1997, 497, 502 f.. S. hierzu bereits die obigen Ausführungen, Kap. 3 I. 4. a) aa).

186 Ähnlich wohl Hill, NJW 1982, 2104, 2107; Schwerdtfeger, SDSRV 1994, 27, 47; Plantholz, SGb 1997, 549, 553.

187 Vgl. DGMR, MedR 1997, 570 Ziff. II. 7.; Laufs, NJW 1999, 1758, 1759; Schneider, MedR 1998, 151, 152; allgemein zur Unzulässigkeit von Kompetenzverschiebungen zwischen Bund und Ländern durch Verweisungen: Arndt, JuS 1979, 784, 789.

188 A. A. Jung in Hart, Ärztliche Leitlinien, S. 221, 225 f..

189 A. A. wohl R. Hess in Nagel/Fuchs, Leitlinien und Standards, S. 59, 64, der den Bundesausschuß als Sebstverwaltungsgremium bezeichnet.

190 Vgl. Ehlers, Pharmind 1996, 489 ; BSG NJW 1991, 1254. Peters-Hencke § 92 Rn. 24, Baader, JZ 1990, 409, 410; Jung et al. DÄBl. 2000, B-322, 323 sehen in

desausschüsse Ärzte und Krankenkassen kommen deshalb nicht als Schutzgesetze in Betracht.

6. Normen der Fachgesellschaften

Sowohl die einzelnen Fachgesellschaften als auch deren Zusammenschluß in der Arbeitsgemeinschaft der Wissenschaftlichen Medizinischen Fachgesellschaften sind rein privatrechtlicher Natur. Rechtsnormqualität i. S. d. Art 2 EGBGB läßt sich daher weder durch staatlich abgeleitete Macht noch durch die originäre Macht einer Selbstverwaltungskörperschaft begründen. Eine Verbindlichkeit der Leitlinien der Fachgesellschaften ist zudem auch gar nicht von diesen gewollt, wie stets betont wird.[191]

7. Ergebnis

Allein den Normen der (Landes-)Ärztekammern und der Kassenärztlichen Vereinigung kommt als Selbstverwaltungskörperschaften Rechtsnormqualität zu. Diese Normen können Gesetze im Sinne des Art. 2 EGBGB sein, wenn sie nach den Vorschriften über den Erlaß von Satzungen verabschiedet wurden.

---

den Richtlinien normkonkretisierende Verwaltungsvorschriften, vgl. Kap. 3 I. 1. b).

[191] AWMF, Leitlinien von Fachgesellschaften, http://www.uni-duesseldorf. de /WWW/AWMF/II/II-list.htm.

II. Schutzgesetzqualität

Soweit es sich bei der konkreten Norm im Einzelfall um eine Rechtsnorm i. S. d. Art. 2 EGBGB handelt, ist damit noch nicht gesagt, daß diese auch als Schutzgesetz im Sinne des § 823 Abs. 2 BGB zu qualifizieren ist. Die Rechtsnorm muß vielmehr auch die besonderen Voraussetzungen des § 823 Abs. 2 BGB erfüllen.

1. Die Problematik der Verweisung

Auch § 823 Abs. 2 BGB ist verfassungsrechtlich als dynamische Verweisung nicht unbedenklich.[192] Die eigentliche Problematik der mangelnden Gesetzgebungsbefugnis tritt in dem hier interessierenden Zusammenhang allerdings zurück. Da die ärztlichen Leitlinien sich lediglich an Ärzte wenden, könnte ein Normverstoß auch nur von Ärzten begangen werden. Schadensersatzpflichten können demzufolge auch nur zu Lasten der Ärzte -also der Mitglieder der Selbstverwaltungskörperschaften- bestehen. Da die Ärztekammern und Kassenärztlichen Vereinigungen gegenüber ihren Mitgliedern demokratisch zum Normerlaß befugt sind, sind sie auch grundsätzlich befugt, Verpflichtungen der Mitglieder auszusprechen. Dies geschieht schließlich bereits durch die Berufsausübungsregelungen in Form der Berufsordnungen, Satzungen und den hierauf basierenden Leitlinien. Die Begründung von Schadensersatzansprüchen würde die Berufsfreiheit nicht weiter einschränken, da sie den Bereich des unzulässigen ärztlichen Handelns nicht vergrößern würde.[193] Es würde allein eine zusätzliche Rechtsfolge neben die disziplinarrechtliche Ahndung treten. Da disziplinarrechtlich die Verhängung von Geldbußen zulässig ist, kann im Verhältnis der Ärztekammern bzw. Kassenärztlichen Vereinigungen gegenüber ihren Mitgliedern bzgl. der Begründung von Schadensersatzpflichten nichts anderes gelten.

Mit der Gewährung von Schadensersatz würde der Normsetzer zwar

---

192 Vgl. hierzu Peters, JZ 1983, 913, 917, der die Norm wegen Verstoßes gegen den Gewaltenteilungsgrundsatz für verfassungswidrig hält; Deutsch, Haftungsrecht I S. 46 sieht die Grenze des Rechtsstaatsprinzips erreicht; Taupitz, Standesordnungen S. 1271 weist m. E. zu Recht darauf hin, daß es sich nicht um die übliche Verweisungstechnik handelt, da das Schutzgesetz auch ohne § 823 Abs. 2 rechtlich verbindlich ist.

193 Vgl. Taupitz, Standesordnungen S. 1272; ders., FS. E. Steffen, 489, 497.

den Bereich des Zivilrechts und damit gemäß Art. 74 Nr. 1 GG den des Bundesgesetzgebers betreten.[194] Die Anordnung des Schadensersatzes erfolgt hingegen nicht durch die Leitlinie sondern allein durch Interpretation des § 823 Abs. 2 BGB. Dieser legt die Voraussetzungen fest, unter denen eine Norm als Schutzgesetz betrachtet und bei der Begründung von Schadensersatzansprüchen herangezogen werden kann.[195] Anders ausgedrückt: Selbst wenn der Normgeber, z. B. ein Landesgesetzgeber, einer von ihm erlassenen Norm ins Stammbuch schreiben würde, daß die Norm als Schutzgesetz im Sinne des § 823 Abs. 2 BGB gelten soll, würde dies für sich allein keine Schutzgesetzeigenschaft begründen. Vielmehr müßte sich die Norm in § 823 Abs. 2 BGB hineinfügen, um dessen Wirkungen hervorzurufen.[196]

Ein anderes Verständnis würde zudem Art. 2 EGBGB in Frage stellen, da dieser ausdrücklich jede Rechtsnorm als für das Zivilrecht verbindlich erklärt.[197] Wäre mit der Definition des Gesetzes in Art. 2 EGBGB lediglich beabsichtigt gewesen, den Gesetzesbegriff um die Verordnung zu erweitern, Landesrecht aber nicht einzubeziehen, so hätte dies sicherlich Ausdruck im Gesetz gefunden.

2. Inhaltliche Anforderungen an Schutzgesetze

Soweit es sich bei den zu untersuchenden Normen um Gesetze handelt, steht noch nicht fest, daß ein Verstoß gegen die fragliche Norm bereits die Schadensersatzfolge des § 823 Abs. 2 EGBGB auslöst. Vielmehr muß diese noch die speziellen Voraussetzungen des § 823 Abs. 2 BGB erfüllen.

---

194 Vgl. Peters, JZ 1983, 913, 918.

195 Ausführlich Larenz/Canaris, Schuldrecht BT II/2 S. 436 ff.: „Die Reichweite des deliktischen Vermögensschutzes kann nämlich unmöglich davon abhängen, ob mehr oder weniger zufällig eine Norm vorhanden ist, die verletzt worden ist.". Taupitz, FS. E. Steffen, 489, 495.

196 Vgl. Lorenz, NJW 1972, 2281, 2285; Deutsch, JZ 1963, 385, 389; Taupitz, Standesordnungen, S. 1270.

197 So auch Bistritzki, Diss. München 1981, S. 110; BGH NJW 1986, 2360, 2361 (zur BO für die nordrheinischen Ärzte); BGH NJW 1980, 2580; BayObLG NJW 1975, 2020.

a) Ge- und Verbotsnormen

§ 823 Abs. 2 BGB versucht den Individualschutz vorzuverlagern, indem nicht erst die schuldhafte Rechtsgutverletzung die Schadensersatzfolge auslöst, sondern bereits die schuldhafte Verletzung eines individualschützenden Gesetzes.[198] Erforderlich ist daher, daß die Norm einen Appell an den Normadressaten zum Drittschutz enthält. Dieser Appell muß nicht strafbewehrt sein.[199] Es muß sich aber um ein Ge- oder Verbot handeln.[200] Dies ist gegeben, wenn dem Normadressaten ein bestimmtes Tun auferlegt oder untersagt wird. Zweck dieser Voraussetzung ist, Zustandsbeschreibungen, Legaldefinitionen, Rechtsfolgenanordnungen und ähnliche Normen, deren Befolgung nicht möglich ist, auszuscheiden.[201]

Diese Differenzierung ist unproblematisch, soweit sich das geforderte bzw. untersagte Verhalten unmittelbar aus der Norm ergibt. Dies ist beispielsweise der Fall bei den in den Gesundheitsuntersuchungsrichtlinien des Bundesausschusses Ärzte und Krankenkassen nach § 92 SGB V vorgesehenen Untersuchungen zur Früherkennung von Krankheiten.[202] Die Durchführung der hier vorgeschriebenen Untersuchungen stellt das dem Arzt auferlegte Tun dar. Die in Punkt 4.1 der Richtlinien intratubarer Gametentransfer etc. vorgesehene zahlenmäßige Begrenzung der Übertragung von Embryonen stellt ein Verbot dar, mehr als drei Embryonen auf die Mutter zu übertragen.

Die Normen, die lediglich Strukturvoraussetzungen für die Durchführung

---

198 Vgl. Erman-Schiemann § 823 Rn. 153; Larenz/Canaris, Schuldrecht II / 2 S. 439; Deutsch, JZ 1963, 385, 389.

199 Canaris, FS Larenz II S. 27, 62 ff legt zutreffend dar, daß eine Strafbewehrung allein auch bei drittschützenden Normen die Schutzgesetzeigenschaft nicht zu begründen vermag. Gerade im inflationären Ordnungswidrigkeitenrecht muß die Übertretung der Norm einen nicht bloß unerheblichen Unrechtsgehalt aufweisen.

200 BGH NJW 1977, 1147, 1148; Bistritzki, Diss. München 1981 S. 14 ff., Schmiedel, Deliktsobligationen S. 33 ff.; RGRK-Steffen § 823 Rn. 539; Staudinger-Hager § 823 Rn. G 17 f.; Peters, JZ 1983, 913, 916.

201 Vgl. Spickhoff, Gesetzesverstoß und Haftung, S. 110 f.

202 Abgedruckt bei Liebold/Zalewski, Kassenarztrecht, P 75. Bei den Richtlinien nach § 92 SGB V handelt es sich zwar wie bereits festgestellt nicht um Gesetze im Sinne des § 823 Abs. 2 BGB. Da ähnliche Normen von den Ärztekammern bzw. Kassenärztlichen Vereinigungen jederzeit erlassen werden können, sollen diese Normen hier exemplarisch berücksichtigt werden.

bestimmter Behandlungen aufstellen, besitzen für sich genommen noch keinen Imperativ in Form eines Ge- oder Verbotes. Z. B. Punkt 3.5.2 der Richtlinien intratubarer Gametentransfer etc. stellt nur die Forderung auf, welche sachlichen Einrichtungen verfügbar sein müssen. Ein Ge- oder Verbot ergibt sich hingegen erst, wenn der Kontext der Norm berücksichtigt wird: Nach Punkt 3.5 sind diese sachlichen Einrichtungen Mindestvoraussetzungen für die Zulassung zur Durchführung der Methode und nach Punkt 3.1 darf die Methode nur von zugelassenen Ärzten durchgeführt werden. Hieraus ergibt sich das Verbot, die Methode durchzuführen, wenn die materiellen Zulassungsvoraussetzungen nicht gegeben sind.[203]

b) Bestimmtheitsgebot

Weiterhin muß eine Norm ein bestimmtes Verhalten gebieten, um als Schutzgesetz qualifiziert werden zu können.[204] Wie *Spickhoff*[205] zutreffend festgestellt hat, existiert ein Bestimmtheitsgebot im Sinne des strafrechtlichen Verständnisses nicht in Bezug auf Schutzgesetze.[206] So sind auch Sollvorschriften und Grundsätze nicht von vornherein auszuschließen. Erforderlich ist allein, daß sich aus diesen Vorschriften bestimmte Ge- bzw. Verbote gewinnen lassen. Es handelt sich daher vielmehr um eine Frage der Bestimmbarkeit des geforderten Verhaltens als um eine Frage der Bestimmtheit. Das im Einzelfall von der Norm vorgeschriebene Verhalten muß sich durch die herkömmlichen Auslegungsmethoden feststellen lassen. Ob der Schädiger in der konkreten Situation vom Normappell erreicht wurde, ist eine Frage des Verschuldens und hat mit der Bestimmtheit der Norm nichts zu tun. So ist bei den als Schutzgesetzen weitgehend anerkannten Erfolgsdelikten des Strafrechts[207] die

---

203 Ebenso könnte auch das Gebot angenommen werden, die Methode nur durchzuführen, wenn die Voraussetzungen gegeben sind. Dies ist jedoch ein philosophisches Problem, das keinen Einfluß auf die Frage der Schutzgesetzeigenschaft hat. Vgl. Spickhoff, Gesetzesverstoß und Haftung, S 110.

204 Bistritzki, Diss. München 1981, S. 18.

205 Spickhoff, Gesetzesverstoß und Haftung, S 118 ff.

206 A. A. RGRK-Steffen § 823 Rn. 539; Taupitz, FS. E. Steffen, 489, 498; Staudinger-Schäfer (12. Auflage) § 823 Rn. 578; BGH NJW 1965, 2007.

207 Vgl. hierzu Deutsch, Unerlaubte Handlungen Rn 217, der die in das Haftungsrecht importierten Strafrechtsnormen wegen des mit § 823 Abs. 1 BGB identischen Schutzbereichs für subsidiär erklärt. Allgemein zur Schutzgesetzqualität

verbotene Handlung überhaupt nicht gesetzlich bestimmt. Diese muß in jedem Einzelfall durch das Verschulden konkretisiert werden. In diesem Sinne läßt sich zum Beispiel bei den „Soll-Vorschriften“ zumeist eindeutig bestimmen, ob das Gebot der Norm im Einzelfall gilt. Nach der Zahnersatzrichtlinie soll beispielsweise bei der Versorgung mit Zahnersatz eine ausreichende Gegenbezahnung vorhanden sein,[208] der Kiefer soll nur mit einem strahlenreduzierten Aufnahmeverfahren geröntgt werden[209], kieferorthopädische Behandlungen sollen nicht vor dem Dentitionsalter von neun bis zehn Jahren begonnen werden.[210] In derartigen Fällen enthält die Norm eine geringere Bindung, da sie aufgrund ihrer abstrakten Fassung nur typische Sachverhalte als Regelfälle erfassen kann. Hier hat der Normgeber die Möglichkeit einer erforderlichen abweichenden Behandlung gesehen und diese nicht durch eine restriktive Fassung des Tatbestandes ausschließen wollen.[211] In den genannten Beispielen kann etwa ein Zahnersatz ohne Gegenbezahnung indiziert sein, um ein Verschieben der Zähne zu verhindern. Ein strahlenaufwendiges Röntgenverfahren kann zur Darstellung schlecht sichtbarer Strukturen erforderlich sein. Im dritten Beispiel, Nr. 12 der KfO-Richtlinien, kommt dieses Verhältnis von Regel und Ausnahme deutlich zum Ausdruck, indem eine Abweichung von der Norm in (beispielhaft aufgezählten) begründeten Ausnahmefällen für zulässig erklärt wird. Liegt eine Abweichung von dem der Norm zugrunde gelegten Regelfall nicht vor, so kommt der „Soll-Vorschrift“ die absolute Bindungswirkung einer „Muß-Vorschrift“ zu.[212] Dem Arzt ist dann eine Abweichung aus sozial- oder berufsrechtlicher Sicht nicht gestattet. Demzufolge handelt es sich trotz des offenen Tatbestandes im Einzelfall um das konkrete Verbot, kieferothopädische Behandlungen vor dem Dentitionsalter durchzuführen.

Letztlich besteht auch kein verfassungsrechtliches Bedürfnis nach einem Bestimmtheitsgebot.[213] Dieses ist im Strafrecht aufgrund der besonders

---

strafrechtlicher Normen: Soergel-Zeuner § 823 Rn. 298; MK-Mertens § 823 Rn. 194.

208 Zahnersatz-RL Ziffer I Nr. 8.

209 Kieferorthopädie-RL Nr. 6 b.

210 Kieferorthopädie-RL Nr. 12.

211 So allgemein für Soll-Vorschriften Knack-Busch § 40 Rn. 7.1 VwVfG.

212 Vgl. Maurer, Allgemeines Verwaltungsrecht § 7 Rn. 11.

213 Spickhoff, Gesetzesverstoß und Haftung, S. 121; a. A. RGRK-Steffen, § 823 Rn. 545; BGH NJW 1965, 2007; für das Strafrecht: BVerfG NJW 1995, 1141 (Sitzblockade).

einschneidenden Wirkungen des Freiheitsentzuges, der Gewaltenteilung und der Willkürkontrolle angebracht.[214] Dem steht im Zivilrecht „lediglich" die Frage der Haftung entgegen. Zudem geht es hier -ohne staatlichen Eingriff- um Ansprüche der Bürger untereinander. Ein Schutz vor dem Staat ist daher nicht in gleicher Weise erforderlich wie im Strafrecht.

c) Schutzcharakter der Norm

aa) Individualschutz

Nicht jede Norm, die ein Ge- oder Verbot enthält, ist als Schutzgesetz zu qualifizieren. Das Ge- bzw. Verbot darf nicht nur im Interesse der Allgemeinheit bestehen.[215] Der Schutz des Individualinteresses muß subjektiv vom Gesetzeszweck umfaßt sein.[216] Es darf sich hierbei nicht bloß um einen Rechtsreflex handeln, sondern muß im Aufgabenbereich der Norm liegen.[217] Dabei muß es sich nicht um die Hauptfunktion der Norm handeln. Ausreichend ist, daß der Individualschutz neben dem Schutz der Allgemeinheit zumindest auch bezweckt ist.[218] Bei der Ermittlung des Individualschutzes kommt es primär auf die Zwecksetzung des Normgebers an.[219] Diese ergibt sich zumeist nicht ausdrücklich aus dem Gesetz und ist daher durch die gängigen Auslegungsmethoden zu ermitteln. [220]

---

[214] Für das Strafrecht: BVerfG NJW 1995, 1141 (Sitzblockade); BVerfG NJW 1989, 1663 (Fernmeldeanlagengesetz).

[215] BGHZ 84, 312, 314; 100, 13 ff.; Deutsch, Unerlaubte Handlungen Rn. 213; Spickhoff, Gesetzesverstoß und Haftung, S. 111 ff.; Schmiedel, Deliktsobligationen S. 116 ff.; Canaris, FS Larenz II, S. 27, 46 ff.; Peters, JZ 1983, 913, 914.

[216] Deutsch, Unerlaubte Handlungen Rn. 213; Bistritzki, Diss. München 1981, S. 42 ff.; BGHZ 66, 354 = NJW 1976, 1888, 1889.

[217] MK-Mertens § 823 Rn 162; Soergel-Zeuner § 823 Rn. 280; Bistritzki, Diss. München 1981, S.43.

[218] BGHZ 100, 13, 15, BGH NJW 1968, 1279, 1280; Palandt-Thomas § 823 Rn. 141; MK-Mertens § 823 Rn 162; Deutsch, Haftungsrecht Rn. 64; Canaris, FS Larenz II, S. 27, 46 hält dieses Kriterium für zutreffend aber unbrauchbar, da der Allgemeinschutz zumeist auch dem Individualschutz dient. Ebenso: Knöpfle, NJW 1967, 697, 700.

[219] BGH ZIP 91, 1597; Taupitz, Standesordnungen, S. 1277; für Schmiedel, Deliktsobligationen passim, handelt es sich hierbei nur um einen Aspekt neben dem Normenzusammenhang und der Normenstruktur.

[220] Kritisch: Peters, JZ 1983, 913, 916 ff.

Bei den meisten hier zu betrachtenden Normen kann die Bezweckung eines Individualschutzes ohne weiteres angenommen werden. Sicherlich dienen die Normen nach der Intention der Selbstverwaltungskörperschaften in erster Linie berufsständischen Zwecken wie der Sicherung der „Ehre und Würde“ des Berufsstandes und einer angemessenen Berufsrolle im Interesse aller Berufsangehörigen.[221] Soweit die Normen zur Vermeidung von Fehlern erlassen wurden, geht ein Schutz der Patienten automatisch einher, da sich Fehler regelmäßig zum Nachteil des Patienten auswirken. Fehlervermeidung ist Patientenschutz. Daß es sich hierbei nicht nur um einen zufälligen Rechtsreflex sondern um eine durchaus vom Normgeber beabsichtigte Wirkung handelt, ergibt sich aus dem Wesen des Arztberufes als Dienst am und für den Patienten.[222] Hierbei handelt es sich nicht nur um einen kollektivbezogenen Schutz der Allgemeinheit,[223] sondern wie § 1 Abs. 1 der Bundesärzteordnung bestimmt, auch um einen Schutz des Einzelnen. § 1 Abs. 1 Bundesärzteordnung verpflichtet den Arzt ausdrücklich, der Gesundheit des einzelnen Menschen und des gesamten Volkes zu dienen. Bei den Richtlinien intratubarer Gametentransfer etc. der Niedersächsischen Ärztekammer findet diese individuelle Schutzrichtung beispielsweise unter Punkt I. 1. des Anhangs ihren Ausdruck, indem dem Arzt die Anwendung der Fortpflanzungsmedizin untersagt wird, wenn soziale Nachteile für das Kind zu erwarten sind. Wenngleich diese Bestimmung auch dazu dienen mag, die Fortpflanzungsmedizin möglichst kritiklos zu stellen, dürfte der (Individual-) Schutz des Kindes im Vordergrund stehen.

bb) Haftungsrechtliche Zielsetzung des Schutzgesetzes

Von der Frage der Bezweckung von Individualschutz ist die Frage zu unterscheiden, ob auch die Gewährung von Schadensersatz gewollt ist. Es ist zwar zutreffend, daß sich der Normgeber in den seltensten Fällen mit den haftungsrechtlichen Auswirkungen seiner Norm auseinandersetzt.[224] Insoweit ist die Frage, ob der Normsetzer eine Haftung gewollt hat, in der Tat für die Festlegung der Schutzgesetzeigenschaft ohne

---

[221] Taupitz, Standesordnungen S. 1278.

[222] Dies gilt daher gleichermaßen für die Ärztekammern wie für die Kassenärztlichen Vereinigungen.

[223] So Taupitz, Standesordnungen S. 1279 mit Bezug auf die Kammerordnungen.

[224] Buxbaum, Die private Klage S. 44; Taupitz, Standesordnungen S. 1270; a. A. BGH NJW 1980, 1792.

Bedeutung.[225] Diese Aussage läßt sich aber nicht umkehren. Die Tatsache, daß eine Haftung gerade nicht gewollt ist, verdient durchaus Beachtung[226] -wie sich an den hier zu untersuchenden Normen der Selbstverwaltungskörperschaften zeigt. Die Selbstverwaltungskörperschaften sind zwar aus ihrem Selbstverständnis heraus bemüht, den größtmöglichen Schutz für die Patienten zu schaffen. Diese Bemühung dürfte indes dort ihre Grenzen finden, wo sie mit den eigenen Belangen in Konflikt gerät.[227]

Würde man diese entgegenstehende Interessenlage bzw. erkennbare Absicht ignorieren und lediglich nach dem Bestehen von Individualschutz fragen, so würde man die Abwägung des Normgebers bei der Frage der Bezweckung des Individualschutzes unzulässig verkürzen. Individualschutz zum Preis der (potentiellen) eigenen Haftung ist sicherlich nicht gewollt.[228] Bei Kenntnis des „Mißbrauchs“ der eigenen Norm als Haftungsgrundlage wäre vom Erlaß der Norm - zumindest in der individualschützenden Fassung - abgesehen worden. Die zukünftige Normung wäre entsprechend gehemmt.[229] Diese Konsequenz stünde mit dem Wesen und den Aufgaben der Selbstverwaltungskörperschaften in krassem Widerspruch.

Daher muß die mangelnde Bereitschaft des Normgebers zur Schaffung einer Haftungsgrundlage Berücksichtigung finden. Diese Tatsache könnte allgemein bei der Auslegung der Norm berücksichtigt werden. Da der Normenzusammenhang und die Entstehungsgeschichte der Norm für die Beurteilung des Schutzzwecks von maßgeblicher Bedeutung sind,[230] würde der entgegenstehende Wille zur Haftung zur Verneinung des Individualschutzes führen.[231] Dies würde indes eher gekünstelt erscheinen, wie obiges Beispiel der Richtlinien intratubarer Gametentransfer etc. zeigt. Hier müßte ein Individualschutz mit der Begründung

---

225 So aber OLG Düsseldorf NJW 1979, 2618; wohl ebenso: BGH NJW 1980, 1792; Peters JZ 1983, 913, 917.

226 Vgl. Knöpfle, NJW 1967, 697, 700.

227 Taupitz, Standesordnungen, S. 1279; ders., FS. E. Steffen, 489, 502 spricht in diesem Zusammenhang prägnant von der Überschätzung der Bereitschaft zu altruistischem Handeln.

228 Taupitz a.a.O.

229 Taupitz a.a.O.

230 Schmiedel, S. 187 ff., S. 200 ff.; MK-Mertens, § 823 Rn. 140.

231 Kritisch: Staudinger-Hager § 823 Rn. G 31.

verneint werden, daß der objektiv bewirkte Schutz des Kindes vom Normgeber nicht gewollt war, da er zu einer Haftung führen könnte. Daher sollte der einer Haftung entgegenstehende Wille des Normgebers auf einer gesonderten Stufe unabhängig von der Frage des Individualschutzes zur Versagung der Schutzgesetzeigenschaft einer Norm führen.

cc) Subsidiarität gegenüber § 823 Abs. 1 BGB

Gegen die Schutzgesetzeigenschaft ärztlicher Leitlinien spricht weiterhin die Konkurrenz von § 823 Absatz 1 BGB zu Absatz 2 dieser Vorschrift. Die Haftung des Arztes nach § 823 Abs. 1 BGB ergibt sich regelmäßig aus der fahrlässigen Verletzung von Körper und/oder Gesundheit. Da jede nicht ganz unerhebliche ärztliche Behandlung zumindest mit einer kurzzeitigen Veränderung des körperlichen Wohlbefindens verbunden ist, wird diese zivilrechtlich als Verletzung des Körpers im Sinne des § 823 Abs. 1 BGB qualifiziert.[232] Die Haftung des Arztes hängt somit allein vom Verschulden, also von der Frage der Fahrlässigkeit[233] der Verletzung ab.

Die Fahrlässigkeit wiederum läßt sich als sachgerechter Umgang mit der Gefahr für den Patienten beschreiben.[234] Demnach handelt es sich bei § 823 Abs. 1 BGB um eine konkrete Gefährdungsnorm, die Gefahren für die aufgezählten Rechtsgüter zu vermeiden versucht.[235] Dieser Rechtsgüterschutz soll durch die Setzung des relativ ungefährlichsten Verhaltens erreicht werden. Insofern wird durch § 823 Abs. 1 BGB ein konkretes Verhalten gefordert, dessen Nichtbeachtung im Falle einer Rechtsgutsverletzung die Haftung auszulösen vermag.

Bei der Haftung nach § 823 Abs. 2 BGB handelt es sich um eine Haftung wegen der Schaffung einer abstrakten Gefahr durch den Verstoß

---

232 Auf die in diesem Zusammenhang bestehende Diskussion im Strafrecht, ob die ärztliche Heilbehandlung eine Körperverletzung im Sinne des § 223 StGB darstellt, soll hier nicht näher eingegangen werden. S. hierzu den Meinungsstand bei Tröndle-Fischer § 223 Rn. 9 ff.

233 Die vorsätzliche Körperverletzung ist im Rahmen der ärztlichen Berufsausübung die absolute Ausnahme und gehört grundsätzlich vor den Strafrichter.

234 Ausführlich zur Fahrlässigkeit s. das nächste Kapitel.

235 Vgl. Deutsch, Unerlaubte Handlungen Rn. 217.

gegen ein Schutzgesetz.[236] Würden die ärztlichen Leitlinien als Schutzgesetze qualifiziert, könnte ein abweichendes Verhalten bereits die Haftung auslösen.

Das Gegenüber von Verhaltens- und Gefährdungsnorm ist zwar nichts Ungewöhnliches, wie der Vergleich mit den Vorschriften der Straßenverkehrsordnung, wie beispielsweise § 8 StVO (Vorfahrt), zeigt. Auch bei diesen Vorschriften wird ein bestimmtes Verhalten -z. B. den von rechts Kommenden zuerst fahren zu lassen- vorgeschrieben. Der entscheidende Unterschied liegt allerdings darin, daß es sich hierbei um Ordnungsvorschriften handelt. Diese regeln das Miteinander im Straßenverkehr und erreichen hierdurch eine Gefahrminimierung.[237] Die Vorschrift bewirkt die Gefahrminimierung aufgrund ihrer Verbindlichkeit für alle Verkehrsteilnehmer. Ihr konkreter Inhalt ist hingegen austauschbar solange sich alle Verkehrsteilnehmer danach richten. Das allgemeine Vorfahrtsgebot könnte demnach auch „links vor rechts" lauten, ohne daß eine nennenswerte Gefahrsteigerung eintreten würde. Der Rechtsgüterschutz des § 823 Abs. 1 BGB wird durch derartige Regelungen nicht verschoben. Die Haftung des Einzelnen bei Mißachtung dieser Regelung wegen eines Schutzgesetzverstoßes besteht, weil die Abweichung von der Ordnung regelmäßig gefährlich ist -was auch bei § 823 Abs. 1 BGB als gefahrerhöhend und damit als fahrlässig zu bewerten ist.

Die hier in Rede stehenden ärztlichen Leitlinien sollen hingegen nicht durch die Schaffung einer allgemeinverbindlichen Ordnung zu einer Gefahrensenkung führen. Leitlinien sollen den nach den Vorstellungen des Normgebers aus medizinisch-naturwissenschaftlicher Sicht erforderlichen Umgang mit der Gefahr bestimmen.[238] Dabei kann es bereits zweifelhaft sein, ob diesem Anspruch bei Normerlaß genüge getan ist. Auf jeden Fall aber besitzt ein derartiges Instrumentarium eine gewisse Trägheit, die eine Anpassung an veränderte Umstände verzögert.[239] Ein Auseinanderfallen der Gefahrengrenzen ist damit zumindest vorprogrammiert.[240]

---

[236] Canaris, FS Larenz II, S. 27, 54 f.; Deutsch, Haftungsrecht Rn. 315; MK-Mertens § 823 Rn. 160.

[237] Vgl. Larenz/Canaris, Schuldrecht BT, Band II 2, § 77 I 1 a).

[238] Sack/Deutsch/Sauerwein, Strahlenther. 1998, 391, 394; Laufs/Uhlenbruck-Laufs, Handbuch des Arztrechts, § 5 Rn. 11; Taupitz, MedR 1995, 475, 476.

[239] Bruns, ArztR 1998, 183, 185; Ulsenheimer, Der Frauenarzt 1998, 1540 f.; Clade, DÄBl. 1999, C-195; ähnlich: Marburger, Regeln der Technik, S. 314.

[240] Vgl. Ulsenheimer, nds. ärzteblatt 8/99 S.6, 8; ausführlich dazu Kap.4. III. 3 a).

Würde man in den Leitlinien Schutzgesetze erblicken, ergäbe sich eine Konkurrenz zwischen den beiden Absätzen des § 823 BGB. Diese Konkurrenz wäre nur solange unproblematisch, wie die Leitlinien den sachgerechten Umgang mit der Gefahr beschreiben, also die zulässige Gefahrengrenze festlegen bzw. wiedergeben. Da die Fahrlässigkeit hingegen ein dynamisches Moment besitzt, das neue Erkenntnisse zu einem wirksamen Umgang mit der Gefahr aufnimmt, könnte sich ein unterschiedlicher Regelungsgehalt von Absatz 1 und Absatz 2 des § 823 BGB ergeben. So könnte eine Behandlungsmethode beispielsweise durch neue Erkenntnisse überholt und deren Anwendung damit als gefahrerhöhend und folglich nach § 823 Abs. 1 BGB als eine fahrlässige Verletzung des Körpers zu werten sein, während die Anwendung der neuen Methode ein Verstoß gegen die Leitlinie und damit gegen ein Schutzgesetz des § 823 Abs. 2 BGB darstellen würde. Gleichermaßen kann es die besondere Situation erfordern, von der Maßgabe des Schutzgesetzes abzuweichen, um die konkrete Gefahr zu vermeiden. Beispielsweise kann bei einer Allergie des Patienten die in einer Norm vorgeschriebene medikamentöse Therapie zu einer weiteren Gefährdung des Patienten führen, so daß die konkrete Gefahr nur durch eine abweichende Behandlung zu vermeiden ist.[241]

Bei der Qualifikation der Leitlinien als Schutzgesetze ergäbe sich folglich ein haftungsrechtliches Dilemma. Die Anwendung einer abweichenden Behandlung würde die Haftung des § 823 Abs. 2 BGB auslösen, obwohl sie der äußeren Sorgfalt entspräche. Die Anwendung der konventionellen, gesetzlich vorgeschriebenen Methode wäre zwar gesetzeskonform, aber sorgfaltswidrig und würde daher zu einer Haftung nach § 823 Abs. 1 BGB führen. Bei Normen der Kassenärztlichen Vereinigungen ergibt sich dieses Dilemma auch in persönlicher Hinsicht im Vergleich zu den Privatärzten, die dem Geltungsbereich der Norm nicht unterworfen wären. Dieses müßte sogar für Behandlungen eines Arztes gelten, die dieser einmal an einem gesetzlich Versicherten und einmal an einem Privatpatienten durchführt. Gegenüber dem gesetzlich Versicherten würde der Arzt wegen einer Schutzgesetzverletzung haften, so daß er regelmäßig eine leitlinienkonforme Behandlung anstreben würde. Der Privatpatient könnte demgegenüber nach dem aktuellen Standard versorgt werden, da nur dieser für die Haftung nach § 823 Abs. 1 BGB maßgeb-

[241] Vgl. BGH AHRS 2450/1; OLG Köln AHRS 2693/3; LG Konstanz AHRS 3110/6; LG Köln AHRS 2790/9.

lich ist.[242]

Bei einer derartigen Normenkollision bestehen zwei Möglichkeiten: Entweder läßt sich die Kollision durch eine Gesetzeskonkurrenz lösen. Oder die sich widersprechenden Normen heben sich gegenseitig auf, wobei die entstehende Lücke nach allgemeinen Grundsätzen zu schließen ist.[243]

Sowohl auf Konkurrenzebene als auch nach allgemeinen Grundsätzen wäre den umstandsbezogenen Sorgfaltspflichten vor den normativen Festlegungen der Vorzug zu gewähren.[244] Die Sorgfaltspflichten haben aufgrund ihrer Anpassung an die Gefahr und die Möglichkeiten ihrer Steuerung die größere normative Aktualität;[245] lex posterior derogat legi priori. Dies ergibt auch die teleologische Betrachtung des Haftungsgrundes: Bei § 823 Abs. 1 BGB besteht die Haftung wegen einer verschuldeten Körper- oder Gesundheitsverletzung. Bei § 823 Abs. 2 BGB besteht diese allein wegen der abstrakten Gefährlichkeit des Verstoßes gegen ein drittschützendes Gesetz.[246] Ob der Verstoß gegen ein derartiges Gesetz gefährlich ist, beantwortet sich im Rahmen der ärztlichen Behandlung durch einen Vergleich mit der durchgeführten Behandlung. War diese gefährlicher als die durch das Gesetz vorgeschriebene Behandlung, so liegt auch eine Sorgfaltspflichtverletzung und damit ggf. eine Haftung nach § 823 Abs. 1 BGB vor. War diese Behandlung jedoch dem neuesten Standard entsprechend die geeignete Behandlung, so hätte gerade die Beachtung des Gesetzes die Gefahr erhöht. Der Zweck des § 823 Abs. 2 BGB, die Vermeidung gefährlichen Verhaltens, kann bei einer Normenkollision nicht erreicht werden. Solange eine Normenkollision nicht besteht, hat die Haftung nach § 823 Abs. 2 BGB bei Körper- und Gesundheitsverletzungen keine eigenständige Bedeutung neben der des 1. Absatzes. Eine Haftung nach § 823 Abs. 2 BGB hat daher im Rahmen der Gesetzeskonkurrenz hinter der Haftung nach § 823

---

242 Zu der Problematik der unterschiedlichen Geltung von (Schutz-) Gesetzen Peters, JZ 1983, 913, 918 ff.

243 Vgl. Deutsch, Fahrlässigkeit und erforderliche Sorgfalt, S. 296; ders., VersR 1998, 261, 264; Engisch, Einführung S. 162 f.

244 So auch Bohnert, JZ 1982, 6, 9 für die Fahrlässigkeitsdelikte des Strafrechts.

245 Vgl. Deutsch, Fahrlässigkeit und erforderliche Sorgfalt, S. 164 ff.

246 Vgl. Larenz/Canaris, Schuldrecht BT, Band II 2, § 77 I 1 b); Deutsch, ZaeFQ 1998, 634, 635; ders., Unerlaubte Handlungen Rn. 216.

Abs. 1 BGB zurückzutreten.[247]

3. Ergebnis

Bei den Normen der Selbstverwaltungskörperschaften kann es sich im Einzelfall um Satzungen und damit um Gesetze im Sinne des § 823 Abs. 2 BGB handeln. Da diese Normen regelmäßig auch zum Schutz des Patienten bestehen, haben sie individualschützende Wirkung. Eine Haftung des Arztes nach § 823 Abs. 2 BGB wegen Nichtbeachtung der Norm kommt nicht in Betracht, da die jeweilige Selbstverwaltungskörperschaft als Normgeber wegen entgegenstehender eigener Interessen keinen Haftungstatbestand schaffen will. Zudem ist eine Haftung nach § 823 Abs. 2 BGB wegen der größeren Aktualität und Situationsbezogenheit des § 823 Abs. 1 BGB subsidiär zu diesem.

---

[247] So grundsätzlich für die Fälle der Haftungskongruenz: Deutsch, Unerlaubte Handlungen, Rn 217; ders., Haftungsrecht I S. 51 f.; Spickhoff, Gesetzesverstoß und Haftung, S. 153; MK-Mertens § 823 Rn. 161.

4. Kapitel: Das Verhältnis der medizinischen Normen zur ärztlichen Fahrlässigkeit

Der originäre Bereich der Arzthaftung liegt bei § 823 Abs. 1 BGB wegen schuldhafter Verletzung von Körper oder Gesundheit.[1] Da die ärztliche Heilbehandlung naturgemäß mit Eingriffen in die Rechtsgüter des § 823 Abs. 1 BGB, Körper und Gesundheit, verbunden ist, erfüllt diese nach vorwiegender Ansicht den Tatbestand der Körperverletzung i. S. d. § 223 StGB bzw. § 823 Abs. 1 BGB. Allein die (mutmaßliche) Einwilligung des Patienten läßt die Rechtswidrigkeit der Handlung und damit die Haftung entfallen.[2] Die Einwilligung bezieht sich regelmäßig nur auf die lege artis vorzunehmende Behandlung, also eine Behandlung, die frei von ärztlichen Fehlern ist.[3] Da sich der ärztliche Fehler in vielen Bereichen mit der Fahrlässigkeit deckt, soll im folgenden untersucht werden, wie sich medizinische Leitlinien und Fahrlässigkeit zueinander verhalten.

Nach der Legaldefinition der Fahrlässigkeit in § 276 Abs. 1 S. 2 BGB besteht diese in der Außerachtlassung der im Verkehr erforderlichen Sorgfalt. Eine Festlegung des Inhaltes der Sorgfaltspflicht durch Gesetz ist grundsätzlich möglich. Allerdings kommen hier nur Normen in Betracht, die vom legitimierten Normgeber verabschiedet wurden.[4] Wie im 3. Kapitel festgestellt wurde, sind die hier zu untersuchenden Normen entweder nicht als Gesetze oder lediglich als Binnengesetze der Selbstverwaltungskörperschaften zu qualifizieren. Festzuhalten bleibt damit, daß diese Normen nicht dazu geeignet sind, den Inhalt der Sorgfaltspflicht allgemeinverbindlich festzulegen.

---

1 Deutsch, NJW 1965, 1985, 1988. Zum Versuch der Einordnung der Arzthaftung unter § 823 Abs. 2 BGB als Verkehrspflichtverletzung: Bodenburg, Der ärztliche Kunstfehler, S. 123 ff.; hiergegen: Laufs/Uhlenbruck-Laufs, Handbuch des Arztrechts, § 103 Rn. 12.

2 Heilmann, NJW 1990, 1513, 1514; Lepa, FS. E. Steffen, S. 261, 264; MK-Mertens § 823 Rn. 34, 358; Giesen, Arzthaftungsrecht Rn. 213 ff. Zu der Problematik der (herrschenden) Qualifikation des ärztlichen Heileingriffs als Körperverletzung siehe Laufs/Uhlenbruck-Laufs, Handbuch des Arztrechts, § 103 Rn. 1 ff.

3 Bodenburg, Der ärztliche Kunstfehler, S. 104 ff.; Schramm, Schutzbereich der Norm, S. 80 ff.

4 Vgl. Deutsch, Fahrlässigkeit und erforderliche Sorgfalt, S. 172 ff.

Das Verschulden in Form der Außerachtlassung der im Verkehr erforderlichen Sorgfalt müssen die Gerichte in jedem Einzelfall feststellen. Hierbei wird in der Praxis häufig auf gesetzliche Vorschriften, wie z. B. derjenigen der StVO oder auf andere Regelwerke[5], wie z. B. DIN Normen[6], Unfallverhütungsvorschriften[7] etc. zurückgegriffen.[8] Die in diesen Normen aufgestellten Verhaltensanweisungen dienen dem Gericht daher oftmals zur Beurteilung des Verhaltens des Schädigers: Bei normwidrigem Verhalten wird häufig die Fahrlässigkeit bejaht,[9] bei normgemäßem regelmäßig verneint.[10]

Im folgenden soll daher geprüft werden, ob auch die medizinischen Leitlinien geeignet sind, die erforderliche Sorgfalt des Arztes zu konkretisieren. Im Rahmen dieser Bearbeitung werden die Grundelemente der Fahrlässigkeit, Verkehr, Sorgfalt und Erforderlichkeit jeweils zunächst in ihrer grundsätzlichen Bedeutung untersucht und sodann den Leitlinien gegenüber gestellt, um Übereinstimmungen und Unterschiede herauszuarbeiten.

I. Verkehr

1. Grundsätzliche Bedeutung

Nach der Legaldefinition der Fahrlässigkeit in § 276 BGB ist die Sorgfalt zu erbringen, die im Verkehr erforderlich ist. Mit dem Begriff des Verkehrs wird hierbei zum Ausdruck gebracht, daß es keine Fahrlässigkeit per se gibt, sondern daß diese nach den jeweiligen Umständen der kon-

---

5 Hierzu grundlegend Marburger, Regeln der Technik, passim; ders., Vers 1983, 597 ff.; ders., BB 1985, Beilage 4, S. 16 ff.; Lenckner, FS. K. Engisch, S. 490 ff.; Sonnenberger, BB 1985, Beilage 4, S. 3 ff. Für das Strafrecht: Bohnert, JR 1982, 6; Quentin, JuS 1994, L 41, 49.

6 BGH VersR 1971, 818; BGH NJW 1971, 92; 1313; 1980, 1219; 1984, 270, 1988, 2667.

7 BGH NJW 1957, 499; BGH VersR 1959, 290;1961, 160, 1962, 358; 720, 1967, 133; 1974, 782; 1978, 869.

8 Vgl. die Auflistung bei Palandt-Heinrichs, § 276 Rn. 18.

9 BGH NJW 1971, 1313; 1999, 2593; BGH VersR 1991, 597;

10 BGH NJW 1971, 92, 93; BGH VersR 1974, 771, 773; 1981, 643; OLG Celle VersR 1977, 453, 454.

kreten Situation zu ermitteln ist.[11] Bei einer Berufshaftung geschieht dies durch die Bildung von Berufsgruppen.[12] Bei der Arzthaftung bestimmt sich das Maß der Sorgfalt folglich danach, wie sich ein Fachkollege in der konkreten Situation verhalten hätte.

a) Situationsbezogenheit

Soweit damit der Gruppenmaßstab für die Bestimmung des sachgemäßen Verhaltens ausschlaggebend ist, bedeutet dies nicht, daß hierdurch ein abstraktes Höchstmaß festgeschrieben ist. Vielmehr richtet sich die Sorgfalt stets nach der konkreten Situation.[13] In Notsituationen schuldet jeder nur das Mögliche, auch wenn dies weit von dem Standard des betreffenden Verkehrskreises entfernt ist.[14] Hier wird der Handelnde in der konkreten Situation an seinen Kollegen bzw. seinem Verkehrskreis gemessen. Es wird allein danach gefragt, wie sich ein Angehöriger des Verkehrskreises des Handelnden in eben dieser Situation verhalten hätte und ob das Verhalten des Handelnden diesen Anforderungen genügt hat.[15] So mag beispielsweise die Gabe eines nicht optimalen Medikamentes grundsätzlich fehlerhaft sein, da die Fachkollegen dieses Medikament normalerweise nicht verabreicht hätten. Handelt es sich indessen um die notfallmäßige Behandlung eines Krampfanfalles, so kann der Einsatz dieses Medikamentes akzeptiert werden, da die spontane Hilfe nur wenig Zeit zum Überlegen und Abwägen läßt.[16] Die Frage nach der Akzeptanz des Vorgehens wird durch einen Vergleich mit den Fachkol-

---

[11] Deutsch, Fahrlässigkeit und erforderliche Sorgfalt, S. 62 f.; ders. Haftungsrecht Rn. 371; U. Huber, FS. E. R. Huber, S. 253, 258 f.

[12] Deutsch, VersR 1977, 101; Medicus, Schuldrecht I AT, S. 136; Larenz, Schuldrecht AT § 20 III; Esser-Schmidt, Schuldrecht I AT 2 § 26 II; Erman-Battes § 276 Rn. 28.

[13] Deutsch, NJW 1993, 1506, 1508; ders., Medizinrecht Rn. 181.

[14] Vgl. H. L. Schreiber, Wiss. Information, Jahrgang 8, Heft 9, S. 7, 13;Staudinger-Schäfer § 276 Rn. 45; Erman-Battes § 276 Rn. 23; Palandt-Heinrichs § 276 Rn. 17; RGRK-Steffen § 823 Rn. 410; Giesen, Medical Malpraktice Law, S. 16.

[15] Vgl. BGH NJW 1998, 2736, 2737: Pädiater in Ausbildung führt Beckenendlagegeburt als Notfall während des Nachtdienstes fehlerhaft durch - keine Haftung; BGH VersR 1987, 482, 483; 1987, 693, 695 scharfes Bremsen eines Mokicks in einer Kurve; BGH NJW 1976, 1504: Vollbremsung eines PKW bei Platzen eines Hinterreifens.

[16] Vgl. Laufs, Arztrecht Rn. 477; OLG München VersR 1992, 876.

legen in dieser Situation beantwortet. Hätten diese in der fraglichen Situation ebenso gehandelt, so entfällt der Schuldvorwurf.[17]

b) Objektiver Maßstab

Das Urteil über die Ordnungsgemäßheit der Handlung richtet sich demnach nach einem objektiven Vergleich.[18] Problematisch ist dabei, ob und inwieweit subjektive Momente zu berücksichtigen sind. Dies ist in zwei Richtungen relevant: Zum einen kann es vorkommen, daß der Schädiger über mindere persönliche Fähigkeiten verfügt, als dies bei den Vergleichspersonen der Fall ist. Zum anderen kommt es gelegentlich vor, daß der Schädiger über größere Kenntnisse und Fähigkeiten verfügt, als die Fachkollegen, an denen er gemessen wird.

aa) Mindere persönliche Fähigkeiten

Nach einer - für das deutsche Recht[19] als überkommen zu betrachtenden - Ansicht[20] sei es kennzeichnend für die Schuld, und damit auch für die Fahrlässigkeit, daß diese von subjektiven Momenten geprägt sei.[21] Zudem fordere auch die Einheit der Rechtsordnung, daß der Begriff der Fahrlässigkeit im Zivilrecht ebenso ausgelegt wird wie im Strafrecht, wo erst das Zurückbleiben des Täters hinter seinen persönlichen Fähigkeiten schuldbegründend wirkt.[22]

---

17 Eine weitere Haftungserleichterung kann sich darüber hinaus aus § 680 BGB (Beschränkung auf grobe Fahrlässigkeit) ergeben; vgl. Deutsch, Unerlaubte Handlungen Rn. 123.

18 Medicus, Schuldrecht I AT, S. 151; Larenz, Schuldrecht AT § 20 III.

19 Bezügl. des österreichischen Rechts s. Koziol, Österreichisches Haftpflichtrecht I 2, S. 128 ff.

20 Vgl. Hafferburg, NJW 1959, 1398 ff; Enneccerus-Nipperdey, S. 1308 ff; Nipperdey, NJW 1957, 1777 ff.; Leonhard, Allgemeines Schuldrecht, S.435 ff.; v. Thur, Allgemeiner Teil II 2, S. 481 ff.

21 Hafferburg, NJW 1959, 1398, 1399; Enneccerus-Nipperdey, S. 1320; Nipperdey, NJW 1957, 1777, 1780.

22 Hafferburg, NJW 1959, 1398, 1402; v. Thur, Allgemeiner Teil II 2, S. 481; Nipperdey, NJW 1957, 1777, 1780.

Gegen eine derartige Betrachtungsweise spricht bereits die Entstehungsgeschichte der Fahrlässigkeit im Zivilrecht. So wurde der lex Aquilia des römischen Rechts (286 v. Chr.) in nachklassischer Zeit der Sorgfaltsmaßstab des bonus pater familias, also einer umsichtigen, sorgfältigen Person beigelegt. Hiervon ausgehend sollte § 276 Abs. 1 S. 2 BGB ursprünglich auf die Nichtanwendung der Sorgfalt eines „ordentlichen Hausvaters" abstellen.[23] Dieser Begriff wurde aber als für das deutsche Rechtsleben unpassend abgelehnt.[24] Später entschied man sich dann über die „übliche Sorgfalt"[25] für die „erforderliche Sorgfalt".[26] Die „übliche Sorgfalt" sollte nach der I. Kommission das Normale ausdrücken, eine gesteigerte Sorgfalt war nicht gewollt.[27] Dieser Begriff wurde lediglich aus der Befürchtung des Mißverständnisses, es dürfe „auch ein im Verkehr eingerissener Schlendrian beachtet werden", abgelehnt.[28] Gewollt war jedenfalls die Sorgfalt des normalen und gesunden Verkehrs. Die persönliche Unfähigkeit ist von dieser Vorstellung nicht erfaßt.

Auch unter teleologischen Gesichtspunkten wäre ein subjektiver Fahrlässigkeitsbegriff im Zivilrecht verfehlt. Im Strafrecht erfolgt eine Bestrafung wegen Fahrlässigkeit, weil sich der Täter anders hätte verhalten können, da sein Verhalten hinter seinen individuellen, persönlichen Fähigkeiten zurückgeblieben ist.[29] Strafzweck ist hier die persönliche Gesinnung des Täters, den Erfolg trotz individueller Vermeidbarkeit herbeigeführt zu haben.

Im Deliktsrecht hingegen dient die Fahrlässigkeit der Billigkeit im Schadensersatzprozeß.[30] So soll hier eine Grenze zwischen dem Grundsatz des casum sentit dominus, also etwa der Verwirklichung von inhärenten Gefahren oder des allgemeinen Lebensrisikos und der Zurechnung für

---

23 Mot I 279.

24 D.S.16.

25 Prot I 302.

26 Prot II 598, 604.

27 Prot I 302.

28 Prot II 604.

29 Zum Einfluß des Strafrechts auf die zivilrechtliche Haftung s. Deutsch, ZaeFQ 1998, 634 ff.

30 Vgl. Steffen in Chirurgie und Recht, S. 35, 40; Larenz, Schuldrecht AT I § 20 III; Esser-Schmidt, Schuldrecht I AT 2 § 26 II; Soergel-Wolf § 276 Rn. 76; Dörner, JuS 1987, 522, 527.

das schädigende Verhalten eines Dritten gezogen werden.[31] Es muß eine Entscheidung darüber getroffen werden, wer mit dem Schaden belastet werden soll. Stellt man auf das Opfer ab, so spricht hier lediglich die Verantwortung für den eigenen Rechtskreis dafür, es selbst den Schaden tragen zu lassen.[32] Auf Täterseite hingegen kann eine objektiv fahrlässige, aber mangels persönlicher Fähigkeiten individuell unvermeidbare, schädigende Handlung vorliegen. In diesem Fall der Verantwortung des Opfers für den eigenen Rechtskreis ein größeres Gewicht beizumessen, als dem objektiv sorgfaltswidrigen und rechtswidrigen Eindringen eines anderen in diesen Rechtskreis, wäre mit der Billigkeit schwer zu vereinbaren. Der Schädiger ist in einer derartigen Fallkonstruktion näher am Schaden.[33] Auf der anderen Seite hat die Belastung mit einem objektiven Verhaltensmaßstab auch ein präventives Moment, da es zu einer besonderen Vorsicht anhält, indem die Berufung auf eigene Unzulänglichkeiten oder Unfähigkeiten abgeschnitten wird.[34]

Auch unter dem Gesichtspunkt des Vertrauensschutzes scheint eine Berücksichtigung individueller Unfähigkeit bei der zivilrechtlichen Fahrlässigkeit nicht geboten.[35] Wollte man diese berücksichtigen, so wäre der einzelne stets der Gefahr ausgesetzt, die Schädigung durch einen anderen ersatzlos hinnehmen zu müssen. Dies würde die Leichtigkeit des Verkehrs jedoch erheblich hemmen, da der einzelne nicht nur darauf zu achten hätte, sich selbst sorgfältig zu verhalten, sondern darüber hinaus die Fehler anderer in erhöhtem Maße zu berücksichtigen hätte.[36] Die Grundlage des erträglichen sozialen Zusammenlebens wäre erschüttert, wenn jeder aus Sorge um seine Rechtsgüter seinen Mitmenschen in Mißtrauen gegenübertreten müßte.

---

[31] H. L. Schreiber, Langenbecks Archiv für Chirurgie 1980, S.43, 44; Deutsch, Medizinrecht Rn. 206; Meder, JZ 1994, 485, 489; Larenz/Canaris Lehrbuch des Schuldrechts Band II 2 § 75 I 2 a).

[32] Schmidt-Salzer, FS. E. Steffen, S. 431, 446.

[33] Vgl. Medicus, Schuldrecht I AT, S. 151 f.

[34] Vgl. Larenz, Schuldrecht AT I § 20 III; Taupitz, MedR 1995, 475; Deutsch, FS. R. Honig, S. 33, 38 f.; Brüggemeier, JZ 1986, 969, 970 f.; MK-Hanau § 276 Rn. 103. Zur präventiven Funktion des Haftungsrechts s. Körner, NJW 2000, 241 ff.

[35] Vgl. Bodenburg, VersR 1979, 308, 309 f.; Medicus, Schuldrecht I AT, S. 151 f.; Soergel-Wolf § 276 Rn. 76; Deutsch, Fahrlässigkeit und erforderliche Sorgfalt, S. 476; v. Bar, JuS 1988, 169, 170, Velten, S. 16 f..

[36] Laufs, FS. J. Gernhuber, S. 245, 252 f.; Deutsch, NJW 1993, 1506, 1507; ders., VersR 1983, 993, 994; Zeuner, JZ, 1966, 1, 8; Esser-Schmidt, Schuldrecht I AT 2 § 26 II; v. Bar, Verkehrspflichten S. 117.

Ein weiteres, wenn auch nicht zwingendes Argument liegt in der Beschränkung der Verantwortlichkeit nach §§ 827 f.[37] So ordnet § 828 Abs. 2 BGB für beschränkt Geschäftsfähige ausdrücklich die individuelle Feststellung der Verantwortlichkeit an. Eine derartige Regelung wäre überflüssig, wenn ohnehin ein subjektiver Maßstab im Deliktsrecht gelten sollte. Ferner hätte der Gesetzgeber die Minderjährigen dann nicht im Rahmen der deliktischen Verantwortlichkeit als spezielle Gruppe benannt. Vielmehr hätte er den subjektiven Maßstab allgemein in § 276 BGB für das gesamte Zivilrecht festgeschrieben.

Letztlich wird man daher wegen der sachlichen Relativität der Rechtsbegriffe mit dem unterschiedlichen Fahrlässigkeitsbegriff zwischen Strafrecht und dem zivilrechtlichen Deliktsrecht leben müssen.[38] Mindere Fähigkeiten sind im Deliktsrecht nicht zu berücksichtigen.

bb) Besondere Fähigkeiten

Vom subjektiven Fahrlässigkeitsbegriff zu unterscheiden ist das Problem der Relevanz des objektiven Maßstabes, wenn der Schädiger über diesen Maßstab übersteigende Fähigkeiten verfügt. Derartige Fähigkeiten können in einer besseren apparativen Ausstattung des Arztes oder in besonderen Kenntnissen begründet sein.

(1) Besondere Kenntnisse

Hat ein Arzt besondere Kenntnisse, die allein ihn im Gegensatz zu seinen Fachkollegen zur fehlerfreien Behandlung befähigen, so stellt sich die Frage, ob er sich auf den Maßstab seiner Fachkollegen berufen kann, wenn er diese besonderen Fähigkeiten nicht einsetzt.

Dies ist etwa der Fall, wenn der Arzt aufgrund eigener wissenschaftlicher

---

37 Wie Deutsch, Fahrlässigkeit und erforderliche Sorgfalt, S. 144 ff. anmerkt, haben auch die Vertreter der subjektiven Theorie versucht, die §§ 827 f. BGB für ihre Argumentation fruchtbar zu machen. S. z. B. Nipperdey, NJW 1957,1777,1781 f.

38 Vgl. Engisch, Einführung S. 162; Larenz, Schuldrecht AT I, § 20 III; Kleinewefers, VersR 1992, 1425, 1429; Schramm, Schutzbereich der Norm, S. 91; BGHZ 24, 21, 27.

Untersuchungen die Gefahr der hohen Dosierung eines Medikaments kennt und dieses gleichwohl in einer hohen -von Wissenschaft und Praxis aber noch tolerierten- Dosis verabreicht und der Patient hierdurch Schaden erleidet.[39] Der BGH läßt den objektiven Verkehrskreis in derartigen Fällen außer Betracht und stellt direkt auf das Wissen des Beklagten ab. Begründet wird dies mit dem Argument, daß der Patient, der mit Spezialkenntnissen des Arztes rechnen darf auf diese auch vertraue.[40] Dieser Vertrauensgrundsatz ist im Rahmen der vertraglichen Haftung[41] einleuchtend: Wer sich in die Behandlung eines Spezialisten begibt, tut dies i.d.R. weil er gerade den Einsatz von über den Standard hinausgehenden Kenntnissen erwartet. Werden diese Erwartungen enttäuscht, so kann hierin eine Vertragsverletzung liegen, die eine Schadensersatzpflicht begründen kann.[42] Das Deliktsrecht hingegen schützt lediglich das Vertrauen auf ein allgemein verkehrsrichtiges Verhalten.[43]

Eine Berufung auf das besondere Vertrauen würde einen Sorgfaltsmaßstab in das Deliktsrecht transferieren, der sich nicht an der Handlung, sondern an der Beziehung zwischen Schädiger und Gläubiger, wie es dem Vertragsrecht zu eigen ist, orientiert.[44] Die widersprüchliche Konsequenz hieraus wäre, daß das bewußtlose Unfallopfer mangels besonderen Vertrauens lediglich standardgemäß behandelt werden müßte, während derjenige, der denselben Arzt als Spezialisten auswählt, unter Ausschöpfung aller Möglichkeiten zu behandeln wäre. Ein Abstellen auf die Opfererwartung vermag ein Überschreiten des objektiven Fahrlässigkeitsmaßstabes daher nicht zu erklären. Dieses läßt sich vielmehr nur aus der Konzeption der Fahrlässigkeit im Deliktsrecht rechtfertigen. Grundsätzlich gilt der objektive Verkehrsmaßstab hier, um eine Richtschnur der Verantwortlichkeit des einzelnen festzulegen.[45] Ob dies zugleich eine Grenze der Zurechnung darstellen soll, ist damit nicht gesagt.

---

39 Vgl. BGH VersR 67, 775.

40 Vgl. BGH JZ 1987, 877 mit zust. Anm. Giesen, S. 879.

41 Zur Abhängigkeit des Fahrlässigkeitsmaßstabes von der Rechtsfolgenorm grundlegend Deutsch, Fahrlässigkeit und erforderliche Sorgfalt, S. 114, für den vertraglichen Bereich insbesondere S. 299 ff.

42 Giesen, JZ 1987, 879 (Anm. zu BGH JZ 1987, 877) nimmt dies auch für die deliktische Haftung an.

43 Kap. 4 I. 1. b) aa).

44 Esser/Schmidt, Schuldrecht I AT 2 § 26 II.

45 Staudinger-Schäfer § 276 Rn. 24.

Historisch betrachtet mußte sich der Gesetzgeber bei der Definition der Fahrlässigkeit nicht nur mit dem Ausschluß der subjektiven Fahrlässigkeit auseinandersetzen. Gleichermaßen bestand noch am Ende des 19. Jahrhunderts der Einfluß der verschuldensunabhängigen altgermanischen Erfolgshaftung.[46] Diese sollte gleichfalls nicht in das BGB einfließen, um die Leichtigkeit des Verkehrs zu wahren. So sollte lediglich die gewöhnliche Voraussicht und Einsicht in den Zusammenhang der Dinge der Verschuldensmaßstab sein, um der Angst vor einer möglichen Haftung zu begegnen.[47] Niemandem aber sollte eine übergroße Anstrengung seiner Körper- oder Geisteskräfte zugemutet werden.[48] Für jemanden hingegen, der besondere Fähigkeiten hat, bedarf es keiner übergroßen Anstrengung, diese einzusetzen; er benötigt diesen Bewegungsspielraum folglich nicht.[49]

In dem o. g. Beispiel des Arztes, der von den Ergebnissen seiner eigenen Forschung abweicht, spiegelt sich in Bezug auf die Möglichkeit der Gefahrvermeidung die Typizität der Fahrlässigkeit wider: Jeder Arzt haftet, wenn er den objektiv erwarteten Standard der Erfolgsverhinderung mißachtet, weil es ihm möglich ist, diesen zu beachten.[50] Der Arzt wiederum, der aufgrund besonderer Fähigkeiten oder Kenntnisse zur Wahrung eines höheren Standards zur Erfolgsverhinderung in der Lage ist, muß sich an seinem eigenen Standard messen lassen, weil es ihm - ohne übergroße Anstrengung- ebenso möglich ist, diesen zu beachten und damit die Gefahr zu minimieren. Für den Grund der Haftung, die vermeidbare Schädigung eines anderen, darf es nicht darauf ankommen, ob sie nur für den Täter oder auch für dessen Verkehrskreis vermeidbar war.[51] Maßgeblich ist, daß die Erfolgsverhinderung möglich und

---

[46] Laufs, FS. J. Gernhuber, S. 245 ff.

[47] Laufs, FS. J. Gernhuber, S. 245, 251; Deutsch, Haftungsrecht Rn. 21; ders., NJW 1993, 1506, 1507; ders., VersR 1983, 993, 994; Wahl, Arbeitsbericht S. 17, 18; Kreutzer, FS: W. Lorenz, S. 123, 125.

[48] Larenz, Schuldrecht AT I § 20 III; Laufs, FS. J. Gernhuber, S. 245, 251; v. Caemmerer, RabelsZ 1978, 5, 24.

[49] Vgl. Deutsch, Fahrlässigkeit und erforderliche Sorgfalt, S. 143; ders., NJW 1987, 1480, 1481 (Anm. zu BGH NJW 1987, 1479), ders., JZ, 1997, 1030, 1033; Soergel-Wolf § 276 Rn. 77; RGRK-Steffen § 823 Rn. 411; a. A. Staudinger-Schäfer § 276 Rn. 24.

[50] Vgl. Deutsch, Unerlaubte Handlungen, Rn. 122; Zeuner, JZ 1966, 1, 8.

[51] Vgl. Schramm, Schutzbereich der Norm, S.90; Staudinger-Schäfer (12. Auflage) § 823 Rn. 498.

zumutbar ist.[52] Die Entscheidung gegen eine Erfolgshaftung verweist nur das Unvermeidbare als Zufall in den Herrschaftsbereich des Betroffenen i. S. d. casum sentit dominus.[53] Was aber vermeidbar ist, kann schwerlich als Zufall qualifiziert werden.[54]

(2) Einsatz von Spezialgeräten

Zur Sorgfaltspflicht des Arztes gehört es auch, daß er die zur konkreten Behandlung erforderlichen Maschinen besitzt und einsetzt.[55] Was für die konkrete Behandlung erforderlich ist, richtet sich nach dem objektiven Verkehrskreis, also danach, welche Geräte oder Mittel ein Arzt des betreffenden Fachs in der konkreten Behandlungssituation eingesetzt hätte. Entscheidend ist damit wiedermals die gute ärztliche Übung bzw. der Standard.

Hier stellt sich die Frage, ob der Nichteinsatz vorhandener, über den Standard hinausgehender Geräte eine Sorgfaltspflichtverletzung darstellt. Der BGH bejahte einen Behandlungsfehler[56] wegen des Nichteinsatzes eines vorhandenen CTG-Gerätes zur Geburtsüberwachung, obwohl dieses Gerät im Jahre 1981 noch nicht zum Behandlungsstandard gehörte.[57] Eine Begründung bleibt das Gericht allerdings schuldig. Viel-

52 Soergel-Wolf § 276 Rn. 77; BGH JZ 1983, 963, 964.

53 Vgl. Larenz/Canaris Lehrbuch des Schuldrechts Band II 2 S. 351; Wahl, Arbeitsbericht S. 17, 19f.; Deutsch, Haftungsrecht Rn. 419.

54 Dies verkennt m. E. Burgstaller, S. 66 für den Bereich des Strafrechts, der in dem bereichstypischen Maßstab einen sehr hohen Standard erblickt, der durch die „Drohung mit dem Strafrichter“ nicht gesteigert werden könnte.

55 Vgl. Deutsch, Medizinrecht Rn. 196; ders., Haftungsrecht, Rn. 122; MK-Mertens § 823 Rn. 356; für den Bereich ambulanter Operationen Ulsenheimer, Chirurg BDC 4/1994, S. 83, 87; Bonvie, MedR 1993, 43, 46; Kienzle, ZaeF 1995, 666, 667; Kern, NJW 1996, 1561, 1562.

56 Der Meinungsstreit über den Behandlungsfehlerbegriff soll hier nicht vertieft werden. Vgl. hierzu nur Giesen, Arzthaftungsrecht Rn. 99 ff. , der den Behandlungsfehler als Begriff für jedes ärztliche Fehlverhalten sieht; sowie Laufs, Arztrecht Rn. 469, der diesen als Ersatz für den ausgedienten Begriff des Kunstfehlers neben die Fahrlässigkeit stellt. Soweit hier der Begriff des Behandlungsfehlers verwendet wird, steht er für jedes Fehlverhalten bei der ärztlichen Behandlung i. S. d. objektiven Pflichtverletzung. Zum Begriff des Kunstfehlers: Farthmann in Arzt und Patient (Jung/Schreiber), S. 129, 131.

57 BGH NJW 1988, 2949.

mehr wird wie selbstverständlich eine Parallele zum Nichteinsatz von Spezialkenntnissen gezogen.[58] Das überzeugt im Ergebnis, denn in beiden Fallkonstellationen steht einem subjektiven Schuldvorwurf nicht die Begründung, die zu einer grundsätzlichen Beschränkung auf die objektive Fahrlässigkeit führt, entgegen.

Unterschiedlich ist dabei allerdings der Grund der Beschränkung auf den objektiven Maßstab. War es bezüglich des Einsatzes von Spezialkenntnissen der Verkehrsschutz, so greift dieses Argument bezüglich des Einsatzes eines Spezialgerätes nicht, da es hier nicht darum geht, der Angst vor einer möglichen Haftung entgegenzuwirken. Die Beschränkung der Ausstattung auf das erforderliche Maß ist Ausdruck der Sozialbezogenheit der Sorgfalt. So muß die Ausstattung einerseits einen kontrollierten Umgang mit der Gefahr, also eine ordnungsgemäße Behandlung ermöglichen. Andererseits wird nicht jedes Gerät, das eine Gefahrminderung bzw. eine bessere Behandlung ermöglicht, gefordert.[59] Vielmehr liegt die objektive Grenze der jeweiligen Sorgfaltspflicht dort, wo den Angehörigen des betreffenden Verkehrskreises Grenzen gesetzt sind. Diese Grenzen liegen insbesondere im tatsächlich Möglichen - etwa dem Angebot eines neuen Gerätes auf dem Markt- und dem finanziell Zumutbaren.[60]

Wenn in diesem Zusammenhang das tatsächlich Mögliche und das finanziell Zumutbare die Grenze der Ausstattungspflicht festlegen, so soll die Rechtspflicht in einem erträglichen Maß gehalten werden, um den Einzelnen nicht über Gebühr zu belasten. Es wird also aus Rücksicht auf die Belange und Möglichkeiten des Einzelnen durch die erforderliche Sorgfalt eine objektive Grenze festgelegt.[61] Wenn nun eine bestimmte apparative Ausstattung als nicht erforderlich oder nicht zum medizinischen Standard notwendig angesehen wird, dann geschieht dies nur, weil man den Einzelnen nicht zur Anschaffung des betreffenden Gerätes über das Haftungsrecht zwingen will.

Mithin liegen bezüglich der Voraussetzungen der Anschaffung eines Gerätes und dessen Einsatz grundsätzlich verschiedene Überlegungen

---

58 BGH NJW 1988, 2949, 2950; ebenso: BGH NJW 1989, 2321, 2322.

59 Vgl. Steffen in Chirurgie und Recht, S. 35, 41.

60 BGHZ 102, 17, 24 f; Deutsch in Budgetierung und Therapiefreiheit S.17, 21 f.; Kleinewefers VersR 1992, 1425, 1427; Steffen in Chirurgie und Recht, S. 35, 41; Marburger BB 1985, Beilage 4, S. 16, 17.

61 Vgl. Lenckner, FS. K. Engisch, S. 490, 500 ff.

zugrunde. Gegen eine Anschaffung sprechen oftmals tatsächliche und finanzielle Aspekte, die es rechtfertigen, diese Geräte von der objektiv erforderlichen Grundausstattung auszunehmen. Den Nichteinsatz eines vorhandenen Gerätes vermag dieser Aspekt jedoch nicht zu rechtfertigen, da er nicht mehr vorliegt. Vielmehr bedarf der Arzt, der über ein Spezialgerät verfügt, nicht der Nachsicht der Rechtsordnung, sich nur das Erforderliche anschaffen zu müssen.[62] Da das Gerät bereits angeschafft ist, spricht kein Grund dafür, dieses nicht einzusetzen, wenn es zu einer wirksameren Gefahrsteuerung führt.

Der Standard kann demzufolge wegen der Berücksichtigung des Möglichen und Zumutbaren nur die untere Grenze der Organisationspflichten festlegen.[63] Nach oben hat er jedoch hinter dem Tatsächlichen zurückzutreten.

c) Bestimmung der Verkehrsgruppe

Aus den bisherigen Ausführungen ergibt sich lediglich, daß sich das vom Handelnden erwartete Verhalten nach dem Verhalten eines ordentlichen Angehörigen der Vergleichsgruppe richtet. Dabei ist noch nicht geklärt, wie die Vergleichsgruppe zu bestimmen ist. Der Festlegung der Vergleichsgruppe kommt gerade in unserer hochspezialisierten Gesellschaft eine entscheidende Bedeutung bei der Ermittlung der Sorgfaltspflicht zu, da die zu erwartenden Kenntnisse und Fähigkeiten mit dem Grad der Spezialisierung zunehmen.[64] Wie bereits die Vergleichsgruppen des Alltags, Autofahrer[65] oder Rennfahrer[66], Fahrschüler[67] oder Fahrlehrer[68], Bank[69] oder Anlagevermittler[70] zeigen,[71] kann durch die Wahl einer Ver-

---

62 Vgl. Laufs/Uhlenbruck, Handbuch des Arztrechts § 99 Rn. 12.

63 Vgl. Deutsch, JZ 1997, 1030, 1033, ders., Budgetierung und Therapiefreiheit, S. 17, 18 ff.; Soergel-Mühl § 276 Rn. 90; Steffen, VersR 1980, 409, 411.

64 Vgl. Laufs, MedR 1986, 163, 169; Erman-Battes § 276 Rn 26; Soergel-Wolf § 276 Rn. 78; Esser/Schmidt, Schuldrecht AT, Bd. 1 Tb. 2, S. 85.

65 BGH NJW 1976, 1504.

66 RGZ 127, 315.

67 OLG Düsseldorf VersR 1979, 649.

68 BGH NJW 1969, 2197; OLG München DAR 1988, 55.

69 BGH NJW 1992, 2562; 1993, 2433; BGH WM 1986, 6.

70 BGH NJW 1982, 1095; 1983, 1730.

gleichsgruppe das Fähigkeitsniveau gesenkt oder angehoben werden. Dieses gilt gleichermaßen für den medizinischen Bereich, wie etwa der Vergleich von Heilpraktiker[72] und Arzt, Berufsanfänger und Facharzt,[73] Facharzt für Allgemeinmedizin und Facharzt für Chirurgie[74] oder von einem Kreiskrankenhaus mit einem Universitätsklinikum[75] zeigt.

Ausgangspunkt einer Festlegung der Verkehrskreise ist die Verkehrsanschauung.[76] Diese muß darüber entscheiden, welche Situationen oder typischen Gefährdungen einen besonderen Umgang mit der Gefahr erfordern.[77] Wo dies der Fall ist, ist diese besondere Sorgfalt zu erbringen. Bei einer Berufshaftung wie der Arzthaftung kommt einer Zulassung, die auf einer speziellen Ausbildung und Prüfung beruht, besondere Bedeutung zu.[78] Die Zulassung berechtigt zudem zur Führung spezieller Fachbezeichnungen, die die Verkehrsanschauung nachhaltig prägen können.

Bei der Beurteilung des Verschuldens kommt es nicht darauf an, welcher Verkehrsgruppe der Schädiger angehört, sondern welcher Verkehrsgruppe der Zugang zur Gefahr vorbehalten ist.[79] Die objektive Übernahme der Gefahr begründet grundsätzlich auch für einen nicht Gruppenzugehörigen die Pflicht, sich dem Standard dieser Gruppe entsprechend zu

---

71 S. auch die Auflistung bei RGRK-Alff § 276 Rn. 15 ff.; Palandt-Heinrichs § 276 Rn. 22 ff.

72 Umfassend zur Haftung des Heilpraktikers Taupitz, NJW 1881, 1505; BGH NJW 1991, 1535.

73 Kritisch zu diesem Begriffspaar Opderbecke/Weißauer MedR 1993, 2, 3 (krit. Anm. zu BGH NJW 1992,1560).

74 Zur Arbeitsteilung innerhalb der Chirurgie siehe Rumler-Detzel VersR 1994, 254.

75 Zum Organisationsverschulden in Hochschulklinika: Lipport NJW 1984, 2606; Bergmann VersR 1996, 810.

76 Deutsch, Fahrlässigkeit und erforderliche Sorgfalt, S. 32; MK-Hanau, § 276, Rn. 79 f; RGRK/Steffen § 823 Rn 412; Soergel-Wolf § 276 Rn. 81.

77 BGH NJW 1974, 1424, 1425; BGH VersR 1991, 469, 470; Deutsch, Medizinrecht Rn. 198; ders Haftungsrecht Rn. 379, 405 f.; Esser, Schuldrecht, S. 203; Fikentscher, Schuldrecht, § 53 III 2.

78 Vgl. Deutsch, Fahrlässigkeit und erforderliche Sorgfalt, S. 136; ders., Haftungsrecht Rn. 406.

79 Vgl. Medicus, Schuldrecht I, AT, S. 151 f.; Laufs/Uhlenbruck-Laufs, Handbuch des Arztrechts, § 101 Rn. 15; Deutsch, NJW 1984, 650, 651 (Anm. zu BGH NJW 1984, 655).

verhalten.[80] Unterläuft beispielsweise einem Allgemeinmediziner ein Fehler, der nur von einem Facharzt hätte vermieden werden können, so handelt dieser schuldhaft, weil er sich an den Fähigkeiten des Facharztes messen lassen muß. Dies setzt allerdings voraus, daß es für den Verkehrskreis des Handelnden erkennbar war, daß eine besonders gefährliche Situation besteht, deren Bewältigung einem Fachmann vorbehalten ist.[81]

Das Verschulden kann auch darin bestehen, daß jemand eine Tätigkeit ausführt ohne die hierzu erforderlichen besonderen Kenntnisse und Fähigkeiten zu besitzen. Wer die erforderliche Eignung zum Umgang mit einer Gefahr nicht besitzt, schafft bereits hierdurch eine Gefahrenlage für andere, die die Fahrlässigkeit begründet.[82] Auf der anderen Seite benötigt ein Arzt, der über die erforderlichen Kenntnisse und Fähigkeiten verfügt, keine formelle Facharztanerkennung.[83] Entscheidend ist, daß er aufgrund seiner materiellen Befähigung zu einer wirksamen Gefahrsteuerung in der Lage ist.[84] Dies kann selbst dann gegeben sein, wenn der Behandelnde die Operation zum ersten Mal durchführt. Anderenfalls stünde am Anfang einer jeden Chirurgenkarriere ein Behandlungsfehler, da die selbständige Durchführung der im Facharztkatalog aufgeführten Operationen Voraussetzung der Facharztanerkennung ist.[85]

Steht ein Übernahmeverschulden fest, so bedarf es eines Fehlers im Rahmen dieser Behandlung lediglich wegen des Erfordernisses der

---

80 Vgl. Deutsch, Haftungsrecht Rn. 404; ders. VersR 1977, 101, 104; Ulsenheimer, Chirurg BDC 4/1994, S. 83, 86; Bonvie, MedR 1993, 43, 46; Bodenburg, VersR 1979, 308, 310; Hart, MedR 1999, 47, 48.

81 Vgl. Deutsch, Unerlaubte Handlungen Rn. 127; Larenz, Schuldrecht AT I § 20 III.

82 Deutsch, Medizinrecht Rn. 196; ders Haftungsrecht Rn 406; Kleinewefers VersR 1992, 1425, 1429; Gounalakis, NJW 1991, 2945, 2946; Soergel-Wolff § 276 Rn. 78; dies gilt gleichermaßen für die strafrechtliche Verantwortung des Arztes, vgl. BGH NJW 1984, 655, 656 f.; BGH ArztR 1998, 258.

83 Dies gilt freilich nur für die haftungsrechtliche Beurteilung; berufs- oder sozialrechtlich kann es auf die formelle Zulassung ankommen.

84 Vgl. Opderbecke/Weißauer, MedR 1993, 2, 4 m. w. N.; Deutsch, Medizinrecht Rn. 243; etwas anderes gilt nach der Rechtsprechung des BGH für den den Anfänger beaufsichtigenden Arzt. Dieser muß wegen der erforderlichen Autorität gegenüber dem Anfänger und der besonderen fachlichen Kompetenz anerkannter und erfahrener Facharzt sein, vgl. BGH NJW 1992, 1560, 1561; Steffen, MedR 1995, 361, 362.

85 Gounalakis, NJW 1991, 2945, 2946.

Kausalität zwischen der schuldhaften Übernahme und dem Schaden.[86] Der Fehler an sich braucht nicht verschuldet zu sein. Voraussetzung ist allein, daß es für den Verkehrskreis des Handelnden erkennbar ist, daß die Grenzen des eigenen Könnens überschritten werden.[87]

In diesem Sinne ist der Rechtsprechung des BGH zur Anfängeroperation zuzustimmen, wonach bei der Frage des Verschuldens des Anfängers darauf abgestellt wird, ob dieser nach seinen Kenntnissen und Fähigkeiten zu einer selbständigen Durchführung der Operation in der Lage war.[88] Muß dies verneint werden, so fragt der BGH bei der Prüfung des Übernahmeverschuldens danach, ob ein gewissenhafter Anfänger mit derselben Erfahrung des Handelnden von der selbständigen Durchführung der Operation nach der Einholung der gebotenen Informationen hätte absehen müssen.[89]

Gegen diese Rechtsprechung wird eingewendet, daß sie der Vertrauenserwartung des Patienten in die Erbringung des Facharztstandards nicht gerecht werde und zu einer unnötigen Personalisierung der Fahrlässigkeit führe.[90]

Richtig hieran ist, daß der Patient erwarten darf, dem fachärztlichen Standard entsprechend behandelt zu werden.[91] Diese Erwartung dürfte jedoch hauptsächlich gegenüber dem Krankenhaus und den leitenden Ärzten bestehen. Einer tiefgreifenden Behandlung durch einen Assistenzarzt würden die meisten Patienten wohl auch dann widersprechen,

---

86 Dieses Erfordernis wird in der Praxis durch weitreichende Beweiserleichterungen erheblich abgeschwächt, s. u. Kapitel 5.

87 Vgl. Gounalakis, NJW 1991, 2945; Schramm, Schutzbereich der Norm, S. 96; Giesen, Arzthaftungsrecht Rn. 85; Deutsch, Unerlaubte Handlungen Rn. 127.

88 BGH NJW 1984, 655, 657 (= BGHZ 88, 248 = BGH JZ 1984, 327); BGH NJW 1984, 1810; 1988, 2298, 2300; 1992, 1560, 1561;1993, 2289, 2202; 1994, 3008; BGH VersR 1991, 469, 470.

89 BGH NJW 1984, 655, 657;1984, 1810; 1988, 2298, 2300; 1992, 1560, 1561;1993, 2289, 2292; 1994, 3008; BGH VersR 1991, 469, 470; ebenso: Laufs/Uhlenbruck, Handbuch § 101, Rn 14 ff, 18; Giesen, JZ 1984, 331, 332 (zust. Anm. zu BGH JZ 1984, 327); Gounalakis, NJW 1991, 2945; MK-Hanau § 276 Rn. 82.

90 Deutsch, NJW 1984, 650 f. (krit. Anm. zu BGH NJW 1984, 655); Heilmann, NJW 1990, 1513, 1514 f.; Müller-Graff, JuS 1985, 352, 358 ff.

91 Vgl. Laufs/Uhlenbruck-Laufs, Handbuch des Arztrechts, § 101 Rn. 15; Giesen, JZ 1984, 331, 332 (Anm. zu BGH JZ 1984, 327).

wenn dieser über genügend Erfahrung in der konkreten Behandlung verfügt.[92] Zudem ist allein dadurch, daß es dem Behandelnden an Erfahrung mangelt, noch nicht gesagt, daß er die Behandlung nicht ordnungsgemäß durchgeführt hat. So kann er beispielsweise das Pflichtenprogramm eines Facharztes vom ersten bis zum letzten Operationsschritt durchgeführt und damit den Facharztstandard erbracht haben. Die Vertrauenserwartung des Patienten kann insoweit nicht das maßgebliche Argument dafür sein, den Anfänger bei der Entscheidung über die selbständige Durchführung der Operation am Gruppenmaßstab der Fachärzte zu messen.

Entscheidend dürfte vielmehr sein, daß es sich bei der Frage des Verschuldens um eine Frage der Zurechnung handelt. Insofern muß das schadensursächliche Geschehen auf den Willen des Handelnden zurückgeführt werden können.[93] Wenn demnach der Wille zur Durchführung der Operation entscheidend ist, kann dem Behandelnden nur dann ein Schuldvorwurf gemacht werden, wenn er die Pflichtwidrigkeit der Übernahme hätte erkennen müssen.[94] Würde die Pflichtwidrigkeit dieser Entscheidung des Anfängers aus der Perspektive des Facharztes unter Zugrundelegung von dessen Kenntnissen und Erfahrungen beurteilt werden, so käme dies einer Garantiehaftung des Anfängers gleich. Selbst der beste Anfänger kann nicht mehr leisten, als sich in Fachbüchern und bei seinen Ausbildern über die anstehende Operation zu informieren. Müssen ihm hiernach keine Zweifel über die eigene Qualifikation kommen, so kann ihm kein Vorwurf wegen der Übernahme der Operation gemacht werden, selbst wenn ein erfahrener Facharzt ihm hiervon abgeraten hätte. Die Sorgfaltspflicht muß vernünftigerweise von einem tüchtigen Gruppenangehörigen erfüllbar sein.[95] Dies ist bei einem Anfänger jedoch nur gegeben, wenn man dessen konkreten Ausbildungs-

---

[92] Aus diesem Grunde hat der BGH in den Urteilen BGH NJW 1984, 655 und 1810 eine diesbzgl. Aufklärungspflicht verneint; insoweit zustimmend Deutsch, NJW 1984, 650; a. A. Giesen, Arzthaftungsrecht Rn. 91 ff.; Laufs, Arztrecht Rn. 197. Tatsächlich ist die Statistik der Ausbildungschirurgie besser als die der Fachärzte -was allerdings an dem ausgewählten Patientenkreis liegen dürfte, vgl. Pichlmaier in Nagel/Fuchs, Leitlinien und Standards, S.114 ff.

[93] Larenz, Zurechnungslehre, S. 61; Deutsch, Fahrlässigkeit, S. 65; ders., Unerlaubte Handlungen Rn 4; Schramm, Schutzbereich der Norm, S. 89; Kötz, Deliktsrecht Rn. 115; ausführlich hierzu unter Kap. 4, II. 1.

[94] BGH NJW 1984, 655, 657; 1992, 1560, 1561; Giesen, JZ 1984, 331, 332 (Anm. zu BGH JZ 1984, 327).

[95] Laufs, FS. J. Gernhuber, S. 245, 252.

stand berücksichtigt. Die Fehler seiner Vorgesetzten (in Form der Übertragung der Operation) hat der Auszubildende schließlich nicht zu vertreten.

Bei Zugrundelegung des konkreten Ausbildungsstandes handelt es sich zwar in der Tat um einen sehr stark personalisierten Vergleichsmaßstab. Aufgrund seiner Ausrichtung an dem ordentlichen Gruppenangehörigen handelt es sich aber noch um einen objektiven Maßstab. Die hierdurch entstehende Sicherheitslücke zu Lasten des Patienten ist aufgrund der sozialen Wichtigkeit der Anfängeroperation hinzunehmen. Der Anfänger von heute ist schließlich der Facharzt von morgen.[96] Eine Haftungslücke besteht nicht, da im Falle einer unzureichenden Qualifikation des Behandelnden regelmäßig eine Haftung des Chefarztes und des Klinikträgers gegeben sein wird.[97]

d) Zusammenfassung

Das Merkmal des Verkehrs hat in der Fahrlässigkeitsdefinition zwei wesentliche Funktionen: Zum einen bezieht es die Verhaltensaufforderung stets auf die einzelne, konkrete Situation. Zum anderen beschränkt es die Verantwortlichkeit des Handelnden auf den objektiven Maßstab seines Verkehrskreises bzw. der übernommenen Tätigkeit. Dieser tritt allerdings bei Vorliegen besonderer Fähigkeiten bzw. technischer Möglichkeiten zurück. Maßstab ist dann das eigene Können bzw. die vorhandene Ausstattung.

Die Bestimmung des Verkehrskreises erfolgt anhand der Verkehrsanschauung nach der eingegangenen Gefahr. Beim Übernahmeverschulden ist der Verkehrskreis des Handelnden maßgeblich. Bei einem Anfänger kann es sich dabei um einen stark personalisierten, am konkreten Ausbildungsstand orientierten, Maßstab handeln.

---

96 Vgl. Müller-Graff, JuS 1985, 352, 356.

97 Vgl. Deutsch NJW 1993, 1506, 1509.

2. Bedeutung für die medizinischen Normen

a) Situationsbezogenheit

Während sich anhand der Generalklausel des § 276 BGB jedes Verhalten flexibel unter Berücksichtigung aller einflußnehmenden Umstände beurteilen läßt, ist dies bei starren Normen wie den Behandlungsleitlinien nicht möglich.

Die Normen können zur Bestimmung der Sorgfaltspflichten nur herangezogen werden, wenn die Behandlung unter den in den Normen vorausgesetzten Umständen erbracht wurde. Hiermit ist insbesondere die Notfallmedizin ausgeklammert, soweit nicht besondere Normen für diesen Bereich bestehen. Bei Hausbesuchen o.ä. Anlässen, die nicht der Behandlung unter „Normalbedingungen" in der Arztpraxis entsprechen, ist zu differenzieren:

Soweit die Möglichkeit der normgemäßen Behandlung auch bei abweichenden äußeren Bedingungen gegeben ist, sind die Normen anwendbar und können daher auch in der besonderen Situation die ärztlichen Pflichten bestimmen. So ist z. B. bei einer Hausgeburt die nach Abschnitt D.1. der Mutterschafts-Richtlinie gebotene Bestimmung der Rhesus-Faktoren von Mutter und Kind vor Ort nicht möglich. Diese kann aber auch anderenorts anhand der vor Ort entnommenen Blutproben durchgeführt werden. Die Norm gilt daher trotz der abweichenden äußeren Umstände.

Setzt eine normgemäße Behandlung gerade das Vorhandensein bestimmter äußerer Umstände voraus, so liegt in der trotz Nichtvorliegens dieser äußeren Umstände vorgenommenen Behandlung ein Normverstoß. Dieser kann unter Umständen eine Haftung wegen Organisations- oder Übernahmeverschulden gemäß §§ 823 Abs. 1, 276 BGB begründen.[98] Dies ist jedoch dann ausgeschlossen, wenn die Situation ein sofortiges Handeln erfordert. So würde etwa bei einer notfallartigen Hausgeburt niemand auf den Gedanken kommen, das Handeln des Arztes am Maßstab eines im Kreißsaal tätigen Arztes zu messen. Ebenso kann auch eine planmäßige Behandlung in einen Notfall umschlagen, so daß nicht jedes naturwissenschaftlich fehlerhafte Verhalten zugleich eine

---

98 Vgl. Steffen, FS. E. Deutsch, S. 799, 809; Laufs, Arztrecht Rn. 483.

Verletzung der Sorgfalt darstellt.[99] So kann es in einem Notfall sogar zulässig sein, ungezählte Tupfer zu benutzen.[100]

Medizinische Leitlinien können daher nur dann zur Konkretisierung der Sorgfalt herangezogen werden, wenn die in Frage stehende Behandlung unter den in den Leitlinien vorausgesetzten Normalbedingungen stattgefunden hat.[101] Werden diese Bedingungen unterschritten, so muß dies jedenfalls bei einer unfreiwilligen Übernahme oder eines spontanen Umschlagens der Situation in einen Notfall unberücksichtigt bleiben. Alleiniger Maßstab ist dann § 276 BGB, d.h. es ist zu prüfen, wie sich ein Arzt der vergleichbaren Fachrichtung in dieser Situation verhalten hätte.

b) Vergleichsmaßstab

Die mangelnde Flexibilität der Leitlinien schließt zwar einerseits jegliche Situationsbezogenheit aus, liefert aber andererseits einen strengen objektiven Maßstab. So richten sich die jeweils gestellten Anforderungen von der Person des Behandelnden unabhängig allein nach der Art der Behandlung. Insofern ergibt sich durch die Vorgabe bestimmter Anweisungen für eine konkrete Behandlung ein vergleichbarer Maßstab. Dieser ist in Bezug auf die fachliche Vorgehensweise, sowie die apparative und räumliche Ausstattung rein objektiv. Subjektive Defizite können dabei sachlogisch nicht berücksichtigt werden. Dem entspricht die oben getroffene Feststellung zur Fahrlässigkeit, daß sich der Maßstab, an dem sich der Handelnde messen lassen muß, nach der Auftretensgruppe richtet. Begibt sich ein Arzt auf ein fremdes Fachgebiet, so hat er nach § 276 BGB für den Standard dieses Fachs zu haften.

Wie nur die tatsächlich bestehende Gefahrerhöhung das Urteil über die Sorgfaltswidrigkeit einer Behandlung bestimmt, hat auch die formelle Zulassung zur Durchführung bestimmter Behandlungsmethoden keine unmittelbare haftungsrechtliche Bedeutung.[102] Entscheidend ist allein, ob

---

[99] BGH NJW 1985, 1392 (arterielle Transfusion in einer Notsituation).

[100] BGH VersR 1955, 344, 345.

[101] Zur Bedeutung der konkreten Situation bei der Vorgabe von Verhaltenspflichten in medizinischen Normen: H. L. Schreiber in Nagel/Fuchs, Leitlinien und Standards, S. 167, 169 ff.

[102] Vgl. bereits oben Kap. 4 I. 1. c.); Deutsch, Medizinrecht Rn. 243; Opderbecke/Weißauer, MedR 1993, S. 2, 4; BGH VersR 1957, 277 (Fahrerlaubnis).

die Durchführung der Behandlung in personeller und apparativ-technischer Hinsicht dem Standard des Verkehrskreises entsprechend möglich ist.[103] Dies verdeutlicht sich bereits aus der fehlenden Allgemeinverbindlichkeit der kassenärztlichen Normen, wie denen des Bundesausschusses Ärzte und Krankenkassen oder der Kassenärztlichen Vereinigungen. Diese Normen binden nur einen Teil der Ärzteschaft, die Vertragsärzte. Die Privatärzte bleiben hingegen von den Regelungen unberührt. Unbeschadet der tatsächlichen Qualifikation würde bei einer haftungsrechtlichen Relevanz der Zulassung jeder Privatarzt sorgfaltswidrig handeln, wenn er eine zulassungspflichtige Maßnahme durchführt. Aus diesem Grunde kann es nicht auf die formelle, sondern allein auf die materielle Qualifikation des Arztes ankommen.

Dies gilt für die erforderliche Ausstattung wie für die vorzuweisende Erfahrung: Hat der Behandelnde in Bezug auf eine konkrete Behandlungsmethode bereits einen Teil des Zulassungskatalogs komplett erfüllt, so wird regelmäßig keine Gefahrerhöhung darin liegen, wenn er diese Behandlungen selbständig durchführt.[104] Dies setzt allerdings voraus, daß sich die einzelnen Teile des Zulassungskatalogs von einander trennen lassen, ohne daß ein Erfahrungsmangel für die in Frage stehende Behandlung verbleibt, wobei auch die möglichen Komplikationen zu berücksichtigen sind.[105] Auf der anderen Seite läßt sich sagen, daß ein nur zu einem geringen Teil erfüllter Katalog in einer bestimmten Maßnahme auf diesbezüglichen Ausbildungsmangel und damit auf eine Gefahrerhöhung schließen läßt. Dies dürfte letztlich eine Frage des Einzelfalles sein, da sich nicht abstrakt festlegen läßt, wann eine Behandlungszahl ausreichend ist.

Der Zulassung und den damit verbundenen Zulassungsvoraussetzungen kann allerdings standardprägende Bedeutung zukommen. Da mit den Vertragsärzten ein großer Teil der in dem betreffenden Bereich tätigen Ärzte über die in der Norm vorausgesetzte Qualifikation verfügt, entsteht eine diesbezügliche Verkehrserwartung bzw. tatsächliche Übung, daß bestimmte Behandlungen nur von Ärzten mit dieser Qualifikation durch-

---

[103] Für den Facharztstandard bei ambulanten Operationen nach § 13 des AOP-Vertrages gem. § 115 SGB V: Kern, NJW 1996, 1561, 1562; für die Krankenhaushaftung: Bergmann, VersR 1996, 810, 812; zur Anfänderoperation Gounalakis, NJW 1991, 2945, 2946; Steffen, MedR 1995, 360 f..

[104] Vgl. Opderbecke/Weißauer, MedR 1993, S. 2, 4.

[105] Vgl. Bonvie, MedR 1993, 43, 46; Bock, Der Chirurg 8/1996, S. 183, 184; Rumler-Detzel, VersR 1994, 254.

geführt werden.

Die streng objektive Ausrichtung der Normen schließt allerdings zugleich die Berücksichtigung einer besonderen Befähigung oder Ausstattung aus. Beim Nichteinsatz einer besonderen Fähigkeit oder Ausstattung kann sich die haftungsrechtliche Beurteilung nicht damit begnügen, festzustellen, daß der Standard der Leitlinie eingehalten wurde. Die Norm kann in einem derartigen Fall nach den allgemeinen haftungsrechtlichen Grundsätzen nur als objektive Mindestgrenze fachgerechten Handelns verstanden werden.[106] Anderenfalls würde die Leitlinie die haftungsrechtlich relevante Verantwortungsgrenze zu Lasten des Individualschutzes verschieben.

Unter teleologischen Gesichtspunkten kommt eine solche Verschiebung jedoch nicht in Betracht. Die Normierung soll Fehler minimieren.[107] Da die standardgemäße Behandlung bei Vorhandensein besonderer Möglichkeiten fehlerhaft ist, wird keine Fehlerreduzierung sondern deren Gegenteil erreicht. Die Natur der ärztlicher Leitlinien erfordert daher eine Abweichung von der Norm, wenn bessere Behandlungsmöglichkeiten zur Verfügung stehen.

Nicht in die Konzeption der Fahrlässigkeit paßt ferner der beschränkte Geltungsbereich der Norm. So gilt ein Teil der Normen ausschließlich für die vertragsärztliche Versorgung[108] oder für Behandlungen in Krankenhäusern im Rahmen der vertragsärztlichen Versorgung.[109] Da der Anwendungsbereich dieser Normen außerhalb der vertragsärztlichen Versorgung nicht eröffnet ist, kommt eine unmittelbare Geltung hier nicht in Betracht.[110] Insofern würde die haftungsrechtliche Bildung der Verkehrskreise bei einer haftungsrechtlichen Relevanz der Normen eine Modifikation erfahren: Die Bildung der Verkehrskreise würde sich nicht mehr ausschließlich nach der Auftretensgruppe und damit nach der Art der übernommenen Behandlung richten. Vielmehr wäre die Auftretensgruppe zusätzlich nach der Art des Behandlungsvertrages, privat- oder ver-

---

[106] Vgl. Deutsch, JZ, 1997, 1030, 1033; Dressler in Hart, Ärztliche Leitlinien, S. 161, 163.

[107] Vgl. Ulsenheimer, MedR 1995, 438, 441.

[108] So die Normen, die aufgrund der §§ 92, 135 SGB V erlassen wurden.

[109] So z.B. die aufgrund des § 137 SGB V erlassenen Normen.

[110] Zur unmittelbaren Geltung der Norm siehe 3. Kap. I. 3.,4.,5 sowie 4.Kap. vor I.1.

tragsärztlich, zu differenzieren.[111] Eine derartige Differenzierung wäre aber - wie noch festzustellen sein wird - mit dem Prinzip der Fahrlässigkeit als gefahrorientiertes Verhalten nicht vereinbar. Insofern bestehen letztlich nur zwei Möglichkeiten: Entweder geben die Normen die haftungsrechtlich relevante Gefahrengrenze wieder, so daß diese auch für den privatrechtlichen Bereich gelten müssen. Oder die Normen beinhalten keine haftungsrechtlich relevante Gefahrengrenze, was zur Folge hätte, daß diese keinen Einfluß auf die Haftung des Arztes hätten. Diese Problematik kann jedoch erst nach der Prüfung der Kongruenz der Gefahrengrenze erörtert werden.[112]

3. Ergebnis

Die Verkehrsbezogenheit der Fahrlässigkeit führt dazu, daß sich die konkreten Pflichten nach Situation und Auftretensgruppe richten. Die medizinischen Normen können allein unter Normalbedingungen, d.h. bei Nichtvorliegen eines Notfalls und der Behandlung eines Patienten ohne entgegenstehende Indikation, die Fahrlässigkeit konkretisieren. Sie legen wie auch die Konzeption des § 276 BGB einen objektiven Maßstab zugrunde. Allerdings werden die haftungsrechtlich relevanten besonderen Fähigkeiten bzw. die besondere Ausstattung nicht berücksichtigt, so daß es insoweit bei der Geltung der allgemeinen haftungsrechtlichen Grundsätze bleibt. Soweit eine Norm die Zulassung des Arztes zu einer bestimmten Behandlung voraussetzt, ist dies haftungsrechtlich unbeachtlich. Zudem wäre das Prinzip der Bildung der Verkehrskreise nach Auftretensgruppen durchbrochen, da ein Teil der Normen nur für die vertragsärztliche Versorgung gilt. Die Regelungen der Normen können allerdings die Verkehrsanschauung prägen, so daß diese mittelbar Wirkung erlangen.

---

[111] Vgl. DGMR MedR 1997, 570, Ziff. III. 1.

[112] Kap. 4 III. 2.

II. Sorgfalt

1. Allgemeine Grundlagen

Zurückgehend auf Heck wird unter Sorgfalt ein Verhaltensprogramm verstanden, dessen Einhaltung vom jeweils Handelnden gefordert ist.[113] Im Bereich des § 823 Abs. 1 BGB fordert dieses Verhaltensprogramm den sachgemäßen Umgang mit der Gefahr für Rechtsgüter anderer,[114] oder, wo richterlich Verkehrspflichten statuiert wurden, die Einhaltung dieser Verkehrspflichten.[115] Gleiches gilt für Verhaltensnormen i. S. d. § 823 Abs. 2 BGB.[116] In letzteren beiden Fällen ist das vom Handelnden geforderte Verhalten vorgegeben, im ersten wird es erst durch die Gefahr für das Rechtsgut bestimmt.[117]

Die Einhaltung dieses Verhaltensprogramms wird als äußere Sorgfalt bezeichnet. Die äußere Sorgfalt stellt das Verhalten dar, das die Tatbestandsverwirklichung verhindert.[118] Bei der Arzthaftung nach § 823 Abs.1 BGB liegt die äußere Sorgfalt in der Minimierung und Beherrschung der Gefahr durch die Erbringung des von dem konkreten Verkehrskreis erwarteten Verhaltens.[119] Der Begriff des Verhaltens ist hierbei weit zu verstehen und beschränkt sich nicht auf die Handlung als solche. Vielmehr hängt der Erfolg der ärztlichen Tätigkeit oftmals gerade von den Begleitumständen der Handlung ab.[120] Zu nennen sind hier beispielsweise die Sterilität der Instrumente und der räumlichen Umgebung, das Vorhandensein der für die Behandlung erforderlichen Apparate, die Assistenz durch geeignetes Hilfspersonal usw..[121]

---

113 Heck, Schuldrecht S. 76 f.; Deutsch, Haftungsrecht Rn. 379; RGRK-Steffen, § 823 Rn. 403.

114 Deutsch, Unerlaubte Handlungen Rn. 121; Esser/Schmidt, Schuldrecht I AT 2, § 26 II; U. Huber, FS. E. Wahl, S. 301, 302 f.

115 Deutsch, NJW 1993, 1506, 1507 f.; ders., Haftungsrecht Rn. 372, 379.

116 S. statt aller: Spickhoff, Gesetzesverstoß und Haftung, S. 209 ff.

117 Deutsch, Jura 1987, 505, 507; U. Huber, FS E.R. Huber 253, 269; Esser/Schmidt Schuldrecht I AT 2, § 26 II.

118 Larenz, Schuldrecht I, § 20 IV.

119 Deutsch, NJW 1993, 1506, 1509.

120 Vgl. Pichlmaier, FS E. Deutsch, S. 685, 686.

121 Für den Bereich der ambulanten Operationen vgl. Bonvie, MedR 1993, 43, 46; Kienzle, ZaeF 1995, 666, 667; Ulsenheimer, Chirurg BDC 4/1994, 83, 84; Kern,

Umstritten ist im Bereich der Sorgfalt, ob allein die Verletzung der äußeren Sorgfalt den Fahrlässigkeitsvorwurf begründet oder ob noch ein weiteres Moment, die Verletzung der inneren Sorgfalt, hinzukommen muß.

a) Innere Sorgfalt

Mit der inneren Sorgfalt wird ein intellektuell-emotionaler Vorgang bezeichnet. Die innere Sorgfalt umfaßt auf der intellektuellen Seite die Erkennbarkeit der Gefahr sowie die allgemeine Vorhersehbarkeit des Erfolges.[122] Der Erfolg bzw. der zum Erfolg führende Geschehensablauf braucht dabei nicht in allen Einzelheiten vorhersehbar zu sein. Ausreichend ist, daß dieser in seinen groben Umrissen vorhersehbar ist.[123]

Bei Verhaltensnormen richtet sich die intellektuelle Seite der inneren Sorgfalt auf die Kenntnis der Verhaltensnorm und das Vorliegen ihrer Tatbestandsmerkmale.[124] Die emotionale Seite der inneren Sorgfalt spiegelt die Wertschätzung des Handelnden für die Rechtsgüter anderer wider.[125] Diese tritt bei der bewußten Fahrlässigkeit deutlich zutage: Hier sieht der Täter die Gefahr für das Rechtsgut, handelt aber dennoch. Auch wenn sein Handeln von der Hoffnung geleitet ist, daß sich die Gefahr nicht verwirklichen werde, so führt er sie bewußt herbei.[126] Bereits in der Schaffung dieser Gefahr drückt sich die fehlerhafte Einstellung zum fremden Rechtsgut aus.[127] Denn, hätte es ihm genug bedeutet, so hätte

---

NJW 1996, 1561, 1562; für die Krankenhaushaftung Bergmann, VersR 1996, 810, 812.

122 MK-Hanau § 276 Rn. 100 ff.; Soergel-Wolf § 276 Rn. 101; Schroeder, JZ 1989, 776 ff; v. Bar, JuS 1988, 169, 173; BGH NJW 1976, 568; BGH VersR 1967, 393; OLG Köln NJW 1982, 2260.

123 MK-Hanau § 276 Rn. 102; Palandt-Heinrichs § 276 Rn. 20; Staudinger-Schäfer (12. Auflage) § 823 Rn. 502; RGRK-Steffen § 823 Rn. 415.

124 Deutsch JZ 88, 993, 995; ders., Jura 1987, 505, 507; Marburger, VersR 1983, 587, 605.

125 Deutsch, Fahrlässigkeit und erforderliche Sorgfalt, S. 465; Zeuner, JZ 1966, 1, 4.

126 RGRK-Alff § 276 Rn. 6; Palandt-Heinrichs § 276 Rn. 13.

127 Vgl. Wahl, Arbeitsbericht S. 17, 27; U. Huber, FS. E. R. Huber, S. 253, 265; Soergel-Wolf § 276 Rn. 75.

er es nicht gefährdet. Es mangelt dem Handelnden demnach am Vermeidenwollen der Gefahr.

Bei der unbewußten Fahrlässigkeit handelt der Täter nicht trotz Kenntnis der Gefahr, sondern wegen deren Unkenntnis. In dieser Unkenntnis kann wiederum die fehlerhafte Einstellung zu den fremden Rechtsgütern zum Ausdruck kommen, wenn der Täter persönlich Kenntnis von der Gefahr hätte haben können. Die Nichtaktualisierung dieser möglichen Kenntnis drückt eine Sorg- bzw. Interesselosigkeit gegenüber dem bedrohten Rechtsgut aus: Hätte sich der Täter für das Rechtsgut interessiert, so hätte er sich auch Gedanken um eine mögliche Gefährdung gemacht.[128] So liegt auch bei der unbewußten Fahrlässigkeit die emotionale Komponente der inneren Sorgfalt als mangelndes Vermeidenwollen der Gefahr vor.

Verbleiben letztlich die Fallkonstellationen, in denen die Gefahr zwar objektiv, nicht aber für den Täter vorhersehbar war. Hier erscheint es zunächst, als würde das Vermeidenwollen der Gefährdung als emotionale Komponente der inneren Sorgfalt hinter dem objektiven Fahrlässigkeitsmaßstab zurückbleiben, da das subjektive Nichtkennenkönnen den Willen zur Vermeidung der Gefahr nicht hervortreten läßt. Ein Vermeidenwollen kann nur dort gefordert werden, wo die Vermeidung des Erfolges überhaupt möglich ist. Rückt man allerdings von der Vorhersehbarkeit der konkreten Gefahr ab und fragt nach dem Grund der mangelnden Vorhersehbarkeit, so erscheint das Problem in einem anderen Licht.

Die Ursachen der rein subjektiven Unvorhersehbarkeit liegen in einem Defizit des Handelnden gegenüber der für ihn maßgeblichen Vergleichsperson. Dieses Defizit ist entweder anlagebedingt - also körperlicher oder geistiger Art - oder situationsbedingt, wie etwa die Unkenntnis der Gefährlichkeit eines bestimmten Verhaltens. Die Zurechnung liegt in diesen Fällen weiter vom Erfolg entfernt als in den obigen Fallkonstellationen: Sie ist in der Gewährleistung einer sozialen Rolle begründet.[129] Der Vorwurf, der dem Handelnden gemacht wird, liegt in der unkritischen Übernahme der konkreten sozialen Rolle. In dieser unkritischen Über-

---

[128] Deutlich bei Exner, Das Wesen der Fahrlässigkeit, S. 173; Zeuner JZ 1966, 1, 4 „wäre das verletzte Gut ihm wirklich ein wertvolles gewesen, der Gedanke an seine Gefährdung wäre nicht ausgeblieben.".

[129] Vgl. Deutsch, JZ 1968, 103, 104 (Anm. zu BGH JZ 1968, 103); ders.; Fahrlässigkeit und erforderliche Sorgfalt; S. 138.

nahme spiegelt sich das mangelnde Vermeidenwollen des Erfolges wider.

Wer einen Erfolg wirklich ausschließen will, prüft seine Befähigung - gegebenenfalls nach einer ärztlichen Untersuchung seiner körperlichen Dispositionen - bevor er die Tätigkeit beginnt.[130] Bei sich ständig wiederholenden Tätigkeiten, wie etwa der Teilnahme am Straßenverkehr, beinhaltet dies die ständige Selbstbeobachtung der Tauglichkeit.[131] Durch diese Selbstbeobachtung lassen sich körperliche Mängel entdecken. Die soziale Rolle ist dann entweder aufzugeben oder man hat die Mängel zu kompensieren.[132] Bei den geistigen Mängeln verhält es sich nicht anders: Will man die soziale Position, auf die man sich stellt, ausfüllen, ohne daß andere dabei zu Schaden kommen, so muß man sich fragen, ob man dazu in der Lage ist. Übernimmt ein Arzt eine schwierige Operation, so muß er sich fragen, ob seine Konzentrationsfähigkeit, Belastbarkeit und Ausdauer hierfür ausreichen. Übernimmt er die Tätigkeit, obwohl ihm zumindest Zweifel an seiner Tauglichkeit hätten kommen müssen, so wollte er die Gefährdung des Patienten nicht wirklich vermeiden.[133]

Verbleibt als letztes das situative Defizit des Handelnden gegenüber der Vergleichsperson, wie es z. B. bei der Unkenntnis der Gefährlichkeit eines bestimmten Verhaltens gegeben ist. Hier ist der Handelnde normal i. S. d. Vergleichsperson befähigt, es fehlt ihm jedoch die Kenntnis der Gefährlichkeit der Handlung. Auch hier muß sich der Handelnde die Frage gefallen lassen, warum er die Handlung vornimmt, ohne daß er deren Folgen einzuschätzen vermag. So ist gerade in den Fällen der Anfängeroperationen das für das Verschulden ausschlaggebende Moment in mangelnder Selbstkritik oder in der Nichteinholung des Rates von erfahrenen Fachkollegen zu finden.[134] Will man jede Gefahr vermeiden, so muß man entweder die fragliche Handlung unterlassen oder

---

130 Laufs/Uhlenbruck-Laufs, Handbuch des Arztrechts § 43 Rn. 2 f; MK-Mertens § 823 Rn. 369.

131 Vgl. BGH JZ 1968, 103 mit Anm. Deutsch; BGH NJW 1988, 909.

132 Etwa durch eine Brille bei Kurzsichtigkeit oder der defensiveren Teilnahme am Verkehr, z.B. niedrigere Geschwindigkeit bei vermindertem Reaktionsvermögen, vgl. Deutsch, JZ 1968, 103, 104 (Anm. zu BGH JZ 1968, 103); Soergel-Wolf § 276, Rn. 115; Giesen, Arzthaftungsrecht Rn. 85; Kötz, Deliktsrecht Rn. 116; LG Frankfurt VersR 1982, 237.

133 Vgl. Deutsch, JZ 1998, 993, 995.

134 BGH MedR 1988, 249, 250.

jegliche Ungewißheit durch die Einholung näherer Informationen beseitigen.[135] So muß etwa jemand, der die Giftigkeit von Eibenzweigen nicht kennt, sich hierüber informieren, wenn er sich nicht den Tod von Nachbars Kühen infolge des Verzehrs der an der Grundstücksgrenze abgelegten Zweige zurechnen lassen will.[136] In diesen Fallkonstellationen liegt der Grund der Zurechnung nicht in der Handlung, sondern in der unkritischen Vornahme dieser Handlung.[137]

Entsprechendes gilt für den Bereich des pflichtwidrigen Unterlassens. Wer jegliche Gefahr vermeiden will, nimmt mögliche Rettungsmaßnahmen prophylaktisch vor oder vergewissert sich zumindest über die Ungefährlichkeit seiner Untätigkeit. So muß eine Hebamme, die die Möglichkeit einer Herpes-Labialis-Infektion des im Kreißsaal anwesenden Kindesvaters erkennt der Stationsärztin ihre Beobachtung mitteilen.[138] Nicht ausreichend ist der Hinweis an den Vater, eine unmittelbare Berührung des Kindes mit der infektiösen Stelle zu vermeiden, da eine Ansteckung mit dem Virus auch durch Sprechen, Husten und Niesen möglich ist.

Die Objektivierung der inneren Sorgfalt bildet dabei als Ausdruck der allgemeinen Handlungsfreiheit die Grenze der Zurechnung,[139] da ansonsten jede noch so alltägliche Handlung zur Vermeidung der Gefährdung anderer bis ins Unermeßliche durchdacht werden müßte.[140]

Die innere Sorgfalt ist daher entweder eingehalten, wenn die Gefahr objektiv nicht vorhersehbar war,[141] oder wenn der Täter sie erkannt hat

---

135 F.C.Schröder JZ 1989, 776, 778; vgl. Soergel-Wolf § 276, Rn. 38; U. Huber FS. E.R. Huber S. 253, 260.

136 Vgl. BGH VersR 1991, 1246, 1247.

137 Insofern ist die Grenze zum subjektiven Fahrlässigkeitsmaßstab nicht so extrem wie es scheint. So berichtet Burgstaller, S.190 Fn. 30, daß ihm kein Strafrechtsfall bekannt sei, in dem ein mangelndes subjektives Verschulden infolge körperlicher oder geistiger Mängel auch das Übernahmeverschulden ausgeschlossen hätte; ähnlich: U. Huber FS. E.R. Huber S. 253, 255; vgl.auch Larenz, FS Wilburg, 1965, S. 119, 123; Staudinger-Löwisch § 276 Rn. 48.

138 OLG Düsseldorf NJW 1998, 3420, 3421.

139 Vgl. Larenz Schuldrecht AT I § 20 III; Larenz/Canaris Lehrbuch des Schuldrechts Band II 2 § 75 I 2 ; Schramm, Schutzbereich der Norm, S. 89; Deutsch, FS. R. Honig, S. 33, 39; RGRK-Steffen § 823 Rn. 414.

140 Vgl. Wahl, Arbeitsbericht S. 17, 18; Deutsch, Haftungsrecht, S. 27.

141 Daher ist auch nicht jeder Diagnosefehler haftungsbegründend sondern nur der

und vermeiden wollte, aber objektiv nicht vermeiden konnte.

b) Gegner der inneren Sorgfalt

Die Gegner der inneren Sorgfalt gehen von einer Untrennbarkeit von äußerer und innerer Sorgfalt im Deliktsrecht aus.[142] Der Haupteinwand, der gegen die selbständige Existenz der inneren Sorgfalt vorgetragen wird, besteht darin, daß eine Objektivierung der inneren Sorgfalt diese neben der äußeren Sorgfalt funktionslos mache.[143] So sei die Vorhersehbarkeit bei der Festlegung der erforderlichen (äußeren) Sorgfalt durch den objektiv situativ-generellen Verkehrsmaßstab impliziert.[144] Die äußere Sorgfalt lasse sich nur durch den Einsatz innerer Sorgfalt -also von Kenntnissen und geistigen Fähigkeiten- aufbringen.[145] Die Objektivierung der inneren Sorgfalt führe dazu, daß bei objektiv erkennbaren Verhaltenspflichten allein die Erfüllung der Verhaltenspflicht entscheidend sei. Hier stehe der Handelnde von seinen geistigen Fähigkeiten und Kenntnissen entweder hinter dem objektiven Maßstab zurück, oder er habe diese Fähigkeiten und Kenntnisse nicht eingesetzt.[146] Die Verletzung objektiv erkennbarer Verhaltenspflichten umfasse daher stets die Außerachtlassung der inneren Sorgfalt. Bei objektiv nicht erkennbaren Verhaltenspflichten sei die Pflichtwidrigkeit dagegen unvermeidbar, was die äußere Sorgfaltswidrigkeit und damit das Verschulden ausschließe.[147] Aufgrund dieser Korrelation zwischen äußerer und innerer Sorgfalt sei eine Trennung dieser beiden Elemente irreführend und daher aufzugeben.[148]

---

vorwerfbare Diagnosefehler; vgl. OLG Köln NJW 1998, 3422.

142 Fabarius, Äußere und innere Sorgfalt 1991, S. 148; Brüggemeier, Deliktsrecht, Rn. 111 ff.; ders. JZ 1986, 969, 976; ders., Prinzipien des Haftungsrechts, S. 75 ff.; Stathopulos; FS. K. Larenz II, S. 631, 635; Kötz, Deliktsrecht Rn. 118.

143 Brüggemeier, Deliktsrecht Rn. 113; Kötz, Deliktsrecht Rn. 118; Fabarius, Äußere und innere Sorgfalt, S. 143; Stathopulos; FS. K. Larenz II, S. 631, 635.

144 Brüggemeier JZ 1986, 969, 976 geht dabei von dem Konzept der Fahrlässigkeit als Pflichtwidrigkeit aus und stellt auf die Vermeidbarkeit der Pflichtwidrigkeit ab.

145 Fabarius, Äußere und innere Sorgfalt, S. 113; Larenz Schuldrecht AT I § 20 IV.

146 Fabarius, Äußere und innere Sorgfalt, S. 147.

147 Brüggemeier, JZ 1986, 969, 976; Fabarius, Äußere und innere Sorgfalt, S. 129.

148 Fabarius, Äußere und innere Sorgfalt, S. 148, Brüggemeier, Deliktsrecht Rn. 114; Kötz, Deliktsrecht Rn. 118.

c) Stellungnahme

Der von den Kritikern der Unterscheidung zwischen äußerer und innerer Sorgfalt vorgebrachte Aspekt der Korrelation dieser beiden Komponenten der Sorgfalt ist durchaus zutreffend. Die innere Sorgfalt ist grundsätzlich Bedingung für die Erbringung der äußeren Sorgfalt.[149] Erst das Erkennen der Gefahr ermöglicht einen sachgerechten Umgang mit dieser. Aus diesem Grunde sind auch die Kritiker dieser Differenzierung darauf angewiesen, die objektive Erkennbarkeit beizubehalten. Bei *Fabarius*[150] und *Kötz*[151] geschieht dies, indem für die Beurteilung der äußeren und inneren Sorgfalt derselbe - personale, situative - Maßstab zugrunde gelegt wird. Bei *Brüggemeier* erscheint die objektive Vorhersehbarkeit als Vermeidbarkeit der Pflichtverletzung.[152] Insofern wird die Vorhersehbarkeit - und damit ein Teil der inneren Sorgfalt - nicht eliminiert, sondern entweder bei der Bestimmung der (äußeren) Sorgfalt oder bei der Frage der Vermeidbarkeit berücksichtigt.

Anders hingegen die emotionale Seite der inneren Sorgfalt: Hierüber lassen sich weder bei *Fabarius* und *Kötz* noch bei *Brüggemeier* dezidierte Aussagen finden, so daß sich die Frage stellt, ob der Wille des Handelnden, fremde Rechtsgüter nicht zu gefährden, unberücksichtigt bleiben soll. Handelt derjenige schuldhaft, der um einem auf sich zurollenden LKW, dessen Fahrer einen Herzanfall erlitten hat, auszuweichen, einen Radfahrer überfährt?[153] *Fabarius* und *Kötz* müßten diese Frage bejahen, da auch die Vergleichsperson des ordentlichen Autofahrers in dieser Situation das Überfahren des Radfahrers vorhersehen und vermeiden konnte (unter Inkaufnahme des eigenen Todes!). Auch die Vermeidbarkeit *Brüggemeiers* könnte die Schuld nicht ausschließen, da der Unfall letztlich vermeidbar war.

Insofern können die dargestellten Ansichten zwar durch die objektiv-situative Bestimmung der erforderlichen (äußeren) Sorgfalt die intellek-

---

[149] Deutsch, Fahrlässigkeit und erforderliche Sorgfalt, S.94; ders. JZ 1988, 993, 995; ders., Medizinrecht, Rn. 180; Laufs/Uhlenbruck-Laufs, Handbuch des Arztrechts, § 99 Rn. 18; Zeuner JZ 1966, 1, 6.

[150] Fabarius, Äußere und innere Sorgfalt, S. 100 f, 147.

[151] Kötz, Deliktsrecht Rn. 115 ff.

[152] Brüggemeier; Deliktsrecht Rn. 113.

[153] Beispiel nach Deutsch, Fahrlässigkeit und erforderliche Sorgfalt, S. 473.

tuelle Komponente der inneren Sorgfalt größtenteils abdecken.[154] Bei der emotionalen Seite der inneren Sorgfalt liefern die dargestellten Ansichten hingegen keine Lösung. Allein *Fabarius* deutet an, daß sich die Zumutbarkeit an den Abwägungen des Mustermenschen ausrichten lassen würde, was letztlich eine rechtspolitische Entscheidung sei.[155]

Gerade hier liegt aber der Kern der Berechtigung einer eigenständigen inneren Sorgfalt; die rechtspolitische Entscheidung hierfür ist überdies vom Gesetzgeber bereits getroffen: Die Handlungsfreiheit sollte nur dort durch eine Schadensersatzpflicht beschränkt werden, wo ein verschuldetes Unrecht vorliegt.[156] Verschulden bedeutet nun einmal Zurechnung zum Willen des Handelnden.[157] Mag man auch das Vermeidenkönnen (und damit u. a. Vorhersehbarkeit und Irrtum) als Teil der Fahrlässigkeitsschuld in der äußeren Sorgfalt bzw. der Sorgfaltspflicht unterbringen können, das Vermeidenwollen aber paßt hier nicht herein. Es ließen sich zwar Anwendungsbereiche der Zurechnung, wie etwa der des Nichteinsatzes besonderer Fähigkeiten, durch eine Subjektivierung der Vergleichsperson erfassen. Das wäre jedoch ergebnisorientiert und versperrt den Blick auf den Grund der Haftung, die Zurechnung. Der Nichteinsatz besonderer Fähigkeiten beruht regelmäßig auf dem mangelnden Willen, fremde Rechtsgüter zu schonen. Dieser mangelnde Wille ist erst der Grund der Haftung für das standardgemäße Verhalten.[158] Umgekehrt ist der durch die Zwangslage gebeugte Willen der Grund des Haftungsausschlusses trotz Vermeidbarkeit des Erfolges.[159] Diese emotionale Komponente in die Bestimmung der Sorgfaltspflicht einfließen zu lassen wäre wohl irreführender, als die Trennung zwischen äußerer und innerer Sorgfalt beizubehalten.

Insofern verdeutlicht sich hier auch die Stellung der intellektuellen Kom-

---

154 -was streng genommen auch für den Tatsachen- und Rechtsirrtum möglich sein müßte, vgl. Fabarius, Äußere und innere Sorgfalt, S. 117 f., 129.

155 Fabarius, Äußere und innere Sorgfalt, S. 130. Giesen, Arzthaftungsrecht Rn. 72, hält eine subjektive Vorwerfbarkeit für nicht erforderlich.

156 Prot II 569, 585; MK-Löwisch § 276 Rn. 3; Deutsch, Jura 1987, 505; ders. AcP 193, 87, 88; Fikentscher, Schuldrecht Rn. 430, 508; U. Huber, FS. E. R. Huber S. 253, 274, nimmt diese rechtspolitische Entscheidung als Argument für den subjektiven Fahrlässigkeitsbegriff; Kreuzer in FS. Larenz, S. 123, 124 f.; Wahl, Arbeitsbericht S. 17 ff.; Meder JZ 1994, 485, 489.

157 Exner, das Wesen der Fahrlässigkeit, S. 110 ff.; Deutsch, JZ 1988, 993, 995.

158 Vgl. Deutsch, JZ 1988, 993, 996; Zeuner, JZ 1966, 1, 9.

159 Vgl. Erman-Battes § 276 Rn. 23.

ponente als Teil der inneren Sorgfalt. Das Vermeidenwollen ist durch die Vorhersehbarkeit bedingt. Erst die Vorhersehbarkeit wirft die Frage des Vermeidenwollens der Gefahr auf. Umgekehrt führt der abstrakte Vermeidewille erst zur Vorhersehbarkeit, da er erst Anlaß dazu gibt, die Handlung auf ihre Sozialschädlichkeit zu überprüfen. Eine Verlagerung der Vorhersehbarkeit in die äußere Sorgfalt würde diese aus ihrem psychologischen Zusammenhang reißen. Auch wenn äußere und innere Sorgfalt nur „in rein theoretischen Extremfällen trennbar" sein sollen,[160] bestätigt die Ausnahme wieder einmal die Regel. Fahrlässigkeit muß daher als Verletzung der inneren und der äußeren Sorgfalt verstanden werden.

d) Zusammenfassung

Die Sorgfalt besteht aus einer äußeren und einer inneren Komponente. Die äußere Komponente der Sorgfalt stellt ein Verhaltensprogramm, den sachgemäßen Umgang mit der Gefahr dar. Die innere Komponente besteht aus einer intellektuellen und einer emotionalen Seite. Die intellektuelle Seite ist auf die Erkenntnis der Tatbestandsmerkmale und die Norm, im Bereich des § 823 Abs. 1 BGB also auf die Gefahr für ein bestimmtes Rechtsgut, bezogen. Die emotionale Seite erfordert als Ausprägung der objektiven Zurechnung das Vermeidenwollen des Erfolges.

[160] Fabarius, Äußere und innere Sorgfalt, S. 148.

2. Bedeutung der Sorgfalt für die medizinischen Normen

Zur Konkretisierung der ärztlichen Sorgfalt kommen damit nur solche Normen in Betracht, die ebenfalls ein auf Gefahrvermeidung ausgerichtetes Verhaltensprogramm enthalten. Unproblematisch ist dabei die Feststellung konkreter Handlungsanweisungen. Diese finden sich in einer Vielzahl von Normen. Die Früherkennungsrichtlinien des Bundesausschusses Ärzte und Krankenkassen enthalten beispielsweise einen Katalog von konkreten Verhaltensanweisungen: So ist hier detailliert vorgeschrieben, welche Untersuchungen an bestimmten Personengruppen durchzuführen sind, welche Testprodukte hierfür verwendet werden dürfen[161] und welche Maßnahmen wann zu ergreifen sind.[162] Die Richtlinien der Bundesärztekammer zur Organtransplantation enthalten konkrete Kontraindikationen, bei denen von einer Transplantation abzusehen ist.[163] Die Normen der Fachgesellschaften haben schließlich eine derartige Tiefe, daß von der Diagnosestellung über die Indikation bis zur genauen Beschreibung der Behandlung einschließlich der gebotenen Nachsorge Empfehlungen abgegeben werden.[164]

Da es ausreichend ist, daß sich die konkrete Verhaltensanweisung aus einer Interpretation der Norm ergibt, kommen nicht nur die Normen zur Prozeßqualität, die ein bestimmtes ärztliches Pflichtenprogramm vorgeben, zur Konkretisierung der Fahrlässigkeit in Betracht. Vielmehr läßt sich auch den meisten Normen zur Strukturqualität eine bestimmte Verhaltensanweisung entnehmen. Durch die Vorgabe einzelner Voraussetzungen zur Durchführung einer bestimmten Behandlung wird im Sinne eines Übernahmeverschuldens die Verhaltensanweisung statuiert, von dieser Behandlung abzusehen, wenn die Voraussetzungen nicht vorliegen. Bei den Qualifikationsvoraussetzungen nach § 135 Abs. 2 SGB V findet sich diese Verpflichtung in der formellen Zulassung durch die zuständige Kassenärztliche Vereinigung zur Durchführung der Behandlungsmethode wieder.

---

161 Z. B. Abschnitt D der Krebsfrüherkennungsrichtlinie, SGB V-Komm. 5500.

162 Z. B. Ziffer C-3 der Krebsfrüherkennungsrichtlinie: Bei Krankheitsverdacht Zuführung zu fachärztlicher Diagnostik.

163 DÄBl. 2000, B-352 ff.

164 Vgl. die Leitlinien der Deutschen Gesellschaft für Gefäßchirurgie zur Thrombose der Vena subclavia und Vena cava superior, http://192.41.54.87//acc3/chgef-020.html.

Auszuscheiden haben an dieser Stelle diejenigen Normen, die nur mittelbar Einfluß auf den konkreten Behandlungsfall nehmen können. Hierher gehören u. a. die Normen zur Ergebnisqualität. Beispielsweise schreibt Ziffer 3.4 der Richtlinie der Bundesärztekammer zur Qualitätssicherung ambulanter Operationen[165] die Verpflichtung der beteiligten Ärzte zur Durchführung externer Maßnahmen zur Qualitätssicherung vor. Diese Maßnahmen bestehen in einem Datenaustausch und -vergleich über die zuständige Stelle bei der Ärztekammer, einer Teilnahme an Qualitätszirkeln und der Befragung der Patienten.[166] Diese Maßnahmen vermögen zwar Mißstände aufzudecken.[167] Erst die Aufdeckung etwaiger Mißstände schafft aber die Verpflichtung zur Abhilfe und damit den Verhaltensappell, nicht zu behandeln, solange die Schwachstelle nicht behoben ist.[168] Gleichermaßen kann die systematische Aufdeckung etwaiger Schwachpunkte zu neuen Standards führen.[169] Die Durchführung dieser Maßnahmen begründet indes keine bestimmten Verhaltenspflichten im einzelnen Behandlungsfall.[170]

Soweit einer Norm eine konkrete Verhaltensanweisung entnommen werden kann, muß sich die Frage anschließen, ob dieses Verhaltensprogramm zu einer Gefahrminimierung geeignet ist.[171] Bei den Nor-

---

165 DÄBl. 1994, A-2509.

166 Zur deliktischen Organisationspflicht der Krankenhausleitung zur Durchführung von periodischen Qualitätskontrollen, Francke/Hart, Ärztliche Verantwortung und Patienteninformation, S. 50 ff., 102 ff.

167 Pichlmaier in Nagel/Fuchs, Leitlinien und Standards, S. 114 f. berichtet über unterschiedliche Infektionsraten verschiedener Ärztegruppen desselben Krankenhauses. Als Ursache konnte festgestellt werden, daß die perioperative Gabe von Antibiotika unterschiedlich gehandhabt wurde.

168 Bleiben die aufgedeckten Mißstände noch im Rahmen des Standards, differieren aber gleichwohl von dem was anderenorts, z. B. in einer anderen Abteilung möglich ist, so muß hierüber u. U. aufgeklärt werden. Vgl. Hart MedR 1999, 46, 49; Zuck, das Krankenhaus 1998, 299, 301. Vgl. zur Pflicht, über hygienische Defizite einer Klinik aufzuklären BGH NJW 1971, 241, 244; OLG Köln NJW 1978, 1690.

169 Steffen, FS. E. Deutsch, S. 799, 805.

170 Vgl. Deutsch, Medizinrecht, Rn. 352. Sollte sich allerdings zeigen, daß die Teilnahme an derartigen Qualitätssicherungsmaßnahmen die Fehlerquote nachhaltig beeinflußt, so würde die Pflicht entstehen, den Patienten über die Nichtteilnahme an der Qualitätssicherung aufzuklären. Vgl. für den anglo-amerikanischen Rechtsraum das Symposium im Brooklyn Law Review 1992, No. 1. Umfassend zur Organisationsaufklärung Hart, MedR 1999, 46, 49.

171 Hiervon zu unterscheiden ist die Frage, ob eine inhaltliche Übereinstimmung mit

men der Selbstverwaltungskörperschaften und Fachgesellschaften wird dies regelmäßig der Fall sein, da diese Normen ein effizientes ärztliches Vorgehen auch zum Schutz des Patienten bezwecken.[172] Zweifelhaft kann dies allerdings bei Normen mit sozialrechtlichem Ursprung sein. Das legislative Ziel der oben genannten Richtlinien der Bundesausschüsse wird in § 92 Abs. 1 S. 1 SGB V beschrieben. Es soll eine ausreichende, zweckmäßige und wirtschaftliche Versorgung der Versicherten gewährleistet werden. Vom sozialpolitischen Ursprung betrachtet steht der Wirtschaftlichkeitsgedanke dabei sicherlich im Vordergrund. Dennoch ist hiermit eine gefahrsteuernde Zielsetzung nicht ausgeschlossen. Zum einen findet sich der Wirtschaftlichkeitsgedanke, eingekleidet in dem Kriterium der Zumutbarkeit oder Verhältnismäßigkeit, auch in originären Gefahrsteuerungsgeboten wie etwa in den richterlichen Verkehrspflichten[173] oder in den Schutzgesetzen (die aufgrund von Zumutbarkeitserwägungen teils zeitlich begrenzt sind, wie z.B. die Streupflicht, die nachts nicht besteht, weil niemandem zugemutet werden soll und kann, sich ständig um diese Pflicht kümmern zu müssen[174]). Zum anderen schließen sich Wirtschaftlichkeit und Gefahrsteuerung nicht grundsätzlich aus. So besteht zwischen Wirtschaftlichkeit und Schadensvermeidung im Krankenversicherungsrecht eine untrennbare Korrelation. Kosten lassen sich hier regelmäßig nur senken, wenn man Schäden und überflüssige Behandlungen zu vermeiden sucht.[175] Jede Fehlbehandlung verursacht für die Solidargemeinschaft zusätzliche Kosten aufgrund der hieraus resultierenden längeren und ggf. weiteren Behandlung sowie zur Kompensation bleibender Schäden. Letztlich ist daher in § 28 Abs. 1 S. 1 SGB V der Umfang der ärztlichen Behandlung als „nach den Regeln der ärztlichen Kunst ausreichend und zweckmäßig“ festgelegt. Nach der ärztlichen Kunst muß die Behandlung größtmögliche Heilungschancen bieten und unnötige oder übermäßige Gefahren vermeiden. Daher kann davon ausgegangen werden, daß die medizinischen Normen trotz ökonomischer Motivation auch der Gefahrvermeidung dienen.[176] Dies verdeutlicht sich beispielsweise an den Früher-

---

der haftungsrechtlich zulässigen Gefahrengrenze besteht; s. hierzu unter III. 2.

172 Vgl. die Empfehlungen der Deutschen Gesellschaft für Medizinrecht (DGMR), MedR 1997, 570, Ziff. I. 3; Laufs/Uhlenbruck-Laufs, Handbuch des Arztrechts, § 99 Rn. 27; Taupitz, MedR 1995, 475, 476.

173 Deutsch, Budgetierung und Therapiefreiheit, S. 17, 18 ff.; Soergel-Mühl § 276 Rn. 90; Steffen, VersR 1980, 409, 411.

174 Vgl. Deutsch, Unerlaubte Handlungen, Rn. 258; Soergel-Wolf § 276 Rn. 97.

175 Vgl. Steffen, FS. E. Deutsch, S. 799, 805.

176 Ulsenheimer, MedR 1995, 438, 441 f., ders. anders hingegen wohl in: Der Frau-

kennungs- sowie Schwangerschafts- und Mutterschaftsrichtlinien nach § 92 Abs. 1 Nr. 3 und Nr. 4 SGB V.[177] Die in diesen Richtlinien angeordneten Untersuchungen verursachen zunächst sogar zusätzliche Kosten für das Gesundheitswesen. Zu nennen ist hier zum Beispiel die obligatorische serologische Untersuchung aller Schwangeren nach Abschnitt C. der Mutterschaftsrichtlinien.[178] Langfristig betrachtet führen diese Untersuchungen hingegen zu Einsparungen, da sich Schäden wie beispielsweise die Rötelnembryopathie vermeiden lassen, die über einen langen Zeitraum hohe Kosten verursachen.

Damit kann davon ausgegangen werden, daß die Leitlinien grundsätzlich auch der Gefahrminimierung dienen.[179] Daraus folgt für die innere Sorgfalt, daß die Vorhersehbarkeit der Gefahr stets gegeben ist, da diese durch die Leitlinie ja gerade vermieden werden soll.[180] Die innere Sorgfalt bezieht sich hier, wie es auch bei Verhaltensnormen und Verkehrspflichten der Fall ist, auf die Kenntnis der Norm und das Vorliegen ihrer Tatbestandsmerkmale.[181] Die Berufung auf die Unkenntnis der Norm wird dem Arzt allerdings regelmäßig verwehrt sein, da er gemäß § 10 Abs. 1 MBO bzw. § 13 Abs. 1 S. 2 BMV diese als Berufs- bzw. Vertragspflicht kennen muß. Die Möglichkeit schuldloser Unkenntnis dürfte lediglich theoretischer Natur sein. Die Unkenntnis würde daher grundsätzlich zu einem Übernahmeverschulden führen.[182] Die Wahrung der inneren Sorgfalt kann daher nur dort in Betracht kommen, wo dem Arzt ein normgemäßes Verhalten aus tatsächlichen Gründen unmöglich ist.

---

enarzt 1998, 1540, 1543; Peters-Hencke § 92 Rn. 4, Schneider, NZS 1997, 267; Dressler in Hart, Ärztliche Leitlinien, S. 161, 165; a. A. Hart in Hart, Ärztliche Leitlinien, S. 136, 147.

177 Dies sind u. a. die Krebsfrüherkennungs-, Gesundheitsuntersuchungs-, Kinder- und die Mutterschaftsrichtlinien, abgedruckt bei Liebold/Zalewski, Rn. P 51, P 75, P 1, P 101.

178 Abgedruckt bei Liebold/Zalewski Rn. P 101.

179 Eine ausführliche Untersuchung der Gefahrengrenze der Leitlinien erfolgt unter Kapitel 4. III. 2.

180 Vgl. Marburger, Regeln der Technik, S. 468; Bohnert, JZ 1982, 6, 9; BGHSt 4, 182, 184; Deutsch, JZ, 1997, 1030, 1032.

181 Vgl. Deutsch, JZ 1988, 993, 995; ders., Unerlaubte Handlungen Rn. 226; v. Bar, Verkehrspflichten, S. 175; Spickhoff, Gesetzesverstoß und Haftung, S. 211 f.

182 Vgl. BGH Arztrecht 1998, 258, 259. Vgl. auch BGH NJW 1989, 2321, 2322 f.: Die Sorgfaltspflicht kann bereits vor Inkrafttreten mit Verkündung der Norm bestehen. Allgemein Marburger, Regeln der Technik, S. 460.

So könnte etwa ein Verstoß gegen die Kinder-Richtlinien[183] die intellektuelle Seite der inneren Sorgfalt unberührt lassen, wenn der Arzt eine medizinisch gebotene Untersuchung unterläßt, weil die Eltern des Kindes falsche Angaben zur Vorgeschichte machen. Ebenso könnte die emotionale Seite der inneren Sorgfalt gewahrt sein, wenn eine beginnende Taubheit nicht rechtzeitig diagnostiziert werden kann, weil eine lärmträchtige Baustelle vor der Praxis die Durchführung des gebotenen Hörtests unmöglich macht.

In diesem Zusammenhang ist allerdings zu beachten, daß nicht alle Normen gleichermaßen verbindlich sind. So gelten insbesondere die Normen des Sozialrechts nur für Vertragsärzte. Daher kann ein Privatarzt sich insoweit auf die Einhaltung der inneren Sorgfalt berufen, als daß er die konkrete Norm und die hiermit verbundene Behandlungsweise erst dann kennen muß, wenn sich diese durchgesetzt hat. Ein Vertragsarzt, der eine privatärztliche Behandlung vornimmt, muß sich die Kenntnis der Norm demgegenüber als besondere Kenntnis vorhalten lassen.[184]

Auf der anderen Seite vermag der Umstand, daß eine Norm eine Behandlungsmethode in ihren Einzelheiten beschreibt und für den Arzt verbindlich festschreibt, insoweit zu einer Entlastung führen, als der Arzt nur offensichtliche Fehler der Norm erkennen muß.[185] Die entscheidende Frage ist in diesem Zusammenhang, wann sich der normgemäß Handelnde mangels Kenntnis der Unzulänglichkeit der Norm auf ein Vertrauen auf die Norm und damit auf die Einhaltung der inneren Sorgfalt berufen darf. [186]

Das OLG Düsseldorf hatte im Jahr 1985 über einen Fall zu entscheiden, in welchem eine Frau wegen eines anstehenden Kinderwunsches eine Rötelnschutzimpfung bei dem beklagten Gynäkologen durchführen las-

---

183 Abgedruckt in GKV-Komm Nr. 5350; Liebold/Zalewski Rn. P 1.

184 Die DGMR fordert daher gleiche Anforderungen an die Leistungen von Vertrags- und Nichtvertragsärzten DGMR MedR 1997, 570, Ziff. III. 1.; ähnlich: Schneider, MedR 1998, 151, 154.

185 Dies ist beispielsweise bei einer 10 fachen Überdosierung gegeben, vgl. BGH JZ 1971, 63, 64 (NaCl-Lösung) m. Anm. Deutsch; allgemein Lenckner FS. K. Engisch, S. 490, 504; Marburger, Regeln der Technik, S. 467 f.; ders., VersR 1983, 597, 603.

186 So wohl Clade, DÄBl. 1999, C- 195, 196.

sen wollte.[187] Der Beklagte führte zunächst einen Rötelntest durch. Dieser ergab einen HAH-Titer von 1: 16, einem Wert, der nach den damals geltenden Mutterschaftsrichtlinien des Bundesauschusses Ärzte und Krankenkassen auf eine ausreichende Immunitätslage schließen ließ. Eine Impfung wurde daraufhin ebenso wenig vorgenommen wie ein erneuter Rötelntest anläßlich der etwa ein Jahr später eingetretenen Schwangerschaft. Das Kind litt unter Rötelnembryopathie. Da bereits im Zeitpunkt der Schwangerschaft in der einschlägigen Fachliteratur berichtet wurde, daß ein HAH-Titer von 1: 16 nicht zuverlässig auf eine Immunitätslage schließen läßt,[188] wurde das Verschulden des Arztes bejaht. Die mangelnde Kenntnis mußte sich der Beklagte wegen Verstoßes gegen die Fortbildungspflicht als Verschulden zurechnen lassen.[189]

Auf gleicher Ebene dürfte auch das Urteil des OLG Köln[190] liegen, in dem das OLG über den Nichteinsatz des Medikaments Aciclovir zur Behandlung einer Enzephalitis zu entscheiden hatte. Die Besonderheit des Falles lag darin, daß das Medikament zu dieser Behandlung nicht zugelassen war. Gleichwohl hat das Gericht einen Behandlungsfehler der behandelnden Ärzte bejaht. Begründet wurde dies damit, daß das Medikament erprobt war und sich als einzig nachhaltig erfolgversprechendes Mittel erwiesen hatte. Die Kenntnis der Wirksamkeit wurde von den Ärzten als Berufspflicht erwartet, obwohl das Medikament für diesen Einsatz nicht zugelassen war.[191]

Da sich die innere Sorgfalt nach dem objektiven Gruppenmaßstab richtet, entlastet das Vertrauen auf die Zulänglichkeit der Norm hiernach nur so lange, wie die neuen Erkenntnisse der konkreten Gruppe nicht bekannt sind.[192]

---

187 OLG Düsseldorf VersR 1987, 414; hierzu auch R. Hess in Nagel/Fuchs, Leitlinien und Standards, S. 59, 61.

188 Nach Punkt C. 1. a) der geltenden Mutterschaftsrichtlinien vom 23.02.1996 (abgedruckt in GKV-Komm Nr. 5600; Liebold/Zalewski Rn. P 101) gilt heute ein HAH-Titer von 1:32 als unbedenklich.

189 Allgemein zur Fortbildungspflicht: Giesen, Arzthaftungsrecht Rn. 77 ff.; Staudinger-Schäfer § 276 Rn. 34, BGH NJW 1991, 1535; 1537.

190 OLG Köln VersR 1991, 186.

191 OLG Köln VersR 1991, 186, 189.

192 Vgl. Soergel-Wolf, § 276 Rn. 84; MK-Mertens § 823 Rn. 370; BGH JZ 1971, 63, 64 (Hegglin)

Enthält eine Norm einen nicht offensichtlichen Fehler, so ist ihre Anwendung zwar gefahrerhöhend und damit äußerlich unsorgfältig; der Arzt darf aber auf die Fehlerfreiheit der Norm vertrauen. Dieses Vertrauen ist allerdings nur so lange schutzwürdig, wie für den konkreten Verkehrskreis der betreffenden Fachrichtung keine Hinweise in der einschlägigen Fachliteratur auf die Unzulänglichkeit der Norm bestehen.[193]

3. Ergebnis

Ärztliche Leitlinien sind als gefahrminimierende Verhaltensnormen grundsätzlich zur Konkretisierung der Sorgfalt geeignet. Dies beinhaltet auch die Vorgabe struktureller Voraussetzungen der Behandlung wie beispielsweise der apparativen Ausstattung. Die Nichtbeachtung der Leitlinien wäre regelmäßig nur dann nicht auf eine Verletzung der inneren Sorgfalt zurückzuführen, wenn diese auf der schuldlosen Unkenntnis des Vorliegens ihrer Tatbestandsmerkmale beruht. Dies gilt jedoch nur wenn der Handelnde zur Kenntnis der Norm verpflichtet ist. Andererseits kann ein äußerlich unsorgfältiges Verhalten innerlich sorgfältig sein, wenn die befehlsgebende Norm nicht offensichtlich unzulänglich ist.

---

[193] Vgl. OLG Düsseldorf VersR 1987,414; Erman-Battes § 276 Rn. 34; allgemein Köhler BB 1985, Beilage 4, S. 10. v. Bar, JuS 1988, 169, 173 stellt zutreffend darauf ab, daß die verletzte Pflicht ohne Nachlässigkeit unerkannt blieb.

III. Erforderlichkeit der Sorgfalt

1. Allgemeine Bedeutung

Nach dem bisher Gesagten liegt die Fahrlässigkeit in der Nichtbeachtung des Verhaltensprogramms, das nach der betreffenden Verkehrsgruppe in der konkreten Situation anzuwenden gewesen wäre. Dieses Verhaltensprogramm wurde als sachgemäßer Umgang mit der Gefahr beschrieben. Wann aber ist nach der konkreten Verkehrsgruppe ein Verhalten als sachgemäß zu beurteilen? Eine Antwort auf diese Frage ergibt sich erst durch die Verbindung des „Verkehrs" mit der „Sorgfalt" durch den Begriff des „Erforderlichen". Die Erforderlichkeit drückt hierbei die Relativität der Sorgfalt aus.[194] Sie setzt die zwei Grundelemente der Fahrlässigkeit zueinander in Beziehung: Die Handlungsfreiheit konkurriert hier mit dem Rechtsgüterschutz. Die Sachgemäßheit einer Handlung muß sich folglich aus einer Abwägung dieser beiden Elemente ergeben.[195]

a) Rechtsgüterschutz und Handlungsfreiheit

Je schärfer die Sorgfaltspflicht festgelegt wird, desto stärker wird die Handlungsfreiheit eingeschränkt. Aus diesem Grunde bedarf die Handlung als solche sowie bestimmte in der Person des Handelnden liegende Umstände einer Berücksichtigung bei der Festlegung der Sorgfaltspflicht.[196] So liegt in der sozialen Nützlichkeit einer Handlung ein Umstand, der ein hohes Maß an Handlungsfreiheit und damit eine Einschränkung des Rechtsgüterschutzes rechtfertigen kann.[197]

Die Handlungsfreiheit darf einerseits nicht durch einen übermäßigen Rechtsgüterschutz zu stark eingeschränkt werden, andererseits darf sie

---

194 Vgl. Deutsch, Fahrlässigkeit und erforderliche Sorgfalt, S. 117 ff.; ders., Haftungsrecht Rn. 377 f.

195 Esser/Schmidt, Schuldrecht I AT 2, § 26 II; Soergel-Wolf § 276 Rn. 90; MK-Hanau § 276 Rn. 101.

196 Vgl. Deutsch, NJW 1993, 1506, 1507; ders. FS: R. Honig, S. 33, 40.

197 Quentin, JuS 1994, L 41, 43; Soergel-Wolf § 276 Rn. 91.

aber auch nicht auf Kosten des Rechtsgüterschutzes zu weit gespannt werden.[198]

In diesem Spannungsfeld zwischen Integritätsschutz und Bewegungsfreiheit[199] kommt dem Rechtsgut bei rechtsgutbezogenen Tatbeständen wie dem § 823 Abs. 1 BGB eine grundlegende Bedeutung zu: Es ist das Übermaß an Gefahr für das Rechtsgut zu vermeiden.[200] Das Maß der zugelassenen Gefahr setzt sich aus dem Rang und Wert des geschützten Rechtsgutes, der Größe der Gefahr sowie der Höhe bzw. Intensität des drohenden Schadens zusammen.[201]

Ausgangspunkt der Abwägung ist zunächst der Rang des Rechtsgutes. So verdient beispielsweise das Leben als verfassungsmäßig wertvollstes Rechtsgut den größten Schutz der Rechtsordnung.[202] Hier dürfte die Schwelle des Übermaßes schon bei einer relativ geringen Gefahr überschritten sein. Der Unterschied zu den übrigen Rechtsgütern liegt allerdings auch in den irreversiblen und totalen Folgen einer Verletzung. Körper- und Gesundheitsverletzungen können dagegen in so unterschiedlichem Maß auftreten, daß eine differenzierte Betrachtung notwendig ist. Die Gefahrenschwelle, die nicht überschritten werden darf, bemißt sich hier aus einer Abschätzung der Wahrscheinlichkeit der Gefahrverwirklichung und der Intensität des drohenden Schadens. Je näher diese Gefahrenschwelle liegt, desto schärfer wird die Sorgfaltspflicht[203] - bis hin zum Gebot der Nichtvornahme der in Frage stehenden Handlung.[204]

---

198 Vgl. Deutsch, Fahrlässigkeit und erforderliche Sorgfalt, S. 133; ders, VersR 1983, 993, 994; MK-Hanau § 276 Rn. 101; Soergel-Wolf § 276 Rn. 90.

199 Esser/Schmidt, Schuldrecht I AT 2, § 26 II; RGRK-Steffen § 823 Rn. 404; Larenz/Canaris, Lehrbuch des Schuldrechts, Band II 2 § 75 I 1.

200 Deutsch, Haftungsrecht, Rn. 379.

201 Vgl. U. Huber in FS. für E.R. Huber, S. 279; H. L. Schreiber, Wiss. Information, Jahrgang 8, Heft 9, S.8; Quentin, JuS 1994, L 41, 43; Kötz, Deliktsrecht Rn. 109.

202 Vgl. Schmidt-Bleibtreu/Klein, Art. 2, Rn. 20 a; Soergel-Wolf § 276 Rn. 92; Steffen, VersR 1980, 409, 411.

203 Vgl. H. L. Schreiber, Wiss. Information, Jahrgang 8, Heft 9, S. 8; BGH NJW 1974, 1424, 1425; Staudinger-Schäfer (12.Auflage) § 823 Rn. 498.

204 Diese Korrelation zwischen Wahrscheinlichkeit und Schadensintensität findet sich als allgemeiner Rechtsgedanke auch in den Ausführungsbestimmungen zum Niedersächsischen Gefahrenabwehrgesetz unter Punkt 2.1. zu § 2 NGefAG.

Folge dieser gefahrorientierten Betrachtungsweise ist, daß die Bildung von Verkehrsgruppen und der damit zu gewährleistende Standard sich mit der Zunahme der Gefahr verengt.[205] Die Spezialisierung führt regelmäßig zu einer besseren Steuerung der Gefahr, da dieser durch einschlägiges Fachwissen und -können wirksamer begegnet werden kann. Je nach Gefahrenintensität und -typizität hat die konkrete Behandlung nach dem Standard des jeweiligen Verkehrskreises zu erfolgen. Jeder Arzt hat zwar grundsätzlich nur den Standard seiner Fachrichtung zu erbringen. Dabei muß er aber stets prüfen, ob dieser Standard zur Behandlung der in Frage stehenden Erkrankung ausreicht. Muß er erkennen, daß dies nicht der Fall ist, so hat er die Behandlung des Patienten unter Verweisung an einen Spezialisten abzulehnen.[206] Behandelt er den Patienten dennoch, so hat er nicht nur für den Standard seines Fachs einzustehen, sondern überdies für den Standard des Fachs, das er betreten hat.[207] So hat der Heilpraktiker, der invasive Maßnahmen durchführt, dieselben Sorgfaltspflichten zu erfüllen, wie ein Arzt für Allgemeinmedizin, der sich solcher Maßnahmen bedient;[208] der Allgemeinmediziner hat bei einer Intubationsnarkose die Sorgfalt eines ordentlichen Anästhesisten zu erbringen[209] usw. Die Sorgfalt der Verkehrsgruppe bestimmt sich nach dem tatsächlichen Vorgehen derselben, ist hierauf jedoch nicht grundsätzlich beschränkt. Vielmehr ist die erforderliche Sorgfalt zu erbringen.

Die Erforderlichkeit drückt neben dem Bezug der Sorgfalt auf die Gefahr zugleich ein normatives Maß der Sorgfalt aus: Nicht die übliche ärztliche Übung ist entscheidend, sondern die gute ärztliche Übung.[210] Der Vergleichsmaßstab zielt folglich nicht darauf ab, wie sich alle Ärzte des entsprechenden Fachs verhalten, sondern wie sie sich nach den Regeln

---

205 S. o. Kap. 4. I. 1. c.)

206 Laufs, Arztrecht Rn. 479 ff.; OLG Karlsruhe AHRS 2440/ 19, S. 47; OLG Neustadt AHRS 2440/1, S. 3 f.

207 Vgl. Deutsch, Haftungsrecht Rn 404; ders. VersR 1977, 101, 104; Ulsenheimer, Chirurg BDC 4/1994, S. 83, 86; Bonvie, MedR 1993, 43, 46; Bodenburg, VersR 1979, 308, 310; Hart, MedR 1999, 47, 48.

208 BGH VersR 1991, 469; MK-Mertens § 823 Rn. 381.

209 OLG Celle AHRS 1220/20; Urologe - Lungenfacharzt BGH NJW 1982, 697, 698; 1974, 1424, 1425.

210 Vgl. H. L. Schreiber, Langenbecks Archiv für Chirurgie 1984, S. 295, 296; ders, Wiss. Information, Jahrgang 8, Heft 9, S. 7, 9; MK-Mertens § 823 Rn. 367; Deutsch, Unerlaubte Handlungen, Rn. 120; ders., Haftungsrecht Rn. 377 f.; ders., NJW 1976, 2289.

ihres Fachs zu einer wirksamen Steuerung der Gefahr verhalten müßten. Die eingerissene Unsitte kann daher natürlich niemals den Maßstab für einen sorgfältigen Umgang mit der Gefahr darstellen - mag sie auch noch so verbreitet sein.[211]

Allerdings darf sich die gruppenspezifische Sorgfalt nicht schlechthin an dem Höchstmaß der Gefahrsteuerung und Gefahrvermeidung orientieren. Überzogene Sorgfaltsmaßstäbe erweitern den Kreis der haftungsbegründenden Handlungen. Aktivität und Innovation werden hierdurch gefährlich.[212] Im Bereich der ärztlichen Behandlung würde damit einer Defensivmedizin Vorschub geleistet, die durch übermäßige Diagnose und vorsichtige Therapie gekennzeichnet wäre.[213] Hiermit wäre auch dem Patienten nicht geholfen.

Das Haftungsrecht kann dem Arzt - Patientenverhältnis nur gerecht werden, wenn es dessen Eigenheiten berücksichtigt. Tritt die Haftung grundsätzlich für alle adäquat kausalen Schäden ein, wenn und weil der Schädiger ein fremdes Rechtsgut schuldhaft verletzt hat, so bezieht sich das Verschulden auf die Einwirkung auf den fremden Rechtskreis, namentlich des Rechtsgutes - etwa Körper und Gesundheit. Die ärztliche Heilbehandlung hingegen ist gerade durch „Eingriffe" in diese Rechtsgüter gekennzeichnet.[214] Daß diese „Eingriffe" eine besondere Nähe zur Gefahr haben, liegt in der Natur der Sache. Gilt grundsätzlich, daß die Gefahr von Körper- und Gesundheitsschäden durch sorgfaltgerechtes Verhalten zu vermeiden ist,[215] so ist dies im Bereich der ärztlichen Heilbehandlung nicht möglich.[216] Vielmehr müssen hier bestimmte Gefahren

---

211 Giesen, Arzthaftungsrecht Rn, 72; BGHZ 8, 138 (Nervnadelfall); BGH NJW 1965, 345, 346 schließt allerdings einen groben Behandlungsfehler wegen der Üblichkeit der Vorgehensweise aus.

212 Steffen, MedR 1993, 338; ders. in Chirurgie und Recht, S. 35, 37; Taupitz, MedR 1995, 475, 476.

213 Vgl. Buchborn, MedR 1993, 328, 332; Taupitz, MedR 1995, 475; H. L. Schreiber, Wiss. Information, Jahrgang 8, Heft 9, S. 7; Laufs, FS. Gernhuber, S. 245, 251; Staak/Uhlenbruck, FS. G. Schewe, S. 142, 143.

214 Allein die (mutmaßliche) Einwilligung läßt die Rechtswidrigkeit entfallen, wobei sich die Einwilligung ausschließlich auf die sorgfaltsgerechte Behandlung bezieht; vgl. Bodenburg, Der ärztliche Kunstfehler, S. 104 ff.; Schramm, Schutzbereich der Norm, S. 80 ff.

215 Vgl. etwa § 1 II StVO.

216 Vgl. Narr, Ärztliches Berufsrecht Rn. 884.

gerade eingegangen werden, um dem Patienten zu helfen.[217]

Aus diesem Grunde muß der gruppenspezifische Sorgfaltsmaßstab bestimmte Gefahren aus dem Verantwortungsbereich des Arztes herausnehmen. Beim Vorliegen einer lebensbedrohlichen Erkrankung sind daher auch Therapieformen sorgfaltsgemäß, die ein hohes Gesundheitsrisiko für den Patienten bergen.[218] Die Behandlung eines Karzinoms kann die Durchführung einer Strahlentherapie erforderlich machen, auch wenn diese zu schweren Schädigungen an anderen Körperteilen führt.[219] Die Eingehung dieser behandlungsimmanenten Gefahren kann grundsätzlich nicht als sorgfaltswidrig beurteilt werden.[220] Allerdings bedarf es hierbei einer gründlichen Abwägung von Krankheitsgefahr, Behandlungsgefahr und Heilungsprognose.[221] Die Gefährlichkeit der Behandlung darf nicht außer Verhältnis zu ihrer Indikation stehen. Die Gefahren und Schäden der beabsichtigten Behandlung sind gegenüber denen eines völligen Unterlassens abzuwägen.[222] Bei lebensbedrohlichen Krankheitsgefahren mag hierbei eine immense Behandlungsgefahr zulässig sein,[223] nichttherapeutische Maßnahmen lassen nur ein geringes Maß an Gefahr zu[224] und von vermeidbaren Maßnahmen ist selbst bei geringer Gefahr abzusehen.[225]

---

217 Laufs/Uhlenbruck-Laufs, Handbuch des Arztrechts, § 100 Rn. 2; Laufs, Arztrecht Rn. 478.

218 Vgl. OLG Koblenz VersR 1981, 689; OLG Düsseldorf VersR 1989, 703 f.

219 Vgl. OLG Koblenz, VersR 1981, 689 (Lähmung eines Armes).

220 OLG Düsseldorf, VersR 1989, 703; H. L. Schreiber, HNO 1983, 1, 2 spricht insofern von einem Risikotausch des Patienten: Das Krankheitsrisiko wird durch das Behandlungsrisiko ersetzt.

221 Laufs, Arztrecht Rn. 478; Siebert, MedR 1983, 216, 219.

222 BGH VersR 1962, 250, 251; was gleichermaßen für diagnostische Maßnahmen, die ja eine gezielte Therapie erst ermöglichen, gelten muß, vgl. Laufs, Rn. 495; H. L. Schreiber, Wiss. Information, Jahrgang 8, Heft 9, S. 7, 12; BGHSt 12, 379, 382.

223 Laufs/Uhlenbruck-Laufs, Handbuch des Arztrechts, § 100 Rn. 2; H. L. Schreiber HNO 1983, 1, 4; OLG Düsseldorf VersR 1989, 703; OLG Koblenz VersR 1981, 689.

224 Vgl. Giesen, Arzthaftungsrecht Rn. 84; OLG Düsseldorf NJW 1985, 684: medizinisch nicht vertretbare Schönheitsoperation darf keine Gefahr zulassen.

225 Laufs Rn. 478; Laufs/Uhlenbruck-Laufs, Handbuch des Arztrechts, § 99 Rn. 16; BGH VersR 1980, 676, 678; BGH NJW 1972, 2217, 2220; OLG Koblenz VersR 1992, 752, 753.

Der Gedanke der Gefahrvermeidung kommt demnach aufgrund der Eigenart des Arztberufes nur dort zum Tragen, wo es sich um unnütze oder vermeidbare Gefahren handelt. Im übrigen wird die zulässige Gefahr durch die Indikation bestimmt.[226] Gefahrenvermeidung ist hier nicht möglich, vielmehr kann vom Behandelnden nur der sachgemäße Umgang mit der Gefahr, also die Gefahrsteuerung und Gefahrminimierung, gefordert werden.[227] Dieser Grundsatz bestimmt insbesondere die Voraussetzungen, die an die ärztliche Therapiefreiheit zu stellen sind.[228] So muß sich der Arzt bei der Wahl der Behandlungsmethode grundsätzlich von dem Ziel leiten lassen, die Gefahr für den Patienten möglichst gering zu halten.

b) Vorhersehbare Gefahren

Eine Grenze der zu berücksichtigenden Gefahr wird durch die Vorhersehbarkeit gezogen. Gefahren, die nur in außergewöhnlich seltenen Ausnahmefällen auftreten, erhöhen die Sorgfaltspflicht mangels Vorhersehbarkeit nicht.[229] Gleiches gilt selbstverständlich auch für typische Gefahren, die dem betreffenden Ärztekreis im Zeitpunkt der Behandlung noch unbekannt sind.[230]

Da die Sorgfaltswidrigkeit der Behandlung aus der ex-ante-Betrachtung zu bestimmen ist, kann mangels Vorhersehbarkeit der Gefahr keine Pflicht zur Gefahrsteuerung erwachsen, dementsprechend kann eine Sorgfaltswidrigkeit nicht angenommen werden.[231] Umgekehrt entfällt die Sorgfaltswidrigkeit der Behandlung, wenn sich später aufgrund neuer

---

226 BGH VersR 1962, 251, 252.

227 Vgl. Deutsch, Chirurgie und Recht, S. 19, 24; MK-Mertens § 823 Rn. 367; BGH VersR 1962, 251, 252; 1977, 436, 437.

228 S. hierzu unter Kap. 4 III. 1. d).

229 LG München, AHRS 2320/5: seltene Unverträglichkeit gegen Narkotikum führt zu Hautnekrosen.

230 Vgl. BGH AHRS 1220/11: gänzlich unbekannte Gefahr; BGH AHRS 1220/12: Gefahr nur in amerikanischer Literatur bekannt; OLG Hamm AHRS 1220/28: Gefahr für Chirurgen unbekannt, wenn nur Veröffentlichung in radiologischer Literatur; OLG Hamm AHRS 1220/47: Gefahr nur durch Leserbriefe in für Chirurgen abseitiger Zeitschrift erkennbar- keine Kenntnis erforderlich.

231 Vgl. Deutsch, Medizinrecht Rn. 189; Laufs/Uhlenbruck-Laufs, Handbuch des Arztrechts, § 99 Rn. 7; Giesen, Medical Malpraktice Law, S. 8.

wissenschaftlicher Erkenntnisse herausstellt, daß diese zu einer sachgemäßen Gefahrsteuerung geeignet ist.[232]

c) Wirtschaftliche Zumutbarkeit

So wie die Handlungsfreiheit des Arztes hinter dem Gebot der Gefahrsteuerung zurücktritt, sind auch die wirtschaftlichen Gesichtspunkte bei der Ermittlung der Sorgfaltspflicht nachrangig.[233] Diese fordert zunächst die medizinisch erforderliche Behandlung. Die Kenntnis der Gefahr und die Möglichkeit ihrer Beherrschung stellt das Patienteninteresse grundsätzlich vor eine ökonomische Betrachtung.[234] Die Wirtschaftlichkeit bzw. die finanzielle Zumutbarkeit findet allerdings insofern Berücksichtigung als die Kosten nicht völlig außer Verhältnis zu dem Nutzen[235] bzw. den zu vermeidenden Risiken stehen dürfen.[236] Eine unwesentliche Veränderung des Behandlungsrisikos ist dabei ebenso zu vernachlässigen wie eine unerhebliche Verringerung der Komplikationsrate.[237]

Der Standard hat daher gesicherte medizinische Entwicklungen auch aufzunehmen, wenn deren Umsetzung mit einem großen wirtschaftlichen Aufwand für Personal, Räumlichkeiten oder Apparate verbunden ist, soweit hierdurch bessere Heilungschancen, geringere oder seltenere Risiken begründet werden.[238] Das Risikogefälle muß derart sein, daß von einem gewissenhaften Arzt trotz der Kosten nur die Behandlung

---

232 Vgl. AHRS OLG Hamm 2620/7 S. 15.

233 Vgl. Deutsch, VersR 1998, 261, 263; Steffen, VersR 1980, 409, 411.

234 Vgl. BGH NJW 1984, 1400, 1402; Ulsenheimer, Chirurg BDC 7/1996, S. 157; H. L. Schreiber, HNO 1983, S. 1, 4.

235 Zur Kosten-Nutzen-Analyse s. Kötz, Deliktsrecht Rn. 121 ff.; hiergegen: Brüggemeier, Prinzipien des Haftungsrechts, S. 67 ff.

236 Vgl. Steffen/Dressler Rn. 134 ff., Steffen in Chirurgie und Recht, S. 35, 41; Laufs/Uhlenbruck-Laufs, Handbuch des Arztrechts, § 99 Rn. 26; MK-Mertens § 823 Rn. 395; Marburger BB 1985, Beilage 4, S. 16, 17; BGH VersR 1954, 290; BGH NJW 1984, 801, 802; 1988, 763, 765.

237 Vgl. BGH NJW 1988, 763, 765; BGH AHRS 1862/3 (= VersR 1975, 43); Hart in Hart, Ärztliche Leitlinien, S. 136, 143 f.; ähnlich wohl Ulsenheimer, MedR 1996, 438, 441, der die Grenze erst bei einer konkreten Gefahrerhöhung für den einzelnen Patienten sieht.

238 Vgl. BGH NJW 1992, 754, 755; 1989, 2321, 2322.

nach der neuen Methode verantwortet werden kann.[239] Zwar benötigt gerade die Einführung neuer Methoden, die mit Anschaffungen verbunden sind, eine gewisse Umsetzungszeit. Dies kann aber eine entsprechende Aufklärungspflicht begründen.[240] Bei deutlichem Risikogefälle besteht demgegenüber die Pflicht des Arztes, den Patienten an eine besser ausgestattete Klinik zu überweisen.[241]

d) Therapiefreiheit

Trotz der Beschränkung auf bekannte Therapieformen und vorhersehbare Gefahren bleibt es schwierig, die im Einzelfall gebotene Maßnahme zu bezeichnen. So sind auch in diesem Bereich Bedingungszusammenhänge und Wirkungsweisen naturwissenschaftlich nicht bewiesen, sondern lediglich durch Erfahrungssätze als mehr oder weniger tauglich erprobt.[242] Diese begrenzte Wissenschaftlichkeit der Medizin wird durch die Individualität des Kranken und die Subjektivität der Krankheit verschärft.[243] In diesem Sinne ist es unmöglich, für jede Erkrankung die anzuwendende Therapie abstrakt zu bezeichnen, sie muß sich vielmehr für den jeweiligen Behandlungsfall ergeben.[244] Diesem Umstand tragen Literatur und Rechtsprechung Rechnung, indem sie die Wahl der Behandlungsmethode als „primär Sache des Arztes“[245] erklärt haben. Dies gibt dem Arzt allerdings keine unüberprüfbare Einschätzungsprärogative. Es soll lediglich die Situationsbezogenheit und Subjektivität des Einzelfalls nicht zuungunsten des Arztes gereicht werden. Die ärztliche Entscheidung bleibt daher gerichtlich voll überprüfbar, allein der Prüfungs-

---

239 Vgl. BGH NJW 1988, 763, 764.

240 Vgl. Francke-Hart, Patienteninformation, S. 44 ff.; Damm, NJW 1989, 737, 741, Hart, MedR 1999, 47, 49; BGH NJW 1984, 1810; Sack/Deutsch/Sauerwein, Strahlenther. 1998, 391, 393.

241 Damm, NJW 1989, 737, 739; Laufs/Uhlenbruck-Laufs, Handbuch des Arztrechts, § 99 Rn. 12; Giesen, Arzthaftungsrecht Rn. 75; Stürner, JZ 1983, 966 (Anm. zu BGH JZ 1983, 963); BGHZ 102, 17, 25; BGH NJW 1984,1810, 1811.

242 Grupp, MedR 1992, 256, 257; Prütting, FS. LG Saarbrücken, S. 257, 259.

243 Laufs, NJW 1993,1497, 1506.

244 Steffen, Arzthaftungsrecht, S. 46; ders. in Chirurgie und Recht, S. 35, 37; Grupp, MedR 1992, 256, 257.

245 BGH NJW 1982, 2121f; Ulsenheimer, Der Frauenarzt 1998, 1540; Laufs, Arztrecht Rn. 483.

maßstab wird dieser Problematik angepaßt. So hat der Arzt bei der Wahl der Behandlungsmethode einen Ermessensspielraum innerhalb dessen er eine vertretbare Entscheidung zu treffen hat.[246]

Die Vertretbarkeit der Entscheidung richtet sich nach den allgemeinen Fahrlässigkeitsgrundsätzen. Sie ist gegeben, wenn ein ordentlicher und gewissenhafter Facharzt sich nach den Regeln seines Fachs in der konkreten Situation möglicherweise genauso verhalten hätte.[247] Dies wiederum ist gegeben, wenn die Methode nach einer an den anerkannten Regeln der Medizin orientierten Beurteilung unter Berücksichtigung der konkreten Gegebenheiten des speziellen Falles und der eigenen Erfahrung einen günstigen Ausgang der Behandlung erwarten läßt.[248] Der Grundsatz der Gefahrminimierung beschränkt die Therapiefreiheit freilich auf Methoden mit vergleichbaren Gefahren und Risiken.[249]

Ein statistisch höheres Risiko macht eine bestimmte Behandlungsmethode im Vergleich zu einer anderen jedoch nicht per se zu der gefährlicheren Methode im Einzelfall.[250] Das konkrete Risiko kann nämlich durch Umstände in der Person des Arztes oder des Patienten von dem statistischen Risiko divergieren. Auf Seiten des Arztes sind das Geschick, seine Schule und Erfahrung Faktoren, die das Risiko erheblich beeinflussen.[251] So hat etwa der Operateur, der ständig nach derselben Methode vorgeht, eine geringere Versagerquote, als derjenige, der selten operiert und/oder nach verschiedenen Methoden vorgeht.[252] Auf der anderen

---

246 OLG Düsseldorf AHRS 2500/23; Deutsch, Medizinrecht Rn. 184; Laufs/Uhlenbruck-Laufs, Handbuch des Arztrechts, § 99 Rn. 20 f.; MK-Mertens § 823 Rn. 356.

247 Vgl. BGH AHRS 2370/8 S. 2; Deutsch, Medizinrecht Rn. 184; Giesen, Arzthaftungsrecht, S. 8 f.

248 BGH AHRS 2110/1; 2305/9; OLG Hamburg VersR 1989, 147, 148; Heilmann, NJW 1990, 1513, 1515; vgl. auch Damm, NJW 1989, 737, 740 zu der Frage wann neue Methoden anzuwenden sind.

249 Kienzle, Zaef 1995, 666, 671; Giesen, Arzthaftungsrecht Rn. 216 ff.; Heilmann, NJW 1990, 1513, 1515; BGHZ 72, 132; OLG Düsseldorf AHRS 2305/6: kein deutliches Risikogefälle.

250 Zu der begrenzten Aussagekraft von Statistiken in der Medizin vgl. Kuhlemann/Majerus/Möllwe DÄBl. 1996, A-2206.

251 Vgl. Kleinewefers, VersR 1992, 1425, 1428.

252 OLG Hamburg VersR 1989, 147, 148; OLG Düsseldorf, VersR 1987, 412, 413 entnimmt dieser Erkenntnis nicht nur die Möglichkeit eines geringeren Risikos im Einzelfall. Überdies zieht das Gericht die Aussagekraft von Statistiken und Ver-

Seite kann das Risiko im Einzelfall durch die physischen und psychischen Dispositionen des Patienten beeinflußt sein.[253] So können große Ängstlichkeit, Schmerzüberempflindlichkeit oder eine erhöhte Infektionsgefahr im Einzelfall die orale Medikation günstiger als die grundsätzlich indizierte Injektion erscheinen lassen.[254] Auf physischer Seite kann etwa altersbedingt ein Abwarten entgegen dem Gebot zum sofortigen Eingreifen geboten erscheinen usw.. In diesem Sinne kann das abstrakt höhere Risiko im Einzelfall das niedrigere Risiko darstellen. Hier hat der Arzt einen Beurteilungsspielraum, Gefahren, Risiken und Chancen gegeneinander abzuwägen, um eine vertretbare Entscheidung zu treffen. Der Rahmen der Vertretbarkeit ist dabei wiederum durch das Risiko begrenzt. So besteht das Ermessen zwar soweit, nicht die objektiv beste Vorgehensweise verfolgen zu müssen, jedoch verbietet sich ein deutliches Risikogefälle.[255]

Haben die verschiedenen in Betracht kommenden Methoden unterschiedliche Risiken oder Gefahren, so ist das Selbstbestimmungsrecht des Patienten berührt.[256] Die Wahl der Behandlungsmethode - also auch die Frage, welche Gefahren und Risiken eingegangen werden sollen - steht dann nicht mehr dem Arzt zu, wenn sich für den individuellen Patienten eine echte Wahlmöglichkeit bezüglich der verschiedenen Gefahren und Risiken bietet.[257] Gleiches gilt für Außenseiter-[258], umstrittene[259] und neue[260] Behandlungsmethoden. Kennzeichnend für derartige Me-

---

sagerquoten aufgrund der Unterschiedlichkeit der zugrunde liegenden Daten in Zweifel.

253 Vgl. Kern, NJW 1996, 1561, 1562; Arnold, Chirurg BDC, 8/1992, S. 154, 157; Siebert, MedR 1983, 216, 218.

254 BGH VersR 1980, 676, 678 (Injektion eines Vitaminpräparates führt zu Spritzenabzeß).

255 Vgl. Kern, NJW 1996, 1561, 1562; Laufs, MedR 1986, 163, 170; H. L. Schreiber, Wiss. Information, Jahrgang 8, Heft 9, S. 7, 12.

256 Francke, Berufsfreiheit und Patientenrechte, S. 191 f.; Heilmann, NJW 1990, 1513, 1515; Laufs, FS. E. Deutsch, S. 625, 627.

257 Vgl. Deutsch NJW 1965, 1985 ff.; Giesen, Arzthaftungsrecht Rn. 216; BGH NJW 1999, 3419, 3420 (Amalgam); Rumler-Detzel, FS. E. Deutsch, S. 699 ff.; Hart, MedR 1999, 46, 49; Giesen, Arzthaftungsrecht Rn. 221; zur Aufklärungspflicht bei verschiedenen Entbindungsmethoden Bender, NJW 1999, 2706 ff.

258 Ausführlich zu den Außenseitermethoden: Schmid, NJW 1986, 2339 ff.; Rumler-Detzel, VersR 1989, 1008, 1009 f.

259 Sack/Deutsch/Sauerwein, Strahlenther. 1998, 391, 393.

260 Für neue Behandlungsmethoden s. Giesen, Arzthaftungsrecht Rn. 83.

thoden ist, daß das Risiko nicht absehbar ist und/oder die Chancen umstritten sind. Hier steht es allein dem vollends aufgeklärten, verständigen Patienten zu, darüber zu entscheiden, was er auf sich nehmen will.[261] Gleichermaßen sind auch Behandlungsfolgen, die die Lebensqualität betreffen, Umstände, die nicht der Arzt für den Patienten, sondern der Patient allein entscheiden muß. Dies betrifft etwa die Behandlungsdauer oder die Behandlungsfolgen, wie z.B. Bettlägerigkeit oder das Tragen eines Gipsverbandes. Über den Bereich der echten Alternative hinaus können Arzt und Patient gemeinsam eine abweichende Behandlung einschlagen. Hier werden zwar hohe Anforderungen an die Sachkenntnis des Arztes in bezug auf die beabsichtigte wie auch auf die von der Schulmedizin indizierte Methode verlangt und weitreichende Aufklärungspflichten statuiert.[262] Die aus dem Selbstbestimmungsrecht des Patienten folgende Zulässigkeit der Behandlung ist aber bis an die Grenze der Sittenwidrigkeit gewährleistet.[263] Diese dürfte nach den Grundsätzen des therapeutischen Versuchs solange ausgeschlossen sein, wie die Maßnahme dazu geeignet und bestimmt ist, die Gesundheit des Patienten unmittelbar zu fördern.[264]

e) Zusammenfassung

Das Maß der Sorgfalt richtet sich bei der Arzthaftung hauptsächlich nach dem Grad der Gefahr. Die Vermeidung jeglicher Gefahr ist aufgrund der Eigenart des Berufes nicht möglich. Die zulässige Gefahr bestimmt sich vornehmlich aus einer Abwägung der Schadenswahrscheinlichkeit und -intensität sowie der Heilungschance.

---

261 Giesen, Arzthaftungsrecht Rn. 285, BGH MedR 1990, 271 (Thromboseprophylaxe); BGH NJW 1974, 1422; 1982, 2121; 1988, 763, 764; OLG Koblenz NJW 1996, 1600, 1601.

262 Vgl. Siebert, MedR 1983, 216, 218; Laufs, MedR 1986, 163, 169; Gropp, MedR 92, 256, 259; Laufs/Uhlenbruck-Laufs, Handbuch des Arztrechts, § 99 Rn. 21.; Schmid, NJW 1986, 2339, 2341.

263 Schmid, NJW 1986, 2339, 2341; Francke, Berufsfreiheit und Patientenrechte, S. 191 f.; Steffen, in Chirurgie und Recht, S. 35, 39; Laufs, Arztrecht Rn. 88; BGH VersR 1991, 469, 470.

264 Vgl. Deutsch, Medizinrecht, Rn. 539 f.; ders., NJW 1976, 2289, 2293; Laufs, NJW 1977, 1081, 1083; Schmid, NJW 1986, 2339, 2341; Siebert, MedR 1983, 216, 219.

Die Sorgfalt ist dabei auf Gefahrminimierung gerichtet, d.h. der Arzt hat durch einen sachgemäßen Umgang mit der Gefahr diese für den Patienten möglichst gering zu halten. Der Grad der Gefährlichkeit der Behandlung bestimmt hierbei das Maß der Sorgfaltspflicht und führt zur Verengung der Verkehrskreise je nach Facharztrichtung. Nach dem Verkehrskreis bestimmt sich auch die Vorhersehbarkeit der Gefahr. Da die Vorhersehbarkeit durch die begrenzte Wissenschaftlichkeit der Medizin und die Individualität des Kranken beschränkt ist, ist es unmöglich, für jede Erkrankung eine konkrete Behandlungsmethode anzugeben. Aus diesem Grunde wird dem Arzt eine durch das Selbstbestimmungsrecht des Patienten begrenzte Einschätzungsprärogative bezüglich der Therapiewahl, die Therapiefreiheit, zugestanden.

Wirtschaftliche Gesichtspunkte haben bei der Bestimmung der Sorgfaltspflicht nur eine nachgeordnete Bedeutung. Entscheidend ist, ob die fragliche Methode zu einer signifikanten Gefahrminderung führt.

Bei Vorliegen von Behandlungsalternativen mit vergleichbaren Gefahren, Risiken und Chancen ist der Arzt in der Wahl der Therapie frei. Ist die Unterschiedlichkeit von Gefahren, Risiken und Chancen für den konkreten Patienten entscheidungserheblich, so ist sein Selbstbestimmungsrecht berührt (echte Alternative), mit der Folge, daß allein ihm die Wahl der Behandlungsmethode zusteht. Über diesen Bereich hinaus kann eine abweichende Behandlung unter der Bedingung der Einwilligung des vollständig aufgeklärten Patienten vorgenommen werden, solange die Maßnahme geeignet und dazu bestimmt ist, die Gesundheit unmittelbar zu fördern.

2. Gefahrengrenze der Leitlinien

Eine Konkretisierung der Generalklausel der Fahrlässigkeit im Rahmen des § 823 Abs. 1 BGB durch die ärztlichen Leitlinien kann nur in Betracht kommen, wenn eine inhaltliche Kongruenz hinsichtlich der Grenze der zulässigen Gefahr besteht. Die Leitlinien müßte sich daher an der haftungsrechtlichen Gefahrengrenze ausrichten.[265] Wie soeben festgestellt wurde, ist die Gefahrengrenze im Arzthaftungsrecht durch den Grundsatz der Gefahrminimierung geprägt, d.h. der Arzt hat für gewöhnlich den Weg des geringsten Risikos zu wählen. Dieser Weg ist ihm durch die „gute ärztliche Übung", den Regeln seines Fachs,[266] vorgegeben. Im Prozeß gewinnen die Gerichte diese Regeln durch eine wertende Beurteilung des Sachverständigengutachtens. Dieses Gutachten vermittelt dem Gericht die auf dem durch die konkrete Behandlung betroffenen Fachgebiet angesammelten Erkenntnisse, bestehend aus Erfahrungswissen und Einsichten in Naturgesetzlichkeiten.[267] Diese medizinischen Ausführungen werden vom Gericht bei der Frage des Verschuldens - also der Konkretisierung der verkehrserforderlichen Sorgfalt - durch eine objektive und neutrale Wertung beurteilt. Die Bestimmung der Sorgfaltspflicht durch das Gericht ist damit von zwei Bedingungen maßgeblich beeinflußt: Dem medizinischen Sachverstand und dessen objektiv-neutraler Würdigung unter Berücksichtigung der Interessen von Arzt und Patient.[268] Folglich müssen auch die Normungsverfahren bei der Erstellung medizinischer Richtlinien durch Sachverstand und Objektivität bzw. Neutralität geprägt sein.[269]

---

265 Vgl. allgemein zur erforderlichen Parallelität der Wertungskriterien von technischen Normen und Haftungsrecht: Marburger, VersR 1983, 597, 602; Lenckner, FS. K. Engisch, S. 490, 496; Nicklisch, NJW 1983, 841, 843.

266 Laufs, MedR 1986, 163, 169.

267 Vgl. Rohde, NJW 1988, 2285, 2286.

268 Zur Rolle des Gutachters im Prozeß s. Pichlmaier, FS E. Deutsch, S. 685 ff.

269 Allgemein zur Zusammensetzung des Normungsgremiums: Nicklisch, NJW 1983, 841, 847, Marburger, BB 1985, Beilage 4, S. 16, 19; Rittstieg, NJW 1983, 1098, 1099; Backherms, JuS 1980, 9, 13.

a) Das Normungsverfahren der Ministerien

Die haftungsrechtliche Relevanz ministerieller Normen folgt aus deren institutionellem Sachverstand und der Unabhängigkeit von den beteiligten Parteien.

aa) Sachverstand der Ministerien

Ministerien verfügen als oberste Bundes- bzw. Landesbehörden aufgrund ihrer personellen und sachlichen Ausstattung über einen hohen institutionellen Sachverstand in dem ihnen zugewiesenen Kompetenzbereich. Die Normen werden hier durch eine aus Experten bestehende Arbeitsgruppe erstellt.[270] Der von der Arbeitsgruppe erstellte Entwurf wird ferner von der zuständigen Kommission unter Anhörung betroffener Interessengruppen und ggf. externer Sachverständiger beraten und beschlossen. Dieses mehrgliedrige Verfahren gewährleistet ein hohes Maß an medizinischem Sachverstand.

bb) Objektivität der Ministerien

Eine mangelnde Objektivität käme insbesondere bei Vorliegen einer Interessenkollision in Betracht. Die Ministerien sind jedoch grundsätzlich von der Industrie, Ärzten und Patienten unabhängig, so daß eine Interessenkollision nicht anzunehmen ist. Trotz aller gesundheitspolitischen Sparzwänge kann davon ausgegangen werden, daß die Ministerien bemüht sind, die widerstreitenden Interessen in einen objektiven Ausgleich zu bringen.

b) Das Normungsverfahren der Zentralstelle der deutschen Ärzteschaft zur Qualitätssicherung in der Medizin

Im März 1995 wurde zu einer Harmonisierung der ärztlichen Qualitätssicherungsmaßnahmen im allgemeinen Berufsrecht und im Vertragsarzt-

270 Vgl. zum Normungsverfahren bei der Richtlinie „Strahlenschutz in der Medizin" Kemmer, S. 10.

recht von der Bundesärztekammer und der Kassenärztlichen Bundesvereinigung die „Zentralstelle der deutschen Ärzteschaft zur Qualitätssicherung in der Medizin" (Ärztliche Zentralstelle Qualitätssicherung: „ÄZQ") gegründet.[271]

Diese Zentralstelle hat u. a. die Aufgabe, Entwürfe für Empfehlungen der Bundesärztekammer bzw. Regelungen der Kassenärztlichen Bundesvereinigung, welche im Aufgabenbereich der Landesärztekammern bzw. der Kassenärztlichen Vereinigungen liegen und die Qualitätssicherung betreffen, vorzubereiten. Weiterhin hat die Zentralstelle die Aufgabe, Richtlinien und Leitlinien für die ärztliche Tätigkeit in der ambulanten und stationären Versorgung zu entwickeln.[272] Damit beschränkt sich die Autonomie von Bundesärztekammer und Kassenärztlicher Bundesvereinigung auf die Ratifizierung der medizinischen Normen. Das Normungsverfahren als solches wurde in die gemeinsame Verantwortung gelegt.

aa) Sachverstand

Zentrales Element des gemeinsamen Normungsverfahrens ist die Planungsgruppe der ÄZQ. Diese setzt sich aus jeweils vier Angehörigen beider Institutionen zusammen. Unter diesen acht Mitgliedern befinden sich auch die für die Qualitätssicherung zuständigen Dezernenten. Die Planungsgruppe entscheidet durch einstimmigen Beschluß über die Vergabe von Arbeitsaufträgen an die Expertenkreise. Die Expertenkreise können für bestimmte Fachgebiete als permanente Einrichtung gebildet oder nur vorübergehend zur Beratung spezieller Fragen eingerichtet werden.[273] Die Expertenkreise sollen eng mit den wissenschaftlichen Fachgesellschaften kooperieren.[274]

Die Expertengruppe beginnt ihre Arbeit zunächst mit einer Literaturrecherche und einer detaillierten Literaturanalyse. Hieraus sollen die Schlüsselaussagen für den ersten Leitlinienentwurf gewonnen werden, die als Ergebnis der Literaturarbeit formuliert werden. Dieser Leitlini-

---

271 Tätigkeitsbericht der Bundesärztekammer 1996, S. 172 ff.

272 Tätigkeitsbericht der Bundesärztekammer 1996, S. 172, 173.

273 Zur Arbeit der Expertengruppe s. ÄZQ, Checkliste zur methodischen Qualität von Leitlinien, S. 1 ff (http://www.leitlinien.de/infomass.htm); Kemmnitz in Hart, Ärztliche Leitlinien, S. 89, 101.

274 Tätigkeitsbericht der Bundesärztekammer 1996, S. 172, 176.

enentwurf wird in einer öffentlichen Anhörung oder einer Delphibefragung der Kritik ausgesetzt. Es erfolgt eine Überarbeitung der Leitlinie anhand der hieraus gewonnenen Ergebnisse. Dieser überarbeitete zweite Entwurf wird wiederum einer externen Begutachtung und ggf. Überarbeitung zugeführt. Die Planungsstelle entscheidet dann durch einstimmigen Beschluß über die Vorlage des Entwurfs an die Organe der Bundesärztekammer bzw. Kassenärztlichen Bundesvereinigung.

Auf der Seite der Bundesärztekammer entfaltet der Entwurf für die Ärzte noch keine unmittelbare Rechtswirkung, wenn der Vorstand diesen beschließen sollte. Da der Bund im Rahmen der konkurrierenden Gesetzgebung gem. Art. 72, 74 Nr. 19 GG nur die Zulassung zum ärztlichen Heilberuf, nicht hingegen dessen Ausübung regeln darf,[275] hat die Bundesärztekammer keinerlei öffentlich-rechtliche Kompetenz. Diese liegt allein bei den Landesärztekammern,[276] die die Normen in der Kammerversammlung ratifizieren müssen, damit diese für den Arzt verbindlich werden.[277]

Dieses mehrstufige Normungsverfahren gewährleistet ein hohes Maß an medizinischem Sachverstand:[278] Fachspezifisch sind gerade die Expertengruppen durch ihr einschlägiges theoretisches wie praktisches Wissen vom Sachverstand zur Normung medizinischer Fragen in ihrem Fachbereich prädestiniert. Dieser Sachverstand wird durch den fachübergreifenden Sachverstand der Planungsgruppe im Hinblick auf die Berührung mit anderen Fächern kontrolliert und koordiniert. Auch die Hinzuziehung externer Wissenschaftler aus den Gebieten der Biologie, der Rechtswissenschaften, Philosophie oder Theologie ist möglich.[279] Zudem trägt die öffentliche Anhörung oder das Delphiverfahren zusätzlichen externen Sachverstand in die Normung hinein. Ferner können die Normungsgremien auf den gesammelten institutionellen Sachverstand

---

275 S. o. 3. Kap. I. 2. a).

276 Vgl. Deutsch, Medizinrecht Rn. 22; Vesting, NJW 1997, 1605, 1606; Heerklotz in Nagel/Fuchs, Leitlinien und Standards, S. 84, 85.

277 Vgl. DÄ 1994, B 1838; dies gilt entsprechend für die Kassenärztlichen Vereinigungen, da die Bundesvereinigung lediglich deren Repräsentant, nicht aber Repräsentant der einzelnen Mitglieder ist; s. o. 3. Kap. I. 2., 3., 4.

278 Vgl. die „Kriterien für die Qualität von Leitlinien“ der AWMF (http:/selene.rz.uni-duesseldorf.de/WWW/AWMF/II/II-quali.htm): Die Qualität der Leitlinie hängt u. a. davon ab, daß die verfügbaren wissenschaftlichen Erkenntnisse möglichst unter Beteiligung der Schlüsseldisziplinen Eingang in die Leitlinie gefunden haben.

279 Heerklotz in Nagel/Fuchs, Leitlinien und Standards, S. 84.

der beiden Institutionen zurückgreifen.[280] Auf der Ebene der Landesärztekammern werden die Normen ebenfalls mit theoretischem wie praktischem und mit fachspezifischem wie fachübergreifendem Sachverstand geprüft. Aus diesen Gründen ist wohl gerade die Ärztliche Zentralstelle Qualitätssicherung (mit den hinter dieser stehenden Institutionen der Bundesärztekammer und der Kassenärztlichen Bundesvereinigung) als sachverständig zur Normung medizinischer Fragen legitimiert.[281]

bb) Neutralität und Objektivität

Die Neutralität der Ärzte könnte zweifelhaft sein, da es sich bei der Normierung meist um Fragen handelt, die den eigenen Interessenkreis berühren.[282] So wäre es etwa denkbar, daß Qualifikationsvoraussetzungen niedrig angesetzt werden, um eine Behandlungsmethode einer breiten Schicht der Ärzteschaft zugänglich zu machen; Behandlungsmethoden festzuschreiben, die gewinnbringend oder zeitsparend sind usw..

Eine derartige Motivation des Normungsgremiums erscheint jedoch aus mehreren Gründen wenig wahrscheinlich: Zum einen sind sich die Normungsgremien regelmäßig bewußt darüber, daß die von ihnen aufgestellten Normen in späteren Haftpflichtprozessen der gerichtlichen Prüfung standhalten müssen.[283] Stellt sich die Norm hierbei als ungenügend heraus, so hätte dies einen Ansehens- und Vertrauensverlust der Ärztekammer und der Kassenärztlichen Vereinigung auf Seiten ihrer Mitglieder und der Bevölkerung zur Folge. In diesem Zusammenhang ist auch an die straf- und haftungsrechtliche Verantwortlichkeit des Gremi-

---

280 Scriba in Nagel/Fuchs, Leitlinien und Standards, S. 71, 75 sieht gerade in einer verschiedenartigen Zusammensetzung des Normungsgremiums eine wichtige Voraussetzung für die praktische Akzeptanz der Norm; ebenso: Selbmann, Der Chirurg, 1996, 61, 62.

281 Daher wird gelegentlich gefordert, den Ärztekammern die Normungsaufgabe vorzubehalten, vgl. DGMR MedR 1997, 570, Ziff. III. 2. Die besondere fachliche Legitimation zur Normung nimmt auch die eng mit der Bundesärztekammer zusammenarbeitende AWMF für sich in Anspruch, vgl. AWMF, Stellungnahme zur GKV-Gesundheitsreform 2000 (http:/selene.rz.uni-duesseldorf.de/WWW/AWMF/II/II-quali.htm).

282 MK-Mertens § 823 Rn. 351.

283 Vgl. DGMR MedR 1997, 570, Ziff. III. 3.

ums zu denken,[284] was eine Motivation zur Unterschreitung des Standards ausschließen dürfte. Gleichermaßen besteht auch eine Verantwortung gegenüber den Mitgliedern, diese vor Regreßansprüchen im Zusammenhang mit der Normbefolgung zu schützen.[285] Zum anderen wäre die Normungsarbeit vergebens, wenn die Norm später vom Gericht verworfen würde.[286] Letztlich stünde eine Unterschreitung des Standards in einem krassen Widerspruch zum ärztlichen Selbstverständnis.[287] So ist es der höchste berufsethische Grundsatz, wie er bereits im hippokratischen Eid seinen Ausdruck findet und auch in der MBO, § 1 Abs. 1 - 3, enthalten ist, der Gesundheit des Menschen nach bestem Wissen und Gewissen zu dienen. In diesem Sinne wird seitens der Ärzteschaft die Qualitätssicherung als Mittel zur Sicherung und Verbesserung der Patientenversorgung verstanden.[288] Eine Abweichung von diesem Grundsatz hätte in dem Beschlußverfahren durch den Vorstand der Bundesärztekammer und den Kammerversammlungen der 16 (!) Landesärztekammern keine Aussicht auf Erfolg. Eine Zurückweisung der Norm wegen unzulänglichen medizinischen Standards durch die Landesärztekammern hätte für das Ansehen und das weitere Wirken der Bundesärztekammer schwerwiegende Folgen.

Zusammenfassend läßt sich daher feststellen, daß ein Unterschreiten des Standards durch die Ärztliche Zentralstelle Qualitätssicherung trotz fehlender Neutralität aufgrund der durch die äußeren Sachzwänge und der eigenen Zielsetzung unabläßlichen Objektivität nicht anzunehmen ist.[289] Eine Überschreitung des Standards ist wegen der grundsätzlich entgegenstehenden Interessenlage der Mitglieder, einer möglichst freien

---

284 Siehe hierzu Marburger, Regeln der Technik, S. 537 ff.; Eberstein, BB 1985, 1760, 1764; Herschel, NJW 1968, 617, 623.

285 R. Hess in Nagel/Fuchs, Leitlinien und Standards, S. 59, 63.

286 Vgl. R. Hess in Nagel/Fuchs, Leitlinien und Standards, S. 59, 63; ähnlich Bruns ArztR 1998, 183, 185.

287 Vgl. Müller-Graff, JuS 1985, 352, 356; ähnlich: Taupitz, MedR 1995, 475, 476; Clade, DÄBl. 1993, B-1007.

288 Vgl. die Entschließung des 96. Deutschen Ärztetages zur Qualitätssicherung, DÄ 1993, B-1087; ähnlich Punkt 2 der Richtlinie zum ambulanten Operieren, DÄ 1993, A-211; Präambel der Leitlinie zur zytologischen Untersuchung, DÄ 1994, B-298; DGMR MedR 1997, 570.

289 Im Ergebnis ähnlich Nicklisch, NJW 1983, 841, 847, der eine Beteiligung der Betroffenen bei der Normierung für zwangsläufig hält, da nur sie über den notwendigen Sachverstand verfügen; ebenso Marburger, BB 1985, Beilage 4, S. 16, 19.

Berufsausübung, höchst unwahrscheinlich.

Denkbar wäre jedoch, daß in den Normen neue wissenschaftliche Erkenntnisse zugrunde gelegt werden, die derzeit noch nicht zum Standard gehören. Eine derartige Reglementierung wäre jedoch nicht Ausdruck einer mangelnden Neutralität. Vielmehr erfordert die Objektivität, die gegebenen Bedingungen und Erkenntnisse sachgerecht in der Norm umzusetzen. Zu denken ist hier etwa an das vielzitierte Beispiel der schleppenden Einführung des Cis-Platins zur Therapie des Hodenkarzinoms: Eine schnelle Einführung der wissenschaftlichen Erkenntnis hätte bis zu 1500(!) Todesfälle verhindern können, da die Einführung acht Jahre dauerte.[290] Der Grundsatz der Gefahrenminimierung erfordert daher auch vom Normungsgremium, den Standard fortzuschreiben, soweit eindeutige neue Erkenntnisse zugrunde liegen.[291]

Im Ergebnis kann daher davon ausgegangen werden, daß sich die Normen der Ärztlichen Zentralstelle Qualitätssicherung und damit die Normen der Bundesärztekammer und der Kassenärztlichen Bundesvereinigung und die hiervon abgeleiteten Normen auf Landesebene objektiv an den medizinischen Gegebenheiten orientieren und damit auch die erforderliche Neutralität trotz der persönlichen Betroffenheit besteht.

c) Das Normungsverfahren der Fachgesellschaften

aa) Sachverstand

Der Sachverstand der Fachgesellschaften kommt bereits in der dargelegten Beteiligung im Normungsverfahren der Bundesärztekammer zum Ausdruck. Als Zusammenschluß auf dem konkreten Fachgebiet tätiger Ärzte besteht ein hohes Maß an Fachkompetenz. In der Dachorganisation der Arbeitsgemeinschaft der Wissenschaftlichen Medizinischen Fachgesellschaften (AWMF) sind insgesamt 150.000 Mitglieder aus allen Bereichen der wissenschaftlich betriebenen Medizin vertreten.[292] Die Beteiligung fachübergreifenden Sachverstands ist grundsätzlich in Form

---

290 Koch, DÄ 1996, A-23.

291 Straub in Hart, Ärztliche Leitlinien, S. 61 ff..

292 AWMF, Stellungnahme zur GKV-Gesundheitsreform 2000 (http:/selene.rz.uni-duesseldorf.de/WWW/AWMF/II/II-quali.htm); Vosteen in Hart, Ärztliche Leitlinien, S.23.

eines „interdisziplinären Abgleichs“ (IDA) vorgesehen.[293]

Die AWMF sieht in ihren methodischen Empfehlungen zur Leitlinienerstellung[294] drei verschiedene Prozesse zur Leitlinienerstellung vor, die in einem Stufenverhältnis stehen. In der untersten Stufe erfolgt die Leitlinienerstellung in einer repräsentativ zusammengesetzten Expertengruppe der Wissenschaftlichen Medizinischen Fachgesellschaft durch informellen Konsens. Die hieraus hervorgehende Leitlinie soll kurzzeitige Geltung beanspruchen können, nachdem diese vom Vorstand der Fachgesellschaft verabschiedet wurde.

Längerfristige Geltung sollen die Normen der 2. Stufe für sich beanspruchen können. Hierbei handelt es sich um von der Expertengruppe erstellte Leitlinien der 1. Stufe, die in einem formalen Konsensusverfahren[295] beraten und verabschiedet werden. Dabei wird über die bestehende Leitlinie mit dem Ziel der Verbesserung diskutiert und beraten. Hierzu können im Vorfeld von der Expertengruppe formulierte Fragen an alle Konferenzteilnehmer verschickt werden. Die Zahl der Teilnehmer liegt bei ca. 80 bis 100. Diese Konsensuskonferenz kann auch als Delphikonferenz ausgestaltet sein.[296] Hier müssen die Teilnehmer zunächst die ihnen zugesandten Fragen schriftlich beantworten. Sodann werden ihnen die Fragen erneut mit den sich aus den Antworten ergebenden Zusatzinformationen übersandt. Auf diese Weise wird erreicht, daß die Sachfragen nicht von der Autorität einiger Experten beeinflußt, sondern unabhängig beantwortet werden.[297]

Derart zustande gekommene Leitlinien werden auf die 3. Stufe gehoben, wenn sie unter Mitarbeit von Methodikern einer Logikanalyse, Entscheidungsanalyse und Bewertung der klinischen Relevanz unterzogen werden. Diese 3. Stufe wird von der 20-köpfigen erweiterten Leitlinien-

---

293 AWMF, Leitlinie für Leitlinien, S. 2 (http://www.uni-duesseldorf.de/WWW/AWMF-/ll/ll-metho.htm).

294 AWMF, Leitlinie für Leitlinien, S. 2.

295 Allgemein zu den Konsensusverfahren: Meyer-Pannwitt/Schreiber in Nagel/-Fuchs, Leitlinien und Standards, S.104,109; Selbmann, der Chirurg, 1996, 61, 64; Buchborn, MedR 1993, 328;330; zu den Konsensusverfahren in den Niederlanden: Klazinga in Nagel/Fuchs, Leitlinien und Standards, S. 99 ff.

296 Allgemein zur Delphimethode: Michaelis in Nagel/Fuchs, Leitlinien und Standards, S. 92, 94 ff.

297 AWMF, Leitlinie für Leitlinien, S. 3; AWMF, Stellungnahme zur GKV-Gesundheitsreform 2000, S. 2.

Kommission der AWMF, die zugleich die Abstimmung mit anderen Fachgesellschaften herbeiführt, begleitet. Zu dieser Kommission gehören die Vertreter der wichtigsten medizinischen Disziplinen, Vertreter der Bundesärztekammer, der Krankenhausadministration, der gesetzlichen Krankenversicherungen und Juristen.

Der in die Leitlinie einfließende Sachverstand ist damit entscheidend von der Entwicklungsstufe der Leitlinie abhängig.[298] Allerdings dürfte selbst der Sachverstand der Expertengruppe der 1. Stufe den an einen Sachverständigen im Prozeß zu stellenden Anforderungen genügen, da hier letztlich mehrere Sachverständige tätig sind.[299]

bb) Neutralität und Objektivität

Wie bereits bei der ÄZQ dargestellt, ist die Neutralität der Ärzte zwar nicht in dem wünschenswerten Maß gegeben, da es sich beim Normungsgegenstand um Fragen handelt, die die Ärzte selbst unmittelbar berühren. Die medizinischen und juristischen Zwänge bewirken indes, daß die Fachgesellschaften bestrebt sind, den ärztlich-wissenschaftlichen Standard objektiv darzulegen.[300] Auf der 3. Stufe der Leitlinienerstellung bringt die Beteiligung der Vertreter der Krankenhausadminstration und der Krankenkassen einen neutralisierenden Interessengegensatz.

---

298 Aus diesem Grunde sieht die AWMF, Leitlinie für Leitlinien, S. 2 vor, daß die Entwicklungsstufe 1, 2, oder 3 und der „IDA“ in der Leitlinie angegeben werden sollen.

299 Ähnlich R. Hess in Nagel/Fuchs, Leitlinien und Standards, S. 59, 60.

300 AWMF, Leitlinien von Fachgesellschaften, S. 4: „Sie (die Leitlinien) schildern ausschließlich ärztlich-wissenschaftliche und keine wirtschaftlichen Aspekte.“

d) Das Normungsverfahren der Bundesausschüsse Ärzte und Krankenkassen

aa) Sachverstand

Gemäß § 92 Abs. 2 S. 1 SGB V bestehen die Bundesausschüsse aus 21 Mitgliedern. Hierunter befinden sich neun Vertreter der Ärzteschaft, neun Vertreter der Krankenkassen sowie drei unparteiische Mitglieder, von denen einer die Stellung des Vorsitzenden hat.[301] Bezüglich der Vertreter der Ärzteschaft dürfte der Sachverstand unzweifelhaft sein. Überdies ist ihnen der gesammelte medizinische Sachverstand der Kassenärztlichen Bundesvereinigung[302] zugänglich. Die Vertreter der Krankenkassen sind zum Teil Mediziner und verfügen damit über eigenen medizinischen Sachverstand. Ferner sind auch bei den Krankenkassen Ärzte beschäftigt, so daß auch hier ein gewisser institutioneller Sachverstand zugrunde liegt. Die zu bearbeitenden Themen werden vorab in einer Liste im Bundesanzeiger und im Deutschen Ärzteblatt veröffentlicht, um den betroffenen Kreisen und Experten die Möglichkeit zu geben, ihr Fachwissen durch die Einreichung von Unterlagen einfließen zu lassen.[303] Zudem ist in der Geschäftsordnung[304] des Bundesausschusses der Ärzte und Krankenkassen in § 2 Abs. 3 die Heranziehung von Sachverständigen vorgesehen. Damit ist letztlich gewährleistet, daß sich das Gremium, falls es sich um sehr fachspezifische Fragen handelt, sachverständig machen kann.

bb) Neutralität und Objektivität

Die Neutralität des Gremiums ist schwierig zu beurteilen, da sich dieses aus verschiedenen Gruppen zusammensetzt. Auf der einen Seite ist jedoch die Möglichkeit, daß die Kassenärztliche Bundesvereinigung zu-

---

301 Umfassend zur Zusammensetzung und dem Normungsverfahren der Bundesausschüsse Ärzte und Krankenkassen: Tempel-Kromminga, Richtlinien der Bundesausschüsse, S. 28 ff; Jung in Hart, Ärztliche Leitlinien, S. 221 ff..

302 Jung et al. DÄBl. 2000, B-322. Aufgrund der engen Zusammengehörigkeit der KBV mit der Bundesärztekammer fließt auch deren Sachverstand in die Bundesausschüsse ein.

303 Vgl. Jung et al. DÄBl. 2000, B-322, 324.

304 BAnz. 1994, S. 7093, Nr. 128.

gunsten ihrer Mitglieder zu einem Unterschreiten des Standards neigen könnte, aus denselben Überlegungen wie sie bezüglich der Bundesärztekammer angestellt wurden, auszuschließen. Auch die Kassenärztliche Bundesvereinigung ist als Vertreter der Vertragsärzte durch die medizinischen Sachzwänge an die Objektivität gebunden. Die Zielsetzung der Kassenärztlichen Bundesvereinigung bei der Qualitätssicherung ist ebenfalls am Patientenwohl orientiert.[305] Zudem schreibt § 70 SGB V vor, daß die Versorgung der Versicherten dem allgemein anerkannten Stand der medizinischen Erkenntnisse[306] entsprechend zu erbringen ist. § 28 SGB V nimmt in gleichem Zusammenhang ausdrücklich auf die Regeln der ärztlichen Kunst Bezug. Nach alledem ist ein Unterschreiten des Standards seitens der Vertreter der Kassenärztlichen Bundesvereinigung nicht anzunehmen.[307]

Verbleibt auf der anderen Seite die Möglichkeit des Überschreitens des Standards. Diese wird in den meisten Bereichen infolge der eigenen Betroffenheit auszuschließen sein, denn hierdurch würde eine unnötige Bindung der eigenen Interessengruppe eingegangen. Denkbar wäre allerdings eine Erhöhung des Standards in dem Bereich, in dem der eigenen Gruppe ein Nutzen zukommt. Hier könnte etwa an die Einführung zusätzlicher Diagnoseverfahren zu denken sein, die den einzelnen Arzt kaum belasten, aber eine - nicht erforderliche - Absicherung der Diagnose und zusätzliche Einnahmen bringen. Diese Gefahr ist sicherlich nicht auszuschließen. Sie wird jedoch durch die diametrale Interessenlage der Krankenkassen kompensiert: Diese wären allenfalls dort an einem Überschreiten des Standards interessiert, wo dies nicht mit zusätzlichen Kosten verbunden ist, wie etwa bei den Qualifikationsvoraussetzungen.[308] Diese, in Randbereichen gegensätzlichen Interessen, werden durch die Geschäftsordnung der Bundesausschüsse Ärzte und Krankenkassen in einen neutralen Ausgleich gebracht.[309] So ist in § 2 Abs. 1 der Geschäftsordnung der Grundsatz festgelegt, daß Abstim-

---

305 Vgl. Präambel der Endoskopie-Vereinbarung, DÄ 1994, A-2511.

306 Zum „Stand der medizinischen Wissenschaft" als Rechtsbegriff: Kriele, NJW 1976, 355 ff.

307 Allgemein für den Bereich des Sozialrechts Ulsenheimer, MedR 1995, 438, 440.

308 Hier dürfte auch mit Widerstand der Betroffenen zu rechnen sein, was auch im Hinblick auf drohende Prozesse zu Objektivität zwingt. Vgl. Oldiges in Nagel/Fuchs, Leitlinien und Standards, S. 177.

309 Vgl. Tempel-Kromminga, Richtlinien der Bundesausschüsse, S. 102 ff.; vgl. allgemein Marburger, Regeln der Technik, S. 464; ders. BB 1985, Beilage 4, S. 16, 18 ff.; Nicklisch, NJW 1983, 841, 847.

mungen nur nach Beratungen stattfinden. § 2 Abs. 3 der Geschäftsordnung sieht ferner die Möglichkeit der Anhörung von Sachverständigen vor. Dieses Verfahren ermöglicht es, auf der Ebene eines wissenschaftlichen Diskurses eine sachgerechte Lösung zu finden. Kommt es dennoch zu keinem Konsens, so entscheiden bei Stimmengleichheit die Stimmen der drei unparteiischen Mitglieder des Ausschusses, die den gemäß § 10 Abs. 1 der Geschäftsordnung erforderlichen Mehrheitsbeschluß herbeiführen. Auf diese Art und Weise hat die Neutralität das entscheidende Gewicht. Zudem können gemäß § 9 Abs. 3 der Geschäftsordnung bis zu der folgenden Sitzung, in der die Beschlüsse durch den Bundesausschuß genehmigt werden, Einwendungen gegen den Beschluß erhoben werden. Ferner kann der Bundesminister für Gesundheit die Beschlüsse gemäß § 94 Abs. 1 SGB V innerhalb von zwei Monaten seit Vorlage beanstanden. Dieses Einwendungs- und Beanstandungsrecht trägt ebenfalls dazu bei, daß sich einseitige Interessen nicht durch eine knappe Mehrheit durchsetzen können. Hier können einerseits die Kassenärztliche Bundesvereinigung und die Krankenkassen ihre Vertreter anweisen, Einwendungen zu erheben, wenn sie ihre Interessen vernachlässigt sehen. Andererseits kann der Bundesminister den Beschluß beanstanden, wenn er diesen für nicht sachgerecht hält. Diese von außen einwirkende Verantwortbarkeit trägt dazu bei, daß der Bundesausschuß um Neutralität und Objektivität bemüht sein wird. Ferner ist damit eine weitere Prüfungsinstanz eingeschaltet, die die Einhaltung dieser Prämissen gewährleistet. Die Objektivität der Beschlüsse der Bundesausschüsse Ärzte und Krankenkassen ist daher in demselben Maße gegeben, wie der Sachverstand des Gremiums.[310] Die Richtlinien der Bundesausschüsse sind daher grundsätzlich dazu geeignet, den medizinischen Standard wiederzugeben und damit die nach § 276 BGB erforderliche Sorgfalt zu konkretisieren.[311]

---

310 Insbesondere im Hinblick auf die nicht beteiligten Pharmahersteller kritisch: Wigge, MedR 1999, 524, 528 f. Vgl. auch Schneider-Danwitz/Glaeske, MedR 1999, 164, 167, 168 ff.

311 I. E. ebenso: Stegers, Das arzthaftungsrechtliche Mandat, Rn. 148 ff.

e) Ergebnis

Der festgestellte Sachverstand sowie die Objektivität und Neutralität der Gremien lassen den Schluß zu, daß diese das Maß der zulässigen Gefahr nach den Regeln der ärztlichen Wissenschaft und Praxis festlegen und sich damit an der Gefahrengrenze des § 276 BGB orientieren.

3. Bedeutung der Leitlinien für die Bestimmung der Sorgfaltspflicht im Einzelfall

Mit der Feststellung, daß die hier zu untersuchenden medizinischen Leitlinien grundsätzlich zur Konkretisierung der Fahrlässigkeit geeignet sind, ist lediglich eine allgemeine Erkenntnis gewonnen. Damit ist noch nicht gesagt, welche Bedeutung die Normen im konkreten Behandlungsfall haben. Im folgenden soll daher untersucht werden, unter welchen Voraussetzungen die Normen zur Konkretisierung der Sorgfaltspflicht im Einzelfall herangezogen werden können. Hierzu muß zunächst festgestellt werden, unter welchen Voraussetzungen die Normen für den Behandelnden im konkreten Behandlungsfall verbindlich sind. Die Verbindlichkeit einer Norm richtet sich nach der Strenge des Normbefehls sowie der Einschlägigkeit der Norm im Einzelfall. Die Einschlägigkeit der Norm ist von mehreren Faktoren abhängig:

a) Aktualität der Norm

Die Medizin ist wie kaum eine andere Materie von einem permanenten Fortschritt geprägt.[312] Die Schulmedizin von heute ist daher als der Behandlungsfehler von morgen bezeichnet worden.[313] Hiermit ist zugleich ein wesentliches Problem der medizinischen Normen benannt. Da der Normgeber nur die im Zeitpunkt des Normungsverfahrens[314] vorhandenen medizinischen Erkenntnisse berücksichtigen kann, kann die Norm im Zeitpunkt der Behandlung durch neue Erkenntnisse überholt sein.[315] Die Zulänglichkeit der Norm wird mit zunehmendem Alter zweifelhafter.

---

312 Nach Brüggemeier, Deliktsrecht, Rn. 641 verdoppelt sich das medizinische Wissen alle 5 Jahre!

313 Deutsch, Medizinrecht Rn. 11; Schroeder-Printzen, MedR 1996, 376, 379; (Anm. zu BSG MedR 1996, 373); ähnlich Hecker, Der Chirurg 1996, 66, 67. Vgl. auch H. L. Schreiber, Langenbecks Archiv für Chirurgie 1984, S.295, 296; Taupitz, MedR 1995, 475.

314 Dieser Zeitpunkt kann u. U. weit vor dem Zeitpunkt des Normerlasses liegen, wenn es sich um mehrgliedrige Verfahren handelt oder die Norm zu ihrer Wirksamkeit noch veröffentlicht werden muß.

315 Bruns, ArztR 1998, 183, 185; Hart in Hart, Ärztliche Leitlinien, S. 136, 141; Ulsenheimer, Der Frauenarzt 1998, 1540 f.; Clade, DÄBl. 1999, C-195; ähnlich: Marburger, Regeln der Technik, S. 314.

Die Befolgung der in der Norm festgeschriebenen Vorgehensweise würde in diesem Fall hinter der medizinisch möglichen Behandlung zurückbleiben.[316] Soweit die neuen Erkenntnisse Eingang in das entsprechende Fachgebiet gefunden haben, liegt in der Normbefolgung eine Gefahrerhöhung. Aus haftungsrechtlicher Sicht darf die Norm daher grundsätzlich nicht mehr befolgt werden.

b) Besondere Bedingungen des Einzelfalles

Eine weitere Einschränkung für die Festlegung der ärztlichen Sorgfaltspflichten in den Leitlinien folgt aus der Situationsbezogenheit der Sorgfalt. Ärztliche Sorgfaltspflichten können nur in denjenigen Bereichen durch starre Normen vorgegeben werden, in denen die Umstände des Einzelfalles keiner Berücksichtigung bedürfen.[317]

So können in der Person des Patienten zahlreiche Umstände begründet sein, die eine normgemäße Behandlung ausschließen.[318] Der BGH[319] hatte beispielsweise in einem Fall zu entscheiden, in dem eine Patientin während einer Operation durch eine Fixierung des Ellbogengelenks gelagert worden war. Diese Art der Lagerung verbot sich allerdings bei der betreffenden Patientin, da diese eine sog. Halsrippe 3. Grades (eine zusätzliche Rippe im Bereich der Halswirbelsäule) hatte, die unter Narkose den Eintritt einer Nervenlähmung begünstigen kann. Diese Halsrip-

---

316 Aus diesem Grunde sehen die Normgeber meist einen bestimmten Rhythmus zur Überprüfung der Norm vor. Vgl. Deicher in Nagel/Fuchs, Leitlinien und Standards, S. 97, 98 (Zweijahresrhythmus); die „Kriterien für die Qualität von Leitlinien" der AWMF (http:/selene.rz.uni-duesseldorf.de/WWW/AWMF/II/II-quali.htm) sehen vor, daß die Leitlinien ein „Haltbarkeitsdatum" enthalten sollen, nach dessen Ablauf diese zu überprüfen sind.

317 Vgl. Raspe in Nagel/Fuchs, Leitlinien und Standards, S. 154, 157; H. L. Schreiber in Nagel/Fuchs, Leitlinien und Standards, S. 167, 168; Ulsenheimer, Der Frauenarzt 1998, 1540, 1542; Marburger, Regeln der Technik, S. 315; Erman-Battes § 276 Rn. 34; Gerlach/Berndt/Beyer in Hart, Ärztliche Leitlinien, S. 125, 127.

318 Die DAO, ArztR 1997, 72 weist ausdrücklich darauf hin, daß es kein „normiertes Behandlungsobjekt" gibt; ähnlich Ulsenheimer in Frauenarzt 1998, 1540, 1544; Laufs, FS. E. Deutsch, S. 625, 627; Selbmann, Der Chirurg 1996, 61, 62 sieht die ärztliche Professionalität gerade in der Adaption der Norm an den Patienten und nicht umgekehrt.

319 BGH AHRS 1862/3 (= VersR 1975, 43).

pe 3. Grades findet sich nur bei 1 % aller Patienten. Für alle anderen Fälle stellt die beschriebene Art der Lagerung den unbestrittenen Standard dar.

In diesem Sinne sind der Patient und die Krankheit ungeschriebene Voraussetzungen der Norm.[320] Normen, die von der Person oder der Krankheit abhängig sind, besitzen daher nur eine begrenzte Aussagekraft, da sie von vielen Faktoren beeinflußt werden. Eine explizite Prüfung, ob die Norm den konkreten Fall überhaupt umfaßt, ist dabei unerläßlich.[321] Demzufolge kann ein Abweichen von der Norm medizinisch geboten sein.[322] Das Festhalten an der Norm ist in einem solchen Fall nur dann innerlich sorgfältig und damit nicht schuldhaft, wenn entweder die Umstände in der Person des Patienten, die ein Abweichen erforderlich gemacht hätten, für den entsprechenden Verkehrskreis nicht erkennbar waren oder diesem die Unzulänglichkeit der Norm im konkreten Fall nicht bekannt sein mußte.[323] So hat der BGH in obigem Fall die Haftung des Arztes davon abhängig gemacht, wie häufig eine dritte Halsrippe vorkommt und wie groß der Aufwand routinemäßiger Schutzuntersuchungen ist.[324]

Normen, die von der Person des Patienten unabhängig sind, haben hingegen eine generellere Bedeutung.[325] In den Früherkennungs-Richtlinien

---

320 Vgl. Vilmar in Nagel/Fuchs, Leitlinien und Standards, S. 209 Hecker, Der Chirurg 1996, 66, 67; Steffen, FS. E. Deutsch, S. 799, 807.

321 Im Bereich der DIN-Normen verlangt die Rspr. vom Anwender die Prüfung, ob über die Norm hinaus weitere Vorsichtsmaßnahmen erforderlich sind, vgl. BGH VersR 1975, 823; BGH NJW 1981,2250; RG JW 1935, 2628 Nr. 9; Pflüger, RdM 2000, 99,104.

322 Kümmerle in Nagel/Fuchs, Leitlinien und Standards, S.150 ff.; AWMF, Stellungnahme zur GKV-Gesundheitsreform 2000, S. 2; Arnold, Chirurg BDC, 8/1992, S. 154, 157; Dressler in Hart, Ärztliche Leitlinien, S. 161, 163; MK-Mertens § 823 Rn. 367 f. in Bezug auf die ärztlichen Kunstregeln.

323 S. o. 4. Kap. II. 2.; III. 3. a).

324 BGH AHRS 1862/3 hat die Sache wegen mangelnder tatsächlicher Feststellungen zu dieser Frage zurückverwiesen. Ein ähnlicher Sachverhalt lag der Entscheidung BGH NJW 1995, 1618 zu Grunde. Da das bei dem Kläger vorhandene thoracic-outlet-Syndrom mit einem Auftreten von 1:1.000.000 extrem selten ist, wurde eine Beweislastumkehr wegen Lagerungsschadens abgelehnt.

325 Vgl. Ulsenheimer, Der Frauenarzt 1998, 1540, 154; ders. nds. ärzteblatt Nr. 8/99 S. 6, 8; Hörnemann, Selbstverwaltung, S. 95; Steffen, FS. E. Deutsch, S. 799, 809; Marburger, Regeln der Technik, S. 315.

(Mutter-, Kinder-, Krebs-, Krankheiten)[326] werden beispielsweise bestimmte Untersuchungen zur Früherkennung von Krankheiten angeordnet. Die Nichtvornahme einer dieser Untersuchungen wird nur in seltenen Fällen durch Umstände in der Person des Patienten begründet sein.[327] Noch abstrakter erscheint dies bei Vorschriften zur Labordiagnostik. Hier wird man mangels Bezug zum Einzelfall von einer uneingeschränkten Geltung der Norm ausgehen können. Dies gilt gleichermaßen für die Vorschriften zur Strukturqualität. Qualifikation und Ausstattung sind von der Person des Patienten unabhängig und richten sich allein nach der durchzuführenden Behandlungsmaßnahme. In diesen Bereichen hat die Normierung der ärztlichen Pflichten generellen Charakter.[328] Die Sorgfaltswidrigkeit ist daher bei einem nicht nur unerheblichen[329] Unterschreiten der vorgegebenen Strukturqualität regelmäßig gegeben, soweit die Situationsbezogenheit der Sorgfalt ein Abweichen nicht rechtfertigt.[330]

c) Bindungsstrenge der Norm

Soweit die Norm den zu beurteilenden Sachverhalt erfaßt, ist häufig noch keine eindeutige Feststellung des konkreten Normbefehls möglich. Die Aussagekraft der Normen für den konkreten Behandlungsfall hängt ferner von deren Bindungsstrenge ab. Diese kann in dem Wortlaut der Norm ihren Ausdruck finden. Normen, die „ist", „muß" oder „hat...zu" - Bestimmungen enthalten, sollen nach den Vorstellungen des Normgebers eine absolute Bindung des Handelnden schaffen.[331] Derartige Bindungen finden sich in den medizinischen Leitlinien häufig. So sind die Bestimmungen, die die Abrechnungsfähigkeit von Leistungen in der vertragsärztlichen Versorgung betreffen, absolut bindend. Qualifikations-

---

[326] Abgedruckt in GKV-Komm Nr. 5600, 5350; 5880; Liebold/Zalewski Rn. P 101, P 1, P 51, P 75.

[327] Stegers, Das arzthaftungsrechtliche Mandat Rn. 152 ff. sieht die Vorsorgeuntersuchungen als verpflichtendes Handlungsprogramm.

[328] Vgl. Arnold, Chirurg BDC, 8/1992, S. 154, 155.

[329] Zur Intensität des Normverstoßes siehe die Ausführungen unter d).

[330] Was regelmäßig nur bei Not- bzw. Zwischenfällen gegeben sein wird.

[331] Vgl. Maurer, Allgemeines Verwaltungsrecht, § 7 Rn. 10; Knack-Busch, § 40 Rn. 2 VwVfG spricht in diesem Zusammenhang von gesetzesakzessorischer Tätigkeit ohne Wahlmöglichkeit.

voraussetzungen gem. § 135 Abs. 2 SGB V sind zu erfüllen, neue Untersuchungs- und Behandlungsmethoden dürfen vorbehaltlich einer Empfehlung des Bundesausschusses Ärzte und Krankenkassen gemäß § 135 Abs. 1 SGB V nicht abgerechnet werden usw.. Der Normgeber hat hier Abweichungen grundsätzlich nicht gestattet.

Eine geringere Bindung findet sich in den „Soll-Vorschriften". Derartige Vorschriften sind insbesondere in den Behandlungs- und Früherkennungsrichtlinien des Bundesausschusses Ärzte und Krankenkassen gem. § 92 Abs. 1 SGB V enthalten. In diesen Richtlinien ist beispielsweise die Hinzuziehung eines Facharztes bei Berührung mit einem anderen Fachgebiet als „Soll-Vorschrift" ausgestattet.[332] Darüber hinaus finden sich „Soll-Vorschriften" bei der Festlegung bestimmter Behandlungsmodalitäten wie durchzuführender Untersuchungen,[333] Termin der Untersuchung[334] usw.. Die geringere Bindungsstrenge dieser Normen beruht hauptsächlich auf zwei Ursachen:

aa) Mitwirkungsbedürftige Maßnahmen

Die absolut verbindliche Verpflichtung des Arztes zur Durchführung bestimmter Maßnahmen kann nur dort sinnvoll angeordnet werden, wo es allein von dessen Willen abhängig ist, dieser Verpflichtung nachzukommen. Bei Maßnahmen, die eine Mitwirkung des Patienten erfordern, kann der Arzt allein den in der Norm definierten Erfolg nicht herbeiführen.[335] Eine Überweisung an einen Facharzt, wie sie in den Behandlungs- und Früherkennungsrichtlinien vorgesehen ist, kann deshalb von dem behandelnden Arzt nur soweit verlangt werden, wie der Patient hierzu bereit ist. Eine Blutabnahme muß vom Patienten erlaubt werden. Untersuchungen und Behandlungen, die über die generelle Einwilligung hinausgehen, wie etwa die Untersuchung auf Aids oder Lues die Intimsphäre des Patienten berühren, erfordern eine zusätzliche, diesbe-

---

332 Kieferorthopädie-RL Nr. 10; Kinder-RL A. 4; Krebsfrüherkennungs-RL B. 4; Mutterschafts-RL B. 5.

333 Mutterschafts-RL C 1: Blutuntersuchung auf Lues, Röteln, HIV.

334 KieferOrthopädie-RL 6 b) „.soll einem strahlenreduzierten Verfahren der Vorzug gegeben werden".

335 Vgl. Siebert, MedR 1983, 216, 218; Gerlach/Berndt/Beyer in Hart, Ärztliche Leitlinien, S. 125, 133.

zügliche Einwilligung.[336] Die Durchführung solcher Untersuchungen oder Behandlungen ist dem Arzt daher nur soweit möglich, wie es der Patient zuläßt. Wenn der Patient seine Mitwirkung nicht versagt, kann es somit zu einer absoluten Bindung des Arztes an die Norm kommen.

bb) Sollensnormen als Regelfall

Ferner bestehen „Soll-Vorschriften“, die von der Mitwirkung des Patienten unabhängig sind. So soll beispielsweise bei der Versorgung mit Zahnersatz eine ausreichende Gegenbezahnung vorhanden sein,[337] der Kiefer soll nur mit einem strahlenreduzierten Aufnahmeverfahren geröntgt werden,[338] kieferorthopädische Behandlungen sollen nicht vor dem Dentitionsalter von neun bis zehn Jahren begonnen werden.[339] In derartigen Fällen enthält die Norm eine geringere Bindung, da sie aufgrund ihrer abstrakten Fassung nur typische Sachverhalte als Regelfälle erfassen kann. Der Normgeber hat hier aber die Möglichkeit des Erfordernisses einer abweichenden Behandlung gesehen und diese nicht durch eine restriktive Fassung des Tatbestandes ausschließen wollen.[340] In den genannten Beispielen kann etwa ein Zahnersatz ohne Gegenbezahnung indiziert sein, um ein Verschieben der Zähne zu verhindern. Ein strahlenaufwendiges Röntgenverfahren kann zur Darstellung schlecht sichtbarer Strukturen erforderlich sein. Im dritten Beispiel, Nr. 12 der KfO-Richtlinien, kommt dieses Verhältnis von Regel und Ausnahme deutlich zum Ausdruck, indem eine Abweichung von der Norm in (beispielhaft aufgezählten) begründeten Ausnahmefällen für zulässig erklärt wird.

Ist der Patient zur Mitwirkung bereit, oder liegt eine Abweichung von dem der Norm zugrunde gelegten Regelfall nicht vor, so kommt der „Soll-Vorschrift“ die absolute Bindungswirkung einer „Muß-Vorschrift“

---

336 Vgl. Deutsch Medizinrecht Rn. 104; LG Köln NJW 1995, 1621.

337 Zahnersatz-RL I Nr. 8.

338 Kieferorthopädie-RL 6 b.

339 Kieferorthopädie-RL 12.

340 So allgemein für Soll- Vorschriften Knack-Busch § 40 Rn. 7.1 VwVfG.

zu.[341] Dem Arzt ist dann eine Abweichung aus sozial- bzw. berufsrechtlicher Sicht nicht gestattet.

Verbleiben als letztes die sogenannten „Kann-Vorschriften". Diese sind in den medizinischen Leitlinien überaus selten. Der Grund dafür liegt darin, daß „Kann-Vorschriften" einen Handlungsspielraum eröffnen, Leitlinien hingegen den Zweck haben, den weiten Handlungsspielraum des Arztes zur Sicherung der Qualität auf bestimmte Maßnahmen zu beschränken. Daher finden sich „Kann-Vorschriften" regelmäßig nur dort, wo der Handlungsspielraum des Arztes bereits eingeschränkt ist - als Konkretisierung der „Soll-Vorschriften".

So sollen bestimmte Untersuchungen von Schwangeren gemäß Punkt A. 4. der Mutterschafts-Richtlinien im Abstand von vier Wochen stattfinden; bei Risikoschwangerschaften können gemäß Punkt B. 3. der Richtlinie häufigere Untersuchungen angezeigt sein. Ebenso können über den Katalog durchzuführender Untersuchungen hinaus weitere, im einzelnen aufgelistete Untersuchungen angezeigt sein.[342] Sollen und Können stehen sich hier im Verhältnis von Regel und Ausnahme gegenüber. Die „Sollens-Norm" geht von der Regel aus und läßt Ausnahmen zu. Die „Könnens-Norm" hält für diese Ausnahme eine Regelung parat. Wie das Sollen bei Vorliegen des vom Normgeber zugrunde gelegten Regelfalles zum Müssen erstarkt, gilt dies gleichermaßen für das Können bei Vorliegen des zugrunde gelegten Ausnahmefalles.[343] Die Norm läßt dem Arzt dann nur eine Handlungsmöglichkeit.

cc) Unterschiedliche Normentypen

Bei einigen Normen, insbesondere denen der Ärztekammern, besteht die Besonderheit, daß bereits durch den Rang der Norm eine unterschiedliche Bindungsstrenge zum Ausdruck gebracht wird.[344] So besteht

---

341 Vgl. v. Maydell-Schellenbeck, § 92 Rn. 12; Maurer, Allgemeines Verwaltungsrecht § 7 Rn. 11; SGB V-Komm.- Heintze § 92 Ziff. 3).

342 So Punkt B.4. der Mutterschafts-RL sowie Anlagen 1b) und 1c) der Richtlinie.

343 Vgl. BVerwGE 23, 25, 29; 44, 339, 342.

344 Hart in Hart, Ärztliche Leitlinien, S. 136, 140; Ulsenheimer, Der Frauenarzt 1998, 1540 wendet sich gegen eine haftungsrechtliche Auswirkung dieser Differenzierung; hiergegen wiederum Grafe, ArztR 1998, 181; Clade, DÄBl. 1999, C-195.

eine Differenzierung zwischen Empfehlungen, Leitlinien, Standards und Richtlinien.[345]

(1.) Standards und Richtlinien

Auf höchster Stufe der Normenhierarchie stehen Richtlinien und Standards.[346] Standards sind normierende Festlegungen zur Vereinheitlichung von Leistungen mit dem Ziel der Qualitätssicherung.[347] Diese Festlegungen werden aus wissenschaftlichen Erkenntnissen und ärztlicher Erfahrung entwickelt und sollen allgemein anerkannte und praktisch bewährte Regeln für ärztliche Entscheidungen und ärztliches Handeln geben.[348] Hierbei handelt es sich um gesichertes medizinisches Wissen.[349] Beim Standard handelt es sich um eine Vorgabe, die durch gründliche Erfahrung gesichert ist und nach derzeitigem Wissen und Können als die oder eine richtige Form des Vorgehens betrachtet wird.[350] Abweichungen vom Standard sind grundsätzlich unerwünscht, da der Standard eine hohe inhaltliche Festigkeit im Sinne einer Allgemeingültigkeit haben soll.[351] Der forensische Standard und der Normtyp des Standards decken sich daher regelmäßig.[352] Divergenzen sind hierbei allerdings möglich, wenn es zu einer Fortschreibung des Standards kommt.[353]

Der forensische Standard wird als „die gute ärztliche Übung“ bezeichnet.

---

345 Vgl. zum ganzen Bachmann/Heerklotz, DÄBl. 1997, C-444; Nagel/Fuchs Leitlinien und Standards im Gesundheitswesen.

346 Zum haftungsrechtlichen Standardbegriff: Deutsch, JZ, 1997, 1030 ff.

347 Buchborn, MedR 1993, 328; Hecker, Der Chirurg 1996, 66; umfassend zum arzthaftungsrechtlichen Standardbegriff: Velten, S. 36 ff..

348 Buchborn, MedR 1993, 328; Sack/Deutsch/Sauerwein, Strahlenther. 1998, 391, 394.

349 Michaelis in Nagel/Fuchs, Leitlinien und Standards, S. 92.

350 Pichlmayr in Nagel/Fuchs, Leitlinien und Standards, S. 57, 58.

351 Vgl. Pichlmayr in Nagel/Fuchs, Leitlinien und Standards, S. 57; Eddy (1990), zitiert bei GMDS-Arbeitsgruppe „Qualitätssicherung in der Medizin“,S. 18.

352 Vgl. Sack/Deutsch/Sauerwein, Strahlenther. 1998, 391, 394.

353 Vgl. Hecker, Der Chirurg 1996, 66, 67; zur Einführung neuer Methoden in der Chirurgie am Beispiel der endoskopischen Gallenoperation Pichlmaier, FS. E. Deutsch, S. 685 ff.

Entscheidend ist demnach die tatsächliche Übung unter normativer Bewertung[354] (als Ausdruck der erforderlichen anstelle der üblichen Sorgfalt). Bei umstrittenen, wie bei neuen Behandlungsmethoden, kann ein geraumer Zeitraum vergehen, bis die Beendigung des Streits oder die Durchsetzung der neuen Methode, basierend auf valider wissenschaftlicher Untersuchung und klinischer Erprobung, ihre Umsetzung in der ärztlichen Übung und damit im Standard findet, obwohl diese Methode sich bereits als wirksamer und ungefährlicher erwiesen hat.[355] Diese „Durchsetzzeit“ kann erheblich verkürzt werden, indem die betreffende Methode zum Standard erklärt wird.[356] Eine Abweichung wäre dann berufsrechtlich zu mißbilligen. Haftungsrechtlich wird zumindest mittelfristig eine Erhebung zum Standard erreicht, da sich mit der berufsrechtlichen Geltung die tatsächliche Übung ändert. Zudem verschafft die Normierung dem Arzt die Kenntnis von einer wirksamen Gefahrsteuerung.[357] Verdichtet sich diese Kenntnis - etwa durch Sonderwissen oder einschlägige Veröffentlichungen -, so kann bei deutlicher Überlegenheit der normierten Methode deren Nichtanwendung die Sorgfaltspflichtverletzung begründen.[358]

Schwierig zu beurteilen ist hingegen die Übergangszeit, in der der von der Ärztekammer definierte Standard noch nicht allgemein in die ärztliche Übung und damit in den forensischen Standard eingeflossen ist. Die Nichtanwendung der neuen bzw. der nicht mehr umstrittenen Methode dürfte - soweit nicht der Einsatz noch zu beschaffener technischer Mittel oder eine persönliche Vorbereitung erforderlich ist - entsprechend der Grundsätze zum Nichteinsatz von Spezialkenntnissen zu beurteilen sein.[359] Hier haftet der Arzt bei Anwendung der ursprünglichen Standardtherapie, wenn und weil er die Kenntnis und damit die Möglichkeit zu einer wirksameren Gefahrsteuerung hat. Entsprechend verschafft die

---

[354] Vgl. H. L. Schreiber, Langenbecks Archiv für Chirurgie 1984, S. 295.

[355] Wie dies im Beispiel des Cis-Platins zur Bekämpfung des Hodenkarzinoms bei Koch, DÄBl. 1996, A 23 geschildert wird. Vgl. auch zur Thromboseprophylaxe Carstensen/Schreiber, Akt. Chir.25 (1990), S. 73 f.

[356] Vgl. Bruns, ArztR 1998, 183, 185.

[357] Vgl. BGH NJW 1989, 2321, 2322 f. zu den Sorgfaltspflichten nach der bereits verkündeten aber noch nicht in Kraft getretenen Strahlenschutzverordnung.

[358] Vgl. die oben beschriebenen Entscheidungen OLG Düsseldorf VersR 1987, 414 (HAH-Titer 1:16) und OLG Köln VersR 1991, 186 (Aciclovir). Vgl. auch Giesen, Arzthaftungsrecht Rn. 84.

[359] S. o. Kap. 4 I. 1. b) bb) (1).

Ärztekammer dem Arzt durch die Erhebung einer Methode zum Standard die Kenntnis darüber, daß diese Methode sich als besonders wirksam erwiesen hat. In der Nichtanwendung dieser Methode liegt daher gleichfalls die Auslassung einer Möglichkeit zur wirksamen Gefahrsteuerung, damit eine Verletzung des Risikominimierungsgebotes und letztlich eine Sorgfaltsverletzung.[360]

Der Richtlinie wird teilweise eine höhere binnenrechtliche Bedeutung im Sinne einer sanktionierten Verpflichtung beigemessen.[361] Die inhaltliche Bindungsstrenge der Richtlinien gleicht derjenigen des Standards.[362] Ein Ermessen des Arztes ist hier ebenfalls nicht vorgesehen.[363] Die Möglichkeit der Abweichung besteht nur im Ausnahmefall.[364]

(2.) Leitlinien

Neben Standards und Richtlinien existieren Handlungsanweisungen in Form von Leitlinien. Vom sprachlichen Gehalt steht die Leitlinie unter der Richtlinie. Inhaltlich weisen Leitlinien eine geringere Allgemeingültigkeit als Richtlinien auf.[365] Ähnlich wie die „Soll-Vorschriften" haben Leitlinien die Funktion, Handlungsanweisungen für den Regelfall darzulegen.[366] Begründete Abweichungen sind implizit zulässig bzw. geboten, da die Leitlinie im Gegensatz zum Standard und zur Richtlinie auf bestimmte

---

360 I. E. ebenso Zuck, das Krankenhaus 1996, 299, 300.

361 AWMF „Leitlinie für Leitlinien", S. 3 (http://www.uniduesseldorf.de/WWW/AWMF /II/II-metho.htm); Bruns ArztR 1998, 183, 184; ÄZQ, Ärztliche Leitlinien in Deutschland, S. 2 (http://www.leitlinien.de/infoziele.htm).

362 GMDS-Arbeitsgruppe „Qualitätssicherung in der Medizin" S. 19; die DEGAM setzt diese Begriffe daher gleich, vgl. DEGAM, Der praktische Arzt 15/95, S. 38: „Behandlungsstandards - besser Behandlungsrichtlinien - sind....".

363 GMDS-Arbeitsgruppe „Qualitätssicherung in der Medizin" S. 21; Heerklotz in Nagel/Fuchs, Leitlinien und Standards, S. 84; 87: "Verbindliche Regel der Kunst"; Clade, DÄBl. 1999, C- 195, 196.

364 Vgl. Wienke, MedR 1998, 172; MK-Mertens § 823 Rn. 367 sowie Schramm, Schutzbereich der Norm, S. 93 für die ärztlichen Kunstregeln.

365 Vgl. AWMF „Leitlinie für Leitlinien", S. 3 (http://www.uniduesseldorf.de/ WWW-/AWMF/II/II-metho.htm).

366 Vgl. Eddy (1990) zitiert bei GMDS-Arbeitsgruppe „Qualitätssicherung in der Medizin" S. 22; Selbmann, Der Chirurg 1996, 61; Raspe in Nagel/Fuchs, Leitlinien und Standards, S. 154, 158; DAO, ArztR 1997, 72, Velten, S. 53.

Fälle beschränkt ist.[367] Die aus Leitlinien erwachsenden Pflichten des Arztes sind daher ambivalent: Einerseits muß er nach der Leitlinie vorgehen, wenn diese im konkreten Behandlungsfall einschlägig ist. Andererseits ist er zu einer genauen Prüfung verpflichtet, ob die Leitlinie diesen Behandlungsfall überhaupt erfaßt, oder ob das Interesse des Patienten eine Abweichung geboten erscheinen läßt.[368]

Diese Trennung zwischen Richt- und Leitlinie läßt sich allerdings nicht strikt durchführen, da die Nomenklatur oftmals zufällig ist.[369] Zurückgehend auf den angelsächsischen Begriff der „Guideline", der sich sowohl als Richtlinie als auch als Leitlinie übersetzen läßt, werden die Begriffe Richtlinie und Leitlinie häufig synonym gebraucht.[370] Insbesondere wird der Begriff der Leitlinie als Oberbegriff bindender Handlungsanweisungen (also unter Ausschluß der Empfehlung) verwendet.[371] Daher kann nicht zwingend davon ausgegangen werden, daß eine bestimmte Leitlinie dem Arzt einen Beurteilungsspielraum eröffnen will. Vielmehr könnte es sich hierbei inhaltlich auch um eine Richtlinie handeln, was zur Folge hätte, daß nur bei Vorliegen eines Ausnahmefalles ein abweichendes Verhalten zulässig wäre.

Eine derartige Einschränkung kann sich aber nur aus den allgemeinen Grundsätzen ergeben, d.h. es muß für den Arzt erkennbar sein, daß die konkrete „Leitlinie" allgemeine Gültigkeit hat und demzufolge wie eine Richtlinie generell anwendbar ist. Ist diese Erkennbarkeit im konkreten Fall nicht gegeben, so ist er aufgrund der Rechtsklarheit bzw. -sicherheit nur dazu verpflichtet, mit den ihm zur Verfügung stehenden Mitteln zu

---

367 Vgl. Dokumentation zum 96. Deutschen Ärztetag, DÄBl. 1993, 1087, 1088: Motivation, Gründe für ein abweichendes Verhalten zu hinterfragen; Heerklotz in Nagel/Fuchs, Leitlinien und Standards, S. 84, 85; AWMF „Leitlinie für Leitlinien", S. 3 (http://www.uniduesseldorf.de/WWW/AWMF /II/II-metho.htm); Clade, DÄBl. 1999, C-195.

368 Heerklotz in Nagel/Fuchs, Leitlinien und Standards, S. 84, 85; Raspe in Nagel/Fuchs, Leitlinien und Standards, S. 154 f.; Clade, DÄBl. 1999, C- 195, 196; Wienke, MedR 1998, 172, 173.

369 Vgl. die Kritik der AWMF an dem Gesetzentwurf zu § 136 SGB V in der Stellungnahme zur GKV-Gesundheitsreform 2000.

370 Vgl. GMDS-Arbeitsgruppe „Qualitätssicherung in der Medizin", S. 21.

371 Der Sachverständigenrat spricht in seinem Jahresgutachten 1994, S. 126 f. nur von Leitlinien, wobei auch Richtlinien gemeint sein dürften; ebenso die Dokumentation zum 96. Deutschen Ärztetag, DÄBl. 1993,1087 f.

prüfen, ob die in der „Leitlinie“ vorgegebene Behandlung im konkreten Fall ratsam ist.

(3.) Die Empfehlung

Die Empfehlung hat bereits semantisch nur eine geringe Bedeutung. Diese erschöpft sich in einem Rat bzw. Vorschlag. Sie beschreibt allein die Möglichkeit des Handelns oder Unterlassens.[372] Eine derart zurückhaltende Normierung beruht im wesentlichen auf drei Gründen:[373]

Zum einen kann es sich bei der Empfehlung um eine rein prognostische Beurteilung von Wirkung und Nebenwirkung bzw. Gefahr handeln, ohne daß absolut gesicherte Erkenntnisse vorliegen. Diese Konstellation entspricht der Problematik der umstrittenen Behandlungsmethoden, wie sie im Zusammenhang mit der Therapiefreiheit dargestellt wurde.[374] Der Grad der Unsicherheit über die in Betracht kommenden Methoden entscheidet über die Methode der Wahl; bei vergleichbaren Methoden steht diese Wahl dem Arzt zu, solange das Selbstbestimmungsrecht des Patienten nicht berührt ist.

Die Bedeutung einer Empfehlung hängt oftmals erheblich von der Person des Empfehlenden ab. So dürften Empfehlungen der Bundesärztekammer aufgrund des festgestellten Sachverstands und der Kompetenz zur Regelung medizinischer Fragen[375] eine erhebliche Bedeutung i. S. einer gewichtigen Sachverständigenmeinung zukommen. Die Abgabe einer Empfehlung durch die Bundesärztekammer dürfte die betreffende Methode in den Kreis der weniger umstrittenen Methoden heben, so daß diese bei der Wahl der Behandlungsmethode vorrangig zu berücksichtigen wäre.[376] In diesem Sinne wird in einer Empfehlung oftmals die Vor-

---

372 Vgl. Selbmann, Der Chirurg 1996, 61: „...Empfehlungen kann man befolgen.“ GMDS- Arbeitsgruppe „Qualitätssicherung in der Medizin“ S. 23; Heerklotz in Nagel/Fuchs, Leitlinien und Standards, S. 84, 85 sieht die Funktion der Empfehlung in der Information; Velten, S. 55.

373 Siehe hierzu Eddy, zitiert bei GMDS- Arbeitsgruppe „Qualitätssicherung in der Medizin“ S. 23 .

374 S. o. 4. Kap. III. 1. c).

375 S. o. 4. Kap. III. 2. b).

376 So bezeichnet R. Hess in Nagel/Fuchs, Leitlinien und Standards, S. 59, 65 die Empfehlung als gesicherte wissenschaftliche Erkenntnis.

stufe einer Leit- bzw. Richtlinie gesehen.[377] Die Nichtanwendung dieser Methode kann zwar wegen der noch bestehenden Umstrittenheit nicht als sorgfaltswidrig gewertet werden, sie kommt aber zumindest als ernst zu nehmende Alternative in Betracht. Bei der Aufklärung des Patienten ist daher auf das Bestehen dieser Alternative hinzuweisen.[378] Überdies können Empfehlungen durch die Anerkennung in den medizinischen Fachkreisen auf den Standard einer bestimmten Behandlungsmethode einwirken.[379]

Zum anderen kann die Entscheidungsfreiheit des Patienten der Grund dafür sein, daß die Norm lediglich als Empfehlung abgefaßt wurde. Weisen verschiedene Methoden eine unterschiedliche Eingriffsintensität auf, oder führen diese zu unterschiedlichen Gefahren oder Nebenwirkungen, so darf dem Patienten die Entscheidung über die von ihm bevorzugte Methode nicht durch eine berufsrechtliche Verpflichtung des Arztes genommen werden.

Als letztes kommt es in Betracht, eine Norm als Empfehlung zu erlassen, wenn eine absolute Verbindlichkeit nicht erreicht werden kann. Dies ist gegeben, wenn eine Generalisierung aufgrund verschiedener einflußnehmender Faktoren nicht möglich ist, die Maßgabe der Empfehlung nur unter bestimmten Umständen die erfolgreiche Maßnahme darstellt.[380] Hier obliegt es dem Arzt, durch eine zielgerichtete Diagnose die Indikation für oder gegen die Empfehlung festzustellen. Demzufolge könnte die berufsrechtliche Verpflichtung des Arztes bestehen, der Empfehlung zu folgen, wenn diese im konkreten Behandlungsfall indiziert ist. Ein derartiger Schluß stünde jedoch im Widerspruch zu der geringen normativen Strenge der Empfehlung. Wäre eine derartige Bindung vom Normgeber gewollt, so hätte er die Norm in einer bindenden Rechtsform - z.B. einer als „Soll-Vorschrift“ ausgestalteten Richtlinie - erlassen müssen. Empfehlungen aber können unbeschadet ihres Inhalts schon allein aufgrund der Rechtsklarheit nicht unmittelbar bindend sein.

---

377 GMDS-Arbeitsgruppe „Qualitätssicherung in der Medizin“ S. 23.

378 Vgl. BGH MedR 1996, 271 (Thromboseprophylaxe).

379 Vgl. GMDS-Arbeitsgruppe „Qualitätssicherung in der Medizin“ S. 23; allgemein für medizinische Normen Steffen, FS. E. Deutsch, S. 799, 805; Zuck, das Krankenhaus 1996, 299, 303.

380 Vgl. Eddy (1990) zitiert bei GMDS-Arbeitsgruppe „Qualitätssicherung in der Medizin“ S. 23.

(4.) Zusammenfassung

Die von den Ärztekammern erlassenen Normen führen zu unterschiedlichen Bindungen des Arztes. Die strengste Bindung schaffen Standards und Richtlinien, die eine Abweichung nur in Ausnahmefällen erlauben. Leitlinien sehen die Notwendigkeit einer Abweichung grundsätzlich vor, so daß die ärztliche Verpflichtung hier vorrangig in der pflichtgemäßen Prüfung der Anwendbarkeit der konkreten Methode besteht. Empfehlungen geben eine abstrakte Möglichkeit zur Gefahrsteuerung an, binden den Arzt aber wegen der zugrunde liegenden Unsicherheit oder des Selbstbestimmungsrechts des Patienten nicht unmittelbar.

d) Intensität des Normverstoßes

Obwohl festgestellt werden konnte, daß ein großer Teil der Normen grundsätzlich zur Konkretisierung der Sorgfalt geeignet ist, kann auch bei einem Verstoß gegen die konkret verpflichtende Norm nicht per se von einem Verschulden ausgegangen werden. Ähnlich wie auch ein Sachverständigengutachten liefern medizinische Normen dem Gericht nur die Entscheidungsgrundlage. Die Bewertung des medizinischen Sachverhaltes obliegt dabei dem Gericht.[381]

Bei nur geringfügigen Verstößen im Randbereich der Norm kann oftmals noch nicht einmal aus medizinischer Sicht von einer konkreten Gefahrerhöhung gesprochen werden. So beinhalten viele Normen einen Sicherheitsspielraum, der im Einzelfall vom Behandelnden möglicherweise überhaupt nicht benötigt wird, weil dieser besonders erfahren ist oder der Behandlungsfall eindeutig liegt.[382] Die Vorschriften über die Beschaffenheit von Ultraschallgeräten müssen beispielsweise eine Abbildbarkeit des Untersuchungsgebietes gewährleisten, die auch für einen wenig erfahrenen Betrachter das Erkennen von kleinen Krankheitszeichen ermöglicht. Handelt es sich im Einzelfall um deutlich erkennbare Krankheitszeichen oder ist der Behandelnde sehr erfahren, so daß er auch in der Lage ist, etwas schlechtere Abbildungen zweifelsfrei zu in-

---

381 Vgl. OLG Celle AHRS 6410/26; BGH AHRS 1862/3; Pichlmaier, FS. E. Deutsch, S. 685, 686; Laufs/Uhlenbruck-Laufs, Handbuch des Arztrechts, § 99 Rn. 6.

382 Allgemein zum Sicherheitsniveau technischer Regeln: Lenckner; FS. K. Engisch, S. 490, 498 ff.

terpretieren, so ist die Gefahr für den Patienten nicht erhöht. Die gesetzlich geschuldete Sorgfalt ist trotz Normabweichung erbracht.[383]

Hinzu kommt, daß gerade in den Randbereichen der wissenschaftliche Konsens dünner wird und vermehrt Einschätzungen und Wertungen in die Norm einfließen.[384] In diesem Sinne kann in vielen Fällen vom Vorliegen eines Beurteilungsspielraums ausgegangen werden, da keine exakt verlaufende Grenze erkennbar ist. In einem Vergleich einer US-amerikanischen und einer britischen Leitlinie zeigt *Gerlach* die weitreichenden gesundheitspolitischen Folgen der Festlegung eines Grenzwertes des Bluthochdrucks. [385] Während nach der britischen Leitlinie der Behandlungsbeginn ab einem Blutdruck von 160 mmHg systolisch bzw. 100 mmHg diastolisch vorgesehen war, sollte dieser nach der US-amerikanischen Leitlinie bereits ab einem Blutdruck von 140 mmHg systolisch bzw. 90 mmHg diastolisch erfolgen.[386] Überzeugende medizinische Erkenntnisse, die für den einen oder den anderen Grenzwert streiten würden, sind dabei nicht ersichtlich.[387] Der hieraus resultierende Unterschied besteht darin, daß nach der US-amerikanischen Leitlinie dreimal so viele Menschen behandelt werden müßten wie nach der britischen Leitlinie. Entsprechend würde sich eine konsequente Umsetzung der Leitlinie auf die Kosten auswirken. Um den (nicht erkennbaren) konkret gefährdeten Personen zu helfen, müßten sämtliche Personen der Risikogruppe behandelt werden, obwohl der überwiegende Teil der Risikogruppe tatsächlich überhaupt nicht gefährdet ist. Statistisch gesehen würde es nach der US-amerikanischen Leitlinie 750.000 DM kosten, das Leben einer 45 jährigen Frau durch die Behandlung aller 45 jährigen Frauen dieser Risikogruppe mit kostengünstigen Medikamenten um nur ein Jahr zu verlängern.[388]

---

383 Vgl. allgemein für Regelabweichungen: Köhler BB 1985, Beilage 4, S. 10; Marburger, Regeln der Technik S. 498, 502; ders. VersR 1983, 597, 603; Lenckner, FS. K. Engisch, S. 490, 498; Nicklisch, NJW 1983, 841, 846.

384 Vgl. Lenckner, FS. K. Engisch, S. 490, 502 f.; Köhler BB 1985, Beilage 4, S. 10, Backherms, JuS 1980, 9, 13.

385 Vgl. hierzu die Auflistung weiterer Leitlinien zur Hypertonie bei Perleth,MMW Seminar Folge 7, S. 2 (http://www.epi.mh-hannover.de/(eng)/perleth/mmw-2.html.).

386 Gerlach, Leitlinien in der Medizin, S. 8.

387 Die bei Perleth, MMW Seminar Folge 7, S. 2 abgedruckten 5 Leitlinien zur Hypertonie variieren allesamt!

388 Gerlach, Leitlinien in der Medizin, S. 10.

Die Beurteilung eines Verhaltens als sorgfältig oder sorgfaltswidrig ist letztlich nicht nur von den medizinischen Möglichkeiten abhängig. Die aus medizinischer Sicht bestehenden Möglichkeiten müssen vielmehr mit den Rechtsgütern sämtlicher Beteiligten, der Wahrscheinlichkeit und dem Ausmaß des drohenden Schadens und den zur Gefahrminderung erforderlichen Kosten abgewogen werden.[389] Im Kernbereich der Norm kann entsprechend obiger Ausführungen zur Identität der Gefahrengrenzen grundsätzlich davon ausgegangen werden, daß sich diese Abwägung an den haftungsrechtlichen Vorgaben orientiert.[390] So könnte beispielsweise davon ausgegangen werden, daß ab einem Blutdruck von 160 mmHg systolisch bzw. 104 mmHg diastolisch aus haftungsrechtlicher Sicht von einer Behandlungspflicht ausgegangen werden muß.[391] Demgegenüber besteht in den Randbereichen oftmals nur eine geringe Gefahr, die gegen andere Parameter abgewogen und möglicherweise hingenommen werden muß.[392]

Da die Vornahme von Wertungen Sache des Gerichts ist, muß das Gericht in den Randbereichen der Norm selbst prüfen, ob durch die Nichtbeachtung der Norm eine haftungsrechtlich unzulässige Gefahr begründet worden ist.[393] Ein genereller Schluß auf das Verschulden verbietet sich daher.

---

389 Ulsenheimer, MedR 1995, 438 ff.; Gäfgen in Nagel/Fuchs, Leitlinien und Standards, S. 163 ff.; Giesen, Arzthaftungsrecht Rn. 107 f.; vgl. BGH NJW 1984, 801, 802 (Höhe der Seitenbande beim Eishockey); zur Berücksichtigung von Kosten im Gesundheitsrecht und den Grenzen der Rationierung: Uhlenbruck, MedR 1995, 427 ff.

390 Vgl. Lenckner, FS. K. Engisch, S. 490, 502.

391 Dies ist bei den bei Perleth, MMW Seminar Folge 7, S. 2 abgedruckten Leitlinien der kleinste „gemeinsame Nenner", also der Bereich, in dem nach übereinstimmender Wertung von einer Behandlungspflicht auszugehen ist. Nur 31 % der untersuchten Patienten seien hiernach übereinstimmend zu klassifizieren, Perleth a.a.O.

392 Scriba in Nagel/Fuchs, Leitlinien und Standards, S. 71, 74 berichtet von Schilddrüsenveränderungen, die bei 16 % aller Erwachsenen zu finden sind. Wollte man bei allen Betroffenen jegliches Krankheitsrisiko ausschließen, so würde dies wegen der hohen Untersuchungs- und Behandlungskosten nach Scriba das Gesundheitswesen ruinieren.

393 Vgl. H.L. Schreiber in Nagel/Fuchs, Leitlinien und Standards, S. 167, 168 f.; Köhler, BB 1985, Beilage 4, S. 10; Nicklisch, NJW 1983, 841, 846; Soergel-Wolf § 276 Rn. 90; Backherms, JuS 1980, 9, 13.

e) Einschränkbarkeit der Therapiefreiheit

aa) Allgemeine Einschränkbarkeit

Die ärztlichen Leitlinien führen vielfach zu einer Einschränkung der Therapiefreiheit. So sind die in Anlage 2 und 3 der NUB-Richtlinien aufgeführten Behandlungsmethoden in der vertragsärztlichen Versorgung nicht mehr abrechenbar; die Früherkennungsrichtlinien[394] enthalten Untersuchungsprogramme, die durchzuführen sind, Qualifikationsvorbehalte erlauben bestimmte Behandlungsmethoden in der vertragsärztlichen Versorgung nur nach einer Genehmigung durch die zuständige Kassenärztliche Vereinigung usw..

Die Zulässigkeit dieser Einschränkung der aus Art. 12 Abs. 1 GG[395] folgenden ärztlichen Therapiefreiheit ergibt sich aus der Dreistufentheorie des Bundesverfassungsgerichts.[396] Diejenigen Vorschriften, die allein die Art und Weise der Berufsausübung regeln, also z. B. eine bestimmte Therapiemethode vorschreiben oder verbieten,[397] bzw. die Art und Weise der Therapie festlegen, sind hiernach Eingriffe auf der niedrigsten Stufe, der Berufsausübung.[398] Eine Rechtfertigung für einen derartigen Eingriff ergibt sich nach der ständigen Rechtsprechung des BVerfG bereits aus Zweckmäßigkeitserwägungen, die insbesondere in vernünftigen Erwägungen des Allgemeinwohls bestehen können.[399] Subjektive Zulassungsbeschränkungen, die den Zugang zu einem Beruf von persönlichen Voraussetzungen abhängig machen, sind als Eingriffe auf der mittleren Stufe der Berufsfreiheit nach der Rechtsprechung zulässig, wenn ohne sie die Berufsausübung unmöglich oder unsachgemäß wäre

---

394 Kinder-, Mutterschaft-, Gesundheitsuntersuchung-, Krebsfrüherkennungs-RL (abgedruckt in GKV-Komm Nr. 5350, 5600, 5880; Liebold/Zalewski Rn. P 1, P 101, P 75, P 51).

395 Daneben besteht die Therapiefreiheit auch zum Schutz des Patienten aus Art 2 Abs. 2 GG, so daß sich hieraus eine Einschränkung verbieten kann. Vgl. ArbG Gelsenkirchen MedR 1997, 224; i. E. ebenso: Krauskopf/Schroeder-Printzen § 81 Rn. 18; SGB V-Komm.- Heintze § 92 Ziff. 4) zu 6.

396 St. Rspr; seit BVerfG 7, 377; vgl. BVerfGE 13, 97; 13, 181; 19, 337; 54, 301.

397 Wie z.B. die NUB-Richtlinien.

398 BVerfG NJW 1999, 2730.

399 Vgl. BVerfGE 13, 237, 240; 17, 232, 238 ff; 23, 50, 56; BSG MedR 1998,578, 580.

oder Gefahren oder Schäden mit sich brächte.[400]

Dem Zugang zur vertragsärztlichen Versorgung kommt wegen der Verbreitung der gesetzlichen Krankenversicherung in Deutschland die Bedeutung einer Berufswahlregelung zu.[401] Die Beschränkung auf nicht gesetzlich versicherte Patienten dürfte nur für wenige Ärzte wirtschaftlich durchführbar sein, so daß sich die Nichtzulassung zur vertragsärztlichen Versorgung faktisch wie ein Verbot der Berufsausübung insgesamt auswirkt. Soweit es jedoch nur um die Zulassung in Form der Qualifikationsvereinbarungen zu einem Ausschnitt der vertragsärztlichen Tätigkeit geht, ist zumindest die wirtschaftliche Überlebensfähigkeit des Arztes durch dessen generelle Zulassung regelmäßig gewährleistet. Mit der Einführung der Qualifikationsvoraussetzungen fallen lediglich einzelne Teile der ärztlichen Tätigkeit aus dem Katalog abrechnungsfähiger Leistungen heraus. Damit wird nur die Ausübung des Arztberufes, nicht jedoch der Zugang zu diesem, geregelt.[402] Qualifikationsvoraussetzungen sind demnach als Berufsausübungsregelungen zu bewerten. Sie stehen demzufolge als Eingriffe auf der ersten Stufe unter dem verfassungsrechtlichen Vorbehalt der vernünftigen Erwägungen des Gemeinwohls.[403]

Die Normen zur Qualitätssicherung haben je nach Ursprung zwei wesentliche Funktionen: Zum einen dienen sie der Leistungsfähigkeit des öffentlichen Gesundheitswesens,[404] zum anderen haben sie eine sichere Patientenversorgung zum Ziel (was insbesondere für die autonomen Normen der Ärzteschaft zutrifft). Sowohl die Leistungsfähigkeit der öffentlichen Gesundheitsversorgung als auch die Patientensicherheit sind vernünftige Erwägungen des Allgemeinwohls, die Eingriffe auf der unteren Stufe zu rechtfertigen vermögen.[405] In Anbetracht der aktuellen finanzpolitischen Schwierigkeiten des öffentlichen Gesundheitswesens

---

400 Vgl. BVerfGE 74, 84.

401 Vgl. BVerfG NJW 1999, 2730, 2731; Wimmer, NJW 1995, 1577, 1578.

402 BVerfG NJW 1999, 2730, 2731(Trennung zwischen hausärztlicher und fachärztlicher Versorgung ist lediglich Berufsausübungsregelung); BVerfG NJW 1999, 841, 844 (Facharztvorbehalt nach § 5 I BaySchwHEG); BSG MedR 1998, 578, 580 (Zytologie Vereinbarung nach § 135 II 2 SGB V).

403 BVerfG NJW 1999, 2730, 2731; 1992, 735, 736; 1988, 1899, 1900; 1985, 1385, 1388.

404 Dies sind hauptsächlich die aufgrund des SGB V erlassenen Normen.

405 Vgl. DGMR MedR 1997, 570, Ziff. II. 2., II. 5.

wäre die Abwehr wirtschaftlicher Gefahren für dieses überragend wichtige Gemeinschaftsgut darüber hinaus als Rechtfertigungsgrund für einen Eingriff auf zweiter Stufe anzuerkennen.

Weitere verfassungsrechtliche Voraussetzung einer Einschränkung der Berufsfreiheit ist die Verhältnismäßigkeit der Maßnahme. Diese muß also geeignet, erforderlich und angemessen sein.[406] Die Geeignetheit ergibt sich bereits aus der festgestellten Kompetenz der Normungsgremien.[407] Hiernach kann davon ausgegangen werden, daß die Normen den beabsichtigten Zweck einer sicheren, wirtschaftlichen und effektiven Patientenversorgung erfüllen können. Die Angemessenheit wiederum ergibt sich aus dem zugrunde liegenden Zweck, so daß diese sich regelmäßig decken.[408] So wäre es ein Widerspruch, die Notwendigkeit von Maßnahmen zur Abwehr von Gefahren für ein überragend wichtiges Gemeinschaftsgut zu bejahen, andererseits die (erfüllbaren) subjektiven Beschränkungen als schwerwiegender zu bewerten.

Allein die Erforderlichkeit der Qualifikationsvoraussetzungen und Genehmigungsvorbehalte könnte zweifelhaft sein, wenn es mildere Mittel zur Erreichung des Zwecks einer Stabilisierung der wirtschaftlichen Grundlagen des Gesundheitswesens gäbe. Qualifikationsvoraussetzungen gemäß § 135 Abs. 2 SGB V dürfen nur für Untersuchungs- und Behandlungsmethoden aufgestellt werden, die besondere Kenntnisse und Erfahrungen voraussetzen. Kenntnisse und Erfahrungen können nicht durch Berufsausübungsregelungen, wie z.B. Handlungsanweisungen ersetzt werden, da hierdurch nur einzelne Probleme erfaßt werden könnten. Ein Überblick in der Disziplin und das „handwerkliche Geschick" könnten hierdurch jedoch nicht vermittelt werden. Diese können nur in einer Ausbildung erworben werden.

Da es sich bei der Erteilung der Genehmigung um eine gebundene Entscheidung handelt, nach der die Genehmigung zu erteilen ist, wenn der Antragsteller die erforderlichen Voraussetzungen nachweist, steht der Zugang zu der Behandlungsmethode grundsätzlich jedem offen. Ein milderes, ebenso effektives Mittel zur Förderung der Qualität und damit der Wirtschaftlichkeit im Gesundheitswesen, als der Nachweis einer

---

406 Vgl. hierzu Francke, Berufsfreiheit und Patientenrechte, S. 224; BVerfGE 33, 125 = NJW 1972, 1504, 1507; BVerfG NJW 1999, 841, 844; 1999, 2730 (Psychotherapeut); BSG NJW 1999, 888, 890; 894.

407 Vgl. Francke; Berufsfreiheit und Patientenrechte, S. 224.

408 Vgl. allgemein Pieroth/Schlink Rn. 951.

bestimmten persönlichen und technischen Qualifikation, ist letztlich nicht gegeben, so daß die Verhältnismäßigkeit der Qualifikationsvorbehalte gegeben ist.[409]

Die ärztlichen Leitlinien sind als verfassungsrechtlich zulässige Berufsausübungsregeln dazu geeignet, die ärztliche Berufsfreiheit einzuschränken.

bb) Auswirkungen auf das Haftungsrecht

Die berufs- bzw. sozialrechtliche Einschränkung der Therapiefreiheit führt nicht ohne Weiteres auch zu einer haftungsrechtlichen Einschränkung. So richtet sich die haftungsrechtliche Beurteilung von Therapiewahl und Ausführung nach der Ansicht des betroffenen Verkehrskreises über die konkrete Behandlung.[410] Eine Behandlung, die hiernach als gleichwertig angesehen wird, ist nicht gefahrerhöhend und kann sich daher haftungsrechtlich nicht auswirken.[411]

In diesem Punkt liegt der grundlegende Unterschied zwischen Haftungs- und Sozialrecht: Während das Haftungsrecht bezüglich der Zulässigkeit der Therapiewahl allein auf die Gefahrenerhöhung abstellt, findet im Sozialrecht zudem der Gedanke der Wirtschaftlichkeit Berücksichtigung.[412] Die Wirtschaftlichkeit einer Behandlung weist diese zwar mittelbar wegen des Gedankens der Schadensprävention[413] als relativ ungefährlich aus. Sie enthält aber keine Wertung darüber, ob andere Behandlungsmethoden stets als gefährlicher zu betrachten sind. Vielmehr kann die Wertung auch darin bestehen, daß bei gleicher Wirksamkeit und Gefährlichkeit einer Methode aus wirtschaftlichen Gesichtspunkten der Vorzug zu geben ist. Hieraus ergibt sich, daß die Wahl einer abweichenden Methode nicht zwangsläufig eine Gefahrerhöhung darstellt.

---

[409] Dies hat das BSG, NJW 1999, 894 sogar für die Prüfung von Altrechtsinhabern bestätigt.

[410] S. o. Kap. 4. III. 1. d).

[411] Vgl. Marburger, Regeln der Technik, S. 472; Francke, Berufsfreiheit und Patientenrechte, S. 194; Vgl. Laufs NJW 1497, 1504; Bock, Der Chirurg 8/1996, S. 183, 184.

[412] Vgl. Nagel in Nagel/Fuchs, Leitlinien und Standards, S. 230, 234. Ulsenheimer, Der Frauenarzt 1998, 1540, 1543.

[413] S.o. 4. Kap. II. 2. und III. 2.

Insofern können die sozialrechtlichen Wertungen nicht auf das Haftungsrecht übertragen werden.

Die haftungsrechtliche Untersuchung eines normabweichenden Verhaltens muß daher stets die Möglichkeit berücksichtigen, daß eine Alternative mit gleichem Sicherheitsniveau gewählt worden sein kann.[414] So berichtet *Gerlach* über eine britische und eine niederländische Leitlinie zur Behandlung der Mittelohrentzündung bei Kindern.[415] Die Leitlinien unterscheiden sich dadurch, daß die britische Leitlinie die Verabreichung von Antibiotika vorschreibt, während sich die niederländische Leitlinie hiergegen ausspricht. Die Behandlungserfolge sind in beiden Fällen identisch. Allerdings stellt sich bei den mit Antibiotika behandelten Kindern früher Beschwerdefreiheit ein. Dafür ist das Auftreten von Nebenwirkungen hier höher. Soweit man wegen dieser Unterschiede nicht schon das Selbstbestimmungsrecht des Patienten berührt sehen sollte, dürfte die Wahl des Vorgehens im Ermessen des Arztes liegen. Eine Nichtbeachtung der Leitlinie könnte daher allenfalls einen Aufklärungsmangel begründen.[416]

Etwas anderes gilt hingegen für umstrittene Behandlungsmethoden, bei denen das Risiko nicht absehbar ist oder die Chancen nicht einheitlich beurteilt werden. Wird eine derartige Behandlungsmethode in einer Norm zu der Methode der Wahl erklärt, so ändert sich eigentlich nur wenig an der Umstrittenheit der Methode. Lediglich die Zahl ihrer Befürworter ist durch das Votum im Normungsverfahren gestiegen.[417] Andererseits liegt gerade in diesem Votum eine gewichtige Expertenaussage über die Anerkennung dieser Methode.[418] Aufgrund des Sachverstands und der Verantwortung des Gremiums ist es unwahrscheinlich, daß wirklich umstrittenen Methoden die Anerkennung ausgesprochen wird. Es verbleibt zwar die Gefahr, daß sich im Normungsgremium vertretene Anhänger einer Methode durchsetzen könnten, obwohl die Erkenntnisse über diese Methode noch nicht ausreichend sind. Wünschenswert wäre

---

414 Vgl. Marburger, VersR 1983, 597, 602 für den Bereich der technischen Sicherheit; Lenckner, FS. K. Engisch, S. 490, 498.

415 Gerlach, Leitlinien in der Medizin, S. 11.

416 Vgl. Hart in Hart, Ärztliche Leitlinien, S. 136, 145 f..

417 So wohl auch Vesting, NJW 1997, 1605, 1606; vgl. auch BGH MedR 1996, 271.

418 Steffen, FS. E. Deutsch, S. 799, 809; Bruns, ArztR 1998, 183, 185 spricht insofern von der „herrschenden Meinung" ; Raspe in Hart, Ärztliche Leitlinien, S. 119, 121.

es daher, die Beschlüsse des Gremiums wenigstens von einer qualifizierten Mehrheit abhängig zu machen.[419] Dennoch erscheint diese Gefahr in Anbetracht der Kontrollinstanzen in den Normungsverfahren als untergeordnet.[420] Zudem bewirkt auch hier die Verantwortlichkeit des Gremiums (wie z.B. Haftung und Reputation) die erforderliche Gewissenhaftigkeit bei der Normenerstellung. Daher dürfte es sich bei den umstrittenen Methoden, die im Normungsverfahren eine Anerkennung finden, wie auch im Beispiel des Cis-Platins, um Methoden handeln, die sich in der Praxis zwar noch nicht durchsetzen konnten, aber medizinisch hinreichend beurteilbar sind und als wirksam eingeschätzt werden. Soweit die Anerkennung dieser Methode nicht nur auf wirtschaftlichen Gründen, sondern auch auf medizinischer Überlegenheit basiert, stellt sie regelmäßig die Methode der Wahl dar. Ihre Anwendung erfordert grundsätzlich keine Aufklärung über das Bestehen von Behandlungsalternativen. Ihre Nichtanwendung wäre regelmäßig eine Gefahrerhöhung[421] und damit aufklärungspflichtig.

Dieses Ergebnis verdeutlicht sich, wenn man an diejenigen Methoden denkt, denen eine Anerkennung versagt wird, wie z. B. den in Anlage 2 der NUB-Richtlinien enthaltenen Methoden: Soweit eine Methode wegen vergleichsweise geringer Wirksamkeit oder größerer Gefährlichkeit nicht anerkannt wird, wird sie vom Normungsgremium zumindest als Außenseitermethode qualifiziert. Ihre Anwendung ist dann nach den Regeln des Versuchs[422] zu beurteilen, ihre Nichtanwendung unschädlich.[423]

---

419 So auch Marburger, BB 1985, Beilage 4 S. 22.

420 Vgl. oben 4. Kap. III. 2. Normen der Bundesärztekammer werden durch den Vorstand und die Landesärztekammern ratifiziert; Beschlüsse der Bundesausschüsse können von den beteiligten Institutionen und vom Bundesminister beanstandet werden usw.

421 Vgl. Carstensen/Schreiber, Akt. Chir. 25 (1990); S. 73 .

422 Medizinisch darf die Wirksamkeit nicht ausgeschlossen sein und der Patient muß vollends aufgeklärt werden, s. o. 4. Kap. III. 1. d). Die Aufklärung müßte sich zudem auf die Behandlungskosten beziehen, da die fragliche Leistung in der vertragsärztlichen Versorgung nicht abrechnungsfähig ist.

423 Vgl. zur ähnlichen Problematik der „Katalogoperation“ beim ambulanten Operieren: Bonvie, MedR 1993, 43, 47; Ulsenheimer, Chirurg BDC 4/1994, S. 83, 85.

f) Zusammenfassung und Ergebnis

Obwohl die Normen sich grundsätzlich an der für das Haftungsrecht maßgeblichen Gefahrengrenze ausrichten, ist die Bedeutung der Normen für die Bestimmung der Sorgfaltspflicht im Einzelfall eher gering. Wie bei jeder Normanwendung muß auch bei den medizinischen Leitlinien geprüft werden, ob die Voraussetzungen der Norm vorliegen. Hierher gehört die Frage nach der Aktualität der Norm, dem richtigen Patienten mit der richtigen Krankheit und dem Vorliegen der äußeren Behandlungsbedingungen. Sind die äußeren Behandlungsbedingungen nicht gewährleistet, so kann ein Übernahmeverschulden gegeben sein.

Da die Medizin von einem stetigen Fortschritt geprägt ist, erhöht sich die Wahrscheinlichkeit der Unzulänglichkeit der Norm mit deren zunehmendem Alter.

Wenn die Voraussetzungen der Norm gegeben sind, ist auf der anderen Seite zu prüfen, welche konkrete Aussage der Norm entnommen werden kann. Bei „Sollensnormen" und „Kann-Vorschriften" kann eine absolute Bindung gegeben sein, wenn die von der Norm vorausgesetzte Situation gegeben ist.

Soweit Normen durch ihre Nomenklatur in Standards, Richtlinien, Leitlinien und Empfehlungen differenziert werden, drückt sich auch hierin eine unterschiedlich starke Bindung durch die Norm aus: Standards und Richtlinien müssen grundsätzlich befolgt werden, Leitlinien sollen regelmäßig beachtet und Empfehlungen können befolgt werden.

Unbeschadet der berufs- oder sozialrechtlichen Wirkungen liegt nicht automatisch in jeder Normabweichung eine Sorgfaltspflichtverletzung. Zum einen kann der Normverstoß nur gering sein, so daß die Gefahr für den Patienten nicht erhöht worden oder die Bewertung als sorgfaltswidrig dem Gericht vorbehalten ist. Zum anderen erlaubt die Therapiefreiheit die Wahl anderer Behandlungsmethoden mit vergleichbarem Gefahrenpotential.

5. Kapitel: Auswirkungen der medizinischen Leitlinien auf die Beweislast

Die untersuchten Normen sind zwar weder als Schutzgesetze noch als verbindliche Festlegung der im Rahmen der Haftung nach §§ 276, 823 Abs. 1 BGB maßgeblichen ärztlichen Sorgfaltspflicht zu qualifizieren. Es konnte aber festgestellt werden, daß die Normen eine mehr oder weniger starke Konkretisierung der ärztlichen Sorgfaltspflichten darstellen können. An diese Feststellung muß sich zwangsläufig die Frage anschließen, welche beweisrechtlichen Folgen sich hieraus ergeben.[1]

I. Grundsätzliche Verteilung der Darlegungs- und Beweislast

Es besteht der Grundsatz, daß jede Partei die für sie günstigen Tatsachen darzulegen und zu beweisen hat (sog. subjektive Beweislast).[2] Günstig sind diejenigen Tatsachen, die den Tatbestand einer vorteilhaften Rechtsnorm ausfüllen.[3] In diesem Günstigkeitsprinzip findet sich die generelle Risikozuweisung des materiellen Rechts wieder.[4] Das Risiko der Nichtbeweisbarkeit der Anspruchsvoraussetzungen liegt damit bei § 823 Abs. 1 BGB beim Geschädigten. Hierin liegt auch eine prozessuale Fortführung der materiellen Handlungsfreiheit, da der Handelnde nicht stets die Möglichkeit der eigenen Entlastung zu bedenken braucht.[5] Somit liegt die Beweislast für den Tatbestand des § 823 Abs. 1 BGB, der Handlung, der Verletzung, der zwischen diesen beiden Elementen bestehenden Kausalität und des Verschuldens grundsätzlich beim klagenden Patienten.[6] Der Patient muß folglich zunächst die Tatsachen vortra-

---

[1] Diese Frage wird vereinzelt gesehen, vgl. Hart, MedR 1998, 8, 13; DGMR, MedR 1997, 570, 7lff III. 3.

[2] Baumgärtel/Wittmann, FS. K. Schäfer, S. 13; Zöller-Greger Vor § 284 Rn. 18; Thomas/Putzo Vorbem. § 284 Rn. 23.

[3] Thomas/Putzo Vorbem. § 284 Rn. 23; Deutsch, in Kurzrock, Medizin: Ethos und soziale Verantwortung, S. 37, 44; BVerfG NJW 1978, 1925, 1928.

[4] Zöller-Greger Vor § 284 Rn. 17; Schellhammer, Zivilprozeß Rn. 386.

[5] Vgl. Deutsch, Medizinrecht, Rn. 302; ausführlich Baumgärtel/Wittmann, FS. K. Schäfer, S. 13 ff.; Laufs/Uhlenbruck-Laufs § 107 Rn. 4; BGH NJW 1978, 1681, 1682.

[6] BGH NJW 1987, 1482; 1988, 2949; Soergel-Zeuner § 823 Rn. 317; Deutsch, VersR 1983, 993, 995; Staudinger-Hager § 823 Rn. I 42; Baumgärtel, Gedächt-

gen, aus denen sich ergibt, daß er durch ein Tun oder Unterlassen des Arztes geschädigt worden ist. Aus diesen Tatsachen muß sich zudem das Verschulden des Arztes ergeben. Hierbei wird der Patient auf Schwierigkeiten stoßen, da er als Nichtmediziner zumeist nicht in der Lage sein wird, die Behandlung zu beschreiben, wiederzugeben welche Instrumente verwendet oder Mittel verabreicht worden sind etc.. Gänzlich unmöglich ist die Darlegung im Falle der Vollnarkose. Aus diesen Schwierigkeiten resultiert die grundsätzliche[7] Berechtigung des Patienten zur Einsichtnahme in die Krankenakte.[8] Anhand der hierin enthaltenen ärztlichen Dokumentation der Behandlung kann der Patient nunmehr die Fehlerhaftigkeit der Behandlung prüfen und ggf. gegenüber dem Gericht darlegen.[9] Dabei muß der Patient lediglich die Tatsachen vortragen, aus denen sich ein Verschulden ergeben soll. An die Substantiierungspflicht werden hierbei nur maßvolle Anforderungen gestellt, da der Patient und sein Anwalt regelmäßig nicht über das erforderliche medizinische Fachwissen verfügen.[10] Die rechtliche Bewertung dieser Tatsachen als Verschulden obliegt stets dem Gericht.[11]

Die Verletzung der inneren Sorgfalt braucht der Patient in der Regel nicht zu beweisen, da es sich hierbei um einen seelisch-intellektuellen Vorgang handelt. Diese inneren Momente liegen in der Sphäre des Arztes und können vom Geschädigten naturgemäß nicht dargelegt, ge-

---

nisschrift für R. Bruns, S. 93; Giesen, JZ 1982, 448, 449; Uhlenbruck, NJW 1965, 1057, 1058.

7 Grundsätzlich insofern, als daß Ausnahmen zum Schutz des Patienten vor Kenntnis der Diagnose (z. B. im Bereich der Onkologie oder Psychatrie) bestehen. Ebenso braucht der Arzt seine persönlichen Anmerkungen zur Person des Patienten in den Krankenakten nicht herauszugeben. Vgl. BVerfG NJW 1999, 1777.

8 BGH VersR 1956, 499; 1960, 253; Steffen/Dressler, Arzthaftungsrecht Rn. 455 ff.; Palandt-Thomas § 810 Rn 4.

9 Auf die Fälle der unzureichenden oder manipulierten Dokumentation soll hier nicht eingegangen werden. Vgl. dazu Deutsch, Medizinrecht Rn. 310 ff.; MK-Mertens § 823 Rn. 414 ff.

10 Vgl. Steffen in Chirurgie und Recht, S. 35, 45; Heilmann, NJW 1990, 1513, 1519; Kaufmann, Beweislastproblematik, S. 12; ausführlich zum Verfahrensablauf im Arzthaftungsprozeß: Schmid, NJW 1994, 767, 768; kritisch: Stürner, NJW 1979, 1225 ff.

11 „iura novit curia" vgl. BGH NJW 1973, 2297, 2208 (Frage des Verschuldens bei sich widersprechenden Sachverständigengutachten); BGH NJW 1986, 1985, 1986 (Sittenwidrigkeit).

schweige denn bewiesen werden.[12] Aus diesem Grunde wird bei Verletzung der äußeren Sorgfalt die Beweislast für die Verletzung der inneren Sorgfalt umgekehrt oder zumindest durch Annahme eines Anscheinsbeweises[13] verringert.[14] Der Handelnde hat dann beispielsweise darzulegen, daß er die verletzte Sorgfaltspflicht weder kannte noch kennen mußte oder daß er in der konkreten Situation davon ausgehen durfte, daß die gewählte Vorgehensweise zu der erforderlichen Gefahrsteuerung geeignet sei.[15]

II. Die Beweiserleichterungen im Arzthaftungsrecht

1. Der Anscheinsbeweis

Der Anscheinsbeweis mindert das erforderliche Beweismaß von der nahezu absoluten Überzeugung auf eine Überzeugung nach der angewandten Lebenserfahrung.[16] Diese Beweismaßreduzierung begründet eine tatsächliche Vermutung, wenn dem ersten Anschein nach (prima facie) ein derart typischer Ablauf gegeben ist, daß nach der Lebenserfahrung in dem konkreten Fall von dem Erfolg auf die Ursache oder von

---

[12] Vgl. Deutsch, NJW 1976, 2289, 2292; Spickhoff, Gesetzesverstoß und Haftung, S. 310 f. zieht eine Parallele von den intellektuellen Vorgängen zu den innerbetrieblichen Vorgängen der §§ 831, 836 BGB; Stoll, FS. F. von Hippel S. 517, 554.

[13] Trotz terminologischem Unterschieds ergibt sich im Ergebnis kein Unterschied. Wie v. Bar, Verkehrspflichten, S. 292 aufzeigt, gelingt hier die Widerlegung des Anscheinsbeweises in der Praxis nicht.

[14] Vgl. Deutsch, Unerlaubte Handlungen, Rn. 121; ders. JZ 1990, 737; Fahrenhorst, ZRP 1992, 60, 62; Baumgärtel, Handbuch der Beweislast, § 823 I Rn. 28; ders. Gedächtnisschrift für R. Bruns, S. 93, 95; Thomas-Putzo § 284 Vorbem. 28; BGH NJW 1986, 2757, 2758 (Anscheinsbeweis für Erkennbarkeit der Schadhaftigkeit des Fußbodenbelages).

[15] Vgl. Deutsch, Haftungsrecht Rn. 392; Marburger, Regeln der Technik, S. 446; v. Bar, JuS 1988, 169, 173.

[16] Zum Anscheinsbeweis siehe: MK-ZPO-Prütting § 286 Rn 47 ff.; Stein/Jonas-Leipold § 286, Rn. 87 ff.; Schellhammer, Zivilprozeß Rn. 518; Diederichsen, VersR 1966, 211 ff.; Greger, VersR 1980, 1091 ff.; Stück, JuS 1996, 153 ff.; Musielak/Stadler, JuS 1980, 583, 584; s. auch die umfangreiche Kasuistik bei Geiß/Greiner, Arzthaftpflichtrecht Rn. 231 ff. und bei Steffen/Dressler, Arzthaftungsrecht Rn. 495 ff.

der Ursache auf den Erfolg geschlossen werden kann.[17] Damit kann der Anscheinsbeweis in zwei Problemkreisen Einsatz finden: Entweder bei der Kausalität, wenn eine bestimmte Handlung typischerweise zu einem bestimmten Erfolg führt,[18] oder beim Verschulden, wenn ein bestimmter Erfolg regelmäßig auf eine bestimmte (schuldhafte) Handlung zurückzuführen ist.[19] Die Heranziehung des Anscheinsbeweises ist sachnotwendig nur möglich, wenn entweder die Kausalität oder die Handlung bzw. Unterlassung feststeht. Hierfür ist das absolute Beweismaß erforderlich.

Da der Anscheinsbeweis lediglich eine tatsächliche Vermutung begründet, kann er dadurch entkräftet werden, daß der Schädiger die ernsthafte Möglichkeit eines anderen Verlaufs darlegt und ggf. beweist. Er braucht folglich nicht zu beweisen, daß er den Erfolg nicht verschuldet hat oder daß sein Verhalten nicht kausal war. Er braucht nur zu beweisen, daß eine andere Ursache im konkreten Fall kausal gewesen sein kann.[20] Gelingt ihm dieser Beweis, so trägt der Kläger wieder die ursprüngliche Beweislast.

a) Anscheinsbeweis für das Verschulden

Im Zusammenhang mit den medizinischen Normen kommt dem Anscheinsbeweis für die Verletzung der äußeren Sorgfalt keine Bedeutung zu. Da der Anscheinsbeweis hier durch eine Betrachtung des Erfolges, also der Verletzung des Patienten, gewonnen wird,[21] nehmen Normen

---

17 Deutsch, Medizinrecht Rn. 305; Schellhammer, Zivilprozeß Rn. 518; Uhlenbruck, NJW 1965, 1057, 1058; BGH VersR 1991, 195, 196 spricht von einem „Muster".

18 Vgl. Müller, NJW 1997, 3049, 3051; Geiß/Greiner, Arzthaftpflichtrecht Rn. 231; Laufs/Uhlenbruck-Laufs § 108 Rn. 1; Baumgärtel; Handbuch der Beweislast, § 823 I Rn. 13; Greger, VersR 1980, 1091, 1092.

19 Vgl. Deutsch, in Kurzrock, Medizin Ethos und soziale Verantwortung, S. 37, 44; Steffen/Dressler, Arzthaftungsrecht Rn. 495; Diederichsen, VersR 1966, 211, 213; Uhlenbruck, NJW 1965, 1057, 1058; Stück, JuS 1996, 153; Musielak/Stadler, JuS 1980, 583, 585; BGH NJW 1991, 230, 231; OLG Hamm VersR 1978, 332, 333; LG Koblenz NJW 1988, 1521, 1522.

20 Deutsch, Medizinrecht Rn. 306; MK-Mertens § 823 Rn. 407; Baumgärtel, Gedächtnisschrift für R. Bruns, S. 93, 95; Soergel-Zeuner § 823 Rn. 331; Fahrenhorst, ZRP 1992, 60, 62; Stein/Jonas-Leipold § 286, Rn. 97 f.; Stück, JuS 1996, 153, 157; BGH NJW 1953, 584; 1978, 2032, 2033.

21 Vgl. Musielak/Stadler, JuS 1980, 583, 585; Uhlenbruck, NJW 1965, 1057, 1058;

keinen Einfluß auf diese Beweisform. Ein Erfolg - wie beispielsweise ein in der Wunde zurückgelassener Tupfer - spricht entweder nach der Lebenserfahrung aus sich heraus für ein bestimmtes Fehlverhalten oder er enthält keine Aussage hierüber.[22] Die Existenz einer Norm vermag diesen Zusammenhang jedenfalls nicht zu begründen. Die Norm kann allenfalls Auskunft über einen derartigen Zusammenhang geben.

In Bezug auf die Verletzung der inneren Sorgfalt besteht bereits die eingangs beschriebene Beweiserleichterung. Die Vorhersehbarkeit der Gefahr spiegelt sich in der Norm wider, wenn die Norm Schäden in der Art des eingetretenen Schadens verhindern sollte. Die Tatsache der Existenz der Norm spricht für die allgemeine Vorhersehbarkeit der Gefahr. Insofern wird hier deutlich, daß nur der Handelnde in der Lage ist, aufzuklären, warum die Vorhersehbarkeit im konkreten Fall entgegen dem in der Norm zum Ausdruck kommenden Erfahrungssatz nicht gegeben sein soll.[23]

Auf der anderen Seite vermag der Umstand, daß eine Norm eine Behandlungsmethode in ihren Einzelheiten beschreibt und für den Arzt verbindlich festschreibt insofern zu einer Entlastung führen, als der Arzt nur offensichtliche Fehler der Norm erkennen muß.[24] Enthält eine Norm einen nicht offensichtlichen Fehler, so ist ihre Anwendung zwar gefahrerhöhend und damit äußerlich unsorgfältig. Der Arzt darf aber auf die Fehlerfreiheit der Norm vertrauen. Daher kann der beklagte Arzt den Anschein der Verletzung der inneren Sorgfalt erschüttern, wenn er sich auf die Norm beruft. Der Kläger hätte wieder die volle Darlegungs- und Beweislast für die Verletzung der inneren Sorgfalt.[25] Dieser könnte er beispielsweise durch den Nachweis konkreter Hinweise in der einschlägigen Fachliteratur auf die Unzulänglichkeit der Norm genügen.[26]

Kaufmann, Beweislastproblematik, S. 25 f.; Greger, VersR 1980, 1091, 1094; MK-ZPO-Prütting § 286 Rn. 67; Zöller-Greger Vor § 284 Rn. 30 a.

22 Zum Anscheinsbeweis für das Verschulden Lepa, FS. E. Deutsch, 635 ff.

23 Vgl. Deutsch, NJW 1976, 2289, 2292; ders., Unerlaubte Handlungen Rn. 121; Spickhoff, Gesetzesverstoß und Haftung, S. 310 ; Stoll, FS. F. von Hippel, S. 517, 554.

24 BGH NJW 1970, 1963, 1964; Marburger, Regeln der Technik, S. 467 f.

25 Vgl. Schellhammer, Zivilprozeß, Rn. 404.

26 Vgl. OLG Düsseldorf VersR 1987, 414, 415.

b) Anscheinsbeweis der Kausalität

Steht fest, daß dem Handelnden ein Verschulden zur Last fällt, das in der Normabweichung liegt, dann stellt sich die Frage, welche Schlüsse hieraus auf die Kausalität[27] gezogen werden können. In der medizinrechtlichen Literatur wird wegen der generellen Schadenseignung einer Abweichung eine Kausalitätsvermutung für sachgerecht erachtet.[28] Für den Bereich der Schutzgesetze[29], der Unfallverhütungsvorschriften[30] sowie der Verkehrssicherungspflichten[31] wurde dieser Schritt bereits vollzogen. Hier gilt die Kausalitätsvermutung, wenn eine Vorschrift nicht beachtet wurde, die den eingetretenen Erfolg seiner Art nach verhindern sollte.[32]

Unbeschadet der Frage einer dogmatischen Einordnung des Anscheinsbeweises[33] ist für dessen Annahme zunächst erforderlich, daß es sich bei dem zu beurteilenden Sachverhalt um einen regelmäßig wiederkehrenden Vorgang handelt, für den eine Verkettung von Ursachen typisch

---

27 Die haftungsbegründende Kausalität zwischen Handlung und Verletzung dient allein dazu, zufällige Schäden aus dem Verantwortungsbereich des Handelnden herauszunehmen. Nach der condicio sine qua non Formel ist die Kausalität gegeben, wenn sich die in Frage stehende Handlung nicht wegdenken (bzw. beim Unterlassen hinzudenken) läßt, ohne daß der Erfolg entfiele; vgl. Deutsch, Unerlaubte Handlungen, Rn. 41 ff.; Giesen, Arzthaftungsrecht Rn. 181 ff.

28 Hart, MedR 1998, 8, 13 f. unter Berufung auf die Rechtsprechung zur Umwelthaftung bei Verstoß gegen Verwaltungsrichtlinien (BGH NJW 1997, 2748); Pflüger, RdM 2000, 99, 105; hiergegen wohl Ulsenheimer, Der Frauenarzt 1998, 1540, 1543.

29 So BGH VersR 1968, 1144; 1975, 1007, 1008; 1984, 40; 41; 1986, 916, 917; Soergel-Zeuner § 823 Rn. 340.

30 BGH VersR 1953, 335; 1961, 160; 1963, 835; 1974, 263; 1978,74; 1984, 775; BGH NJW 1984, 360; 1987, 2445; OLG Hamm, VersR 1985, 671.

31 BGH NJW 1999, 2593; 1991, 2021 (DIN-Norm);1994, 945; RGRK-Steffen § 823 Rn. 520.

32 Vgl. BGH VersR 1964, 1082; 1975, 1007,1986, 916, 917; Staudinger-Hager § 823 Rn. E 72 und G 39; Greger, VersR 1980, 1091, 1097; Diederichsen, VersR 1966, 211, 219; Soergel-Zeuner § 823 Rn. 339; Zöller-Greger Vor § 284 Rn. 30.

33 Umfassend zu den verschiedenen Ansichten: Bodenburg, Der ärztliche Kunstfehler, S. 30 ff.; Greger, VersR 1980, 1091 ff.; s. hierzu neuerdings Spickhoff, Gesetzesverstoß und Haftung, S. 315 ff., der den Anscheinsbeweis der haftungsbegründenden Kausalität § 287 ZPO zuordnet.

ist.[34] Typizität bedeutet dabei nicht, daß der Zusammenhang bei allen Sachverhaltsvarianten immer notwendig gegeben ist. Er muß aber so häufig vorkommen, daß die Wahrscheinlichkeit einen solchen Fall vor sich zu haben sehr groß ist,[35] so daß sich aufgrund des Erfahrungssatzes der Schluß auf die Kausalität aufdrängt.[36] Die Beurteilung dieser Wahrscheinlichkeit richtet sich dabei nach der allgemeinen oder fachspezifischen Lebenserfahrung. Die bloße Wahrscheinlichkeit oder erhöhte Wahrscheinlichkeit reicht für die Annahme eines Anscheinsbeweises nicht aus.[37]

Wenn in dem konkreten Fall ein Verschulden festgestellt wurde, das zugleich in der Normabweichung liegt, so steht damit fest, daß die Gefahr des Schadenseintritts konkret erhöht wurde, da die Gefahrerhöhung Voraussetzung des Verschuldens ist.[38] Gefahrerhöhung bedeutet Erhöhung der Wahrscheinlichkeit des Eintritts des durch die Norm zu verhütenden Schadens. Allerdings ist damit noch nicht gesagt, daß die Wahrscheinlichkeit des Schadenseintritts dermaßen erhöht ist, daß man bereits abstrakt von einer typischen Verkettung sprechen könnte. Gerade im Bereich der medizinischen Heilbehandlung sind die Bedingungszusammenhänge oftmals im Verborgenen und selten typisch.[39] Selbst in den Fällen, in denen die gesicherte Erfahrung besteht, daß eine bestimmte Handlung oder Unterlassung zu einem bestimmten Erfolg führt, kann nicht von einer Erfahrung ausgegangen werden, daß der Erfolg bei Nichtvornahme der schädlichen bzw. Vornahme der gebotenen Handlung vermieden worden wäre.[40] Im Bereich der ärztlichen Heilbehandlung besteht in den meisten Fällen die Möglichkeit einer anderen Scha-

---

[34] MK-ZPO-Prütting § 286 Rn. 55; Greger, VersR 1980, 1091, 1092; Stück, JuS 1996, 153, 155; BGH VersR 1991, 460, 461 f.; BGH NJW 1991, 230, 231; 1994, 945, 946.

[35] BGH NJW 1997, 528, 529; VersR 1991, 460, 461.

[36] BGH NJW 1991, 230, 231: Nichtanlegen des Sicherheitsgurtes ist nach aller Erfahrung kausal für Gesichtsverletzungen.

[37] Uhlenbruck, NJW 1965, 1057, 1059; Kleinewefers/Wilts, VersR 1967, 617, 619; MK-ZPO-Prütting § 286 Rn. 55 ff.; Musielak/Stadler, JuS 1980, 583, 585; Stück, JuS 1996, 153, 155; BGH NJW 1957, 1230.

[38] 4. Kap. III. 1.

[39] Vgl. Deutsch, NJW 1993, 1506, 1510; Heilmann, NJW 1990, 1513, 1515; Weber, NJW 1997, 761, 765 f.; Fahrenhorst, ZRP 1992, 60, 63; Müller, NJW 1997, 3049, 3051 f.

[40] Vgl. Prütting, FS. Landgericht Saarbrücken; S. 257, 259; Schmid, NJW 1994, 767, 771.

densursache: Die Krankheit und der Patient. Im menschlichen Körper entwickeln sich Krankheiten als Schadensursachen, die oftmals den Erfolg auch ohne den ärztlichen Fehler herbeigeführt hätten.[41]

Hierin liegt der entscheidende Unterschied zu den Fallgestaltungen der Schutzgesetz-, UVV- oder Verkehrspflichtverletzungen: Dort liegt meist keine Schadensanlage vor, so daß das von außen kommende manifeste Ereignis, die gegen die Vorschrift verstoßende Handlung, regelmäßig ohne weiteres als Schadensursache auszumachen ist und eine Erfahrung dafür spricht, daß nicht eine andere, unbekannte Ursache den Schaden verursacht hat.

Hieraus folgt zwar nicht, daß es keinen Anscheinsbeweis im Bereich der Arzthaftung geben könnte.[42] Es ergibt sich jedoch die Unmöglichkeit, aus dem Verstoß gegen eine abstrakte Norm auf die Ursächlichkeit im konkreten Fall zu schließen.[43] Die für den Anscheinsbeweis erforderliche Typizität wird regelmäßig auf den Einzelfall beschränkt sein. Dies dürfte selbst für die Normen gelten, die patientenunabhängig einen bestimmten Erfolg verhindern sollen:

Bei Normen, die Strukturvoraussetzungen aufstellen, besteht zunächst das Problem, daß Normverstöße von verschiedener Intensität möglich sind.[44] So kann beispielsweise die Wand eines OP-Raumes entgegen § 4 Abs. 3 a) der Vereinbarung zum ambulanten Operieren[45] überhaupt nicht oder aber nur einen Zentimeter zu niedrig verfliest sein. In letzterem Fall dürfte die Infektionsgefahr wohl kaum signifikant erhöht sein, so daß die Lebenserfahrung keinen Rückschluß auf die Kausalität erlaubt.[46]

---

41 Vgl. Deutsch, NJW 1976, 2289; MK-Mertens § 823 Rn. 406; Laufs, NJW 1977, 1081, 1082; Heilmann, NJW 1994, 767, 771; Baumgärtel, Gedächtnisschrift für R. Bruns, S. 93, 95 f.

42 Der Anwendungsbereich des Anscheinsbeweises ist aus diesem Grund in der Arzthaftung jedoch stark eingeschränkt. Vgl. Kleinewefers/Wilts, VersR 1967, 617, 623; Heilmann, NJW 1994, 767, 771; Fahrenhorst, ZRP 1992, 60, 63; Müller, NJW 1997, 3049, 3051 f.; Lepa, FS E. Deutsch; S. 635, 637; Baumgärtel, Gedächtnisschrift für R. Bruns, S. 93, 95 f.

43 Dressler in Hart, Ärztliche Leitlinien, S. 161, 168 f.; im Ergebnis wohl ebenso: Franzki, Beweisregeln, S. 84; Sick, Beweisrecht im Arzthaftpflichtrecht, S. 87; Steffen, FS. E. Deutsch, S. 799, 809.

44 S. o. 4. Kap. III. 3. d).

45 Abgedruckt in Liebold/Zaleweski Rn. V 403.

46 Nach OLG Köln VersR 1977, 824 begründet eine derartig geringe Abweichung

Selbst in dem ersten, extremen Fall, spricht die Lebenserfahrung nicht für einen typischen Zusammenhang zwischen dem Verstoß gegen die Hygienevorschrift und der eingetretenen Infektion, da eine Vielzahl von Infektionsmöglichkeiten besteht.[47] Ein typischer Zusammenhang wird sich bei den Infektionsfällen nur aus den Umständen des Einzelfalles herleiten lassen.[48]

Gleiches gilt für die Qualifikationsvoraussetzungen. Es mag sich zwar als Sorgfaltspflichtverletzung darstellen, daß ein Arzt eine Behandlungsmethode, beispielsweise eine Ultraschalluntersuchung, durchführt, obwohl er die Qualifikationsvoraussetzungen hierfür nicht erfüllt. Ob bei dieser Untersuchung ein Befund übersehen wurde, der für einen ausreichend qualifizierten Arzt erkennbar gewesen wäre, läßt sich hingegen nicht allgemein feststellen.[49] So spricht selbst beim Unterlassen einer durch eine Leitlinie vorgeschriebenen Vorsorgeuntersuchung keine allgemeine Erfahrung für die Vermeidbarkeit der später eingetretenen Erkrankung. Die Erkrankung kann entweder erst kurz nach der Untersuchung aufgetreten sein, im Zeitraum der Untersuchung noch unerkennbar[50] oder bereits unaufhaltbar fortgeschritten[51] sein. In diesen Fällen hätte die Durchführung der Untersuchung den Erfolgseintritt nicht verhindern können. Die Pflichtwidrigkeit hätte sich also nicht ausgewirkt.[52]

---

gegen bauordnungsrechtliche Vorschriften auch keine Verkehrspflichtverletzung.

47 Ausführlich zur Infektion als Zurechnungsgrund: Deutsch, NJW 1986, 757.

48 Vgl. zur HIV-Infektion durch kontaminierte Blutkonserve BGH NJW 1991, 1948 mit Anm. Deutsch, NJW 1991, 1937; entscheidend in diesen Fällen für die Annahme des Anscheinsbeweises ist der Nachweis der Infektion des Spenders - ein Zusammenhang, den die Norm naturgemäß nicht wiedergeben kann. Vgl. auch OLG Düsseldorf NJW 1996, 1599, 1600; Steffen/Dressler, Arzthaftungsrecht Rn. 497 a.

49 Siehe zu der vergleichbaren Problematik des Fahrens ohne Fahrerlaubnis Staudinger-Schäfer (12. Auflage) Vorbem. zu §§ 823 ff. Rn. 145; BGH VersR 1959, 277.

50 OLG Hamm, AHRS 1820/5.

51 OLG Düsseldorf, AHRS 1820/2; OLG Hamm, AHRS 1820/6; OLG Celle AHRS 1820/7; OLG Hamm, AHRS 1820/8.

52 Vgl. OLG Düsseldorf AHRS 0810/13; OLG Düsseldorf VersR 1980, 171; OLG Frankfurt VersR 1979, 39. Vgl. auch Spickhoff, NJW 2000, 848, 849 (Anm. zu OLG Frankfurt NJW 2000, 875) zu der Frage der Kausalität der Nichtaufklärung der Lebensgefährtin eines HIV-Patienten über dessen Infektion durch den gemeinsamen Hausarzt.

Hiervon zu unterscheiden sind die Fälle, in denen eine Leitlinie den Patienten wie eine Unfallverhütungsvorschrift oder eine Verkehrspflicht vor bestimmten Gefahren schützen soll, die sich krankheits- und patientenunabhängig verwirklichen.[53] Für Schädigungen wie Verbrennungen, Verstrahlungen und elektrische Schläge kommt nur das medizinische Gerät als Schadensursache in Betracht.[54] Bei einem Verstoß gegen eine Leitlinie, die den eingetretenen Schaden verhindern soll, dürfte die Ursächlichkeit des Verstoßes für den Schaden nach der Lebenserfahrung auf der Hand liegen.[55] Gleiches gilt für Vorkehrungen, die den Patienten vor sonstigen Gefahren - wie etwa einem Sturz von der Behandlungsliege[56]- schützen sollen. Da es sich hierbei um generell beherrschbare Risiken jenseits der Unberechenbarkeit des menschlichen Organismus handelt, besteht nach ganz h. M. zudem eine Beweislastumkehr gemäß § 282 BGB analog für das Verschulden.[57]

2. Beweislastumkehr gemäß § 282 BGB

§ 282 BGB enthält eine generelle Beweislastumkehr für das Vertretenmüssen der Unmöglichkeit zu Lasten des Gläubigers. Diese Beweislastumkehr wird in vielen Fällen der positiven Vertragsverletzung für das Vertretenmüssen des Gläubigers entsprechend angewandt. Da jede Körper- und Gesundheitsverletzung im Rahmen des § 823 Abs. 1 BGB zugleich eine Nebenpflicht des Behandlungsvertrages verletzt, ist von *Giesen* versucht worden, § 282 BGB für die Arzthaftung fruchtbar zu

---

53 Ähnlich Lepa, FS E. Deutsch, S. 635, 638 f.; so wohl auch Dressler, zitiert bei Danner, MedR 1999, 242, 243;

54 Vgl. BGH NJW 1994, 1594; OLG Saarbrücken VersR 1991, 1289.

55 Vgl. allgemein Baumgärtel, Handbuch der Beweislast, § 823 II Rn. 49; Kleinewefers/Wilts, VersR 1967, 617, 623; Staudinger-Schäfer § 823 Rn. 145. Dies gilt freilich nur dort wo die Gefahrenquelle nicht unmittelbar zur Therapie verwendet wird wie z. B. Strahlentherapie oder Defibrilator. Hier sind Schädigungen oftmals nicht vermeidbar.

56 LG Koblenz NJW 1988, 1521.

57 Laufs, Arztrecht Rn 619; ders., Handbuch des ArztR § 107 Rn. 4; Deutsch, Medizinrecht Rn. 303; Baumgärtel, Handbuch der Beweislast, § 823 Anh. C II Rn. 90; BGH NJW 1978, 584; 1981,2002; 1991, 1540; Weber, NJW 1997, 761 ff. Zur Beherrschbarkeit von Lagerungsschäden: BGH NJW 1984, 1403; 1985, 2192; vgl. demgegenüber BGH NJW 1995, 1618: nicht beherrschbar bei unerkennbarer körperlicher Anomalie.

machen.[58] Die von § 282 BGB vorausgesetzte objektive Pflichtverletzung kann freilich im Bereich der ärztlichen Heilbehandlung mangels Erfolgsgarantie nicht vorausgesetzt werden, sondern muß vom Patienten bewiesen werden. Die analoge Anwendung des § 282 BGB soll sich lediglich auf das „Nichtvertretenmüssen"[59], also die Verletzung der inneren Sorgfalt, beziehen. Die Rechtsprechung und die herrschende Lehre haben sich dem nicht angeschlossen, da die Natur der ärztlichen Heilbehandlung eine Beweislastumkehr zu Lasten des Arztes verbietet.[60] § 282 BGB setzt Erfolgssicherheit voraus, die wegen der behandlungsimmanenten Risiken in der Medizin grundsätzlich nicht erreichbar ist. Die Undurchschaubarkeit des menschlichen Organismus verbietet einen allgemeinen Rückschluß von einem Fehlschlag oder Zwischenfall auf ein Fehlverhalten oder Verschulden des Arztes.[61]
Soweit über diese generelle Beweislastumkehr gemäß § 282 BGB für das Verschulden diskutiert wird, vollzieht sich dies unabhängig von der Existenz der Normen. Da der Patient nicht darzulegen bzw. zu beweisen hat, wie der Arzt sich hätte verhalten müssen, sondern nur wie sich der Arzt verhalten hat (bzw. im Fall des Unterlassens, was der Arzt nicht getan hat), bringt ihm der Normverstoß keine beweisrechtlichen Vorteile bezüglich der Sorgfaltswidrigkeit.

Aus dem Umstand, daß der Arzt nicht das in der Norm vorgeschriebene Verhalten erbracht hat, läßt sich eine allgemeine Beweislastumkehr gemäß § 282 BGB nicht begründen. Da § 282 BGB im Bereich der Arzthaftung ausnahmsweise Anwendung findet, wenn die Schadensursache nicht in dem undurchschaubaren menschlichen Organismus als schicksalhafter Verlauf liegen kann, sondern in der Verwirklichung voll beherrschbarer Risiken,[62] würde eine Anwendung des § 282 BGB voraussetzen, daß die Beachtung der Norm zur Beherrschbarkeit des einge-

---

[58] Giesen Arzthaftungsrecht, Rn. 375 ff.; ders., JZ 1982, 445 ff.

[59] Palandt-Heinrichs § 282 Rn. 7, 16.

[60] Deutsch, Medizinrecht Rn. 304; Laufs/Uhlenbruck-Laufs § 107 Rn. 4; Fahrenhorst, ZRP 1992, 60, 62; Müller, NJW 1997, 3049; Weber, NJW 1997, 761 ff.; Baumgärtel, JZ 1992, 321, 322.

[61] BGH NJW 1977, 1102, 1103; 1978, 1681; 1980, 1333; 1991, 1540, 1541; BGH VersR 1969, 310, 312; 1980, 428; Fahrenhorst, ZRP 1992, 60, 62; Müller, NJW 1997, 3049; Laufs/Uhlenbruck-Laufs § 107 Rn. 4; Weber, NJW 1997, 761; Kaufmann, Beweislastproblematik, S. 21.

[62] S.o. vorletzte Fußnote sowie BGH NJW 1994, 1594 (Auslaufen heißen Wassers aus Gummiwärmflasche); BGH NJW 1984, 1400 (Entkoppelung des Infusionssystems); BGH NJW 1978, 584 (Defekt des Narkosegerätes).

tretenen Risikos geführt hätte. Damit ist jedoch wieder alles beim Alten, da diese Beherrschbarkeit im organisch - physiologischen Bereich so gut wie nie besteht.[63] Eine Beweislastumkehr gemäß § 282 BGB kann sich folglich nur im Einzelfall nach den allgemeinen Grundsätzen ergeben. Aus der Nichtbeachtung einer Norm folgt sie jedenfalls nicht.

Der objektive Pflichtverstoß muß dem Arzt unabhängig von der Frage einer Normabweichung grundsätzlich vom Patienten nachgewiesen werden. Demgegenüber unterliegt die Feststellung der Verletzung der inneren Sorgfalt ohnehin der eingangs beschriebenen Beweiserleichterung, so daß auch hier die Anwendung des § 282 BGB faktisch nicht weiterführen würde.[64]

Eine Beweislastumkehr zu Lasten des Arztes für den objektiven Pflichtverstoß, den Behandlungsfehler, verbietet sich zudem aus dem Gesichtspunkt der ärztlichen Therapiefreiheit.[65] Wie bereits dargelegt wurde,[66] besteht diese soweit die gewählte Behandlungsmethode die Gefahren für den Patienten nicht erhöht. Aus der Tatsache, daß nicht automatisch von einer Normabweichung auf eine Gefahrerhöhung geschlossen werden kann, wurde die Folgerung gezogen, daß die Normabweichung nicht per se schuldbegründend wirkt.

Wollte man dennoch beweisrechtliche Folgen an eine Normabweichung anknüpfen, so würde die Normabweichung in den Fällen schuldbegründend wirken, in denen dem Arzt der hiernach obliegende Entlastungsbeweis nicht gelänge. Der Arzt müßte sich exkulpieren, obwohl sein Verhalten nicht pflichtwidrig war. Er müßte beweisen, daß die von ihm durchgeführte Behandlung sorgfaltsgemäß war und die Gefahr für den Patienten nicht erhöht hat. Gelänge dieser Beweis nicht, so wäre vom Verschulden des Arztes auszugehen.[67] Damit wäre die Therapiefreiheit

---

63 Vgl. Deutsch, NJW 1993, 1506, 1510; Heilmann, NJW 1990, 1513, 1515; Weber, NJW 1997, 761, 765 f.; MK-Mertens § 823 Rn. 406; Franzki, Beweisregeln, S. 35; Laufs, NJW 1977, 1081, 1082.

64 D. Franzki, Beweisregeln, S. 45, weist darüber hinaus auf die untergeordnete Bedeutung der Frage der Zurechnung im Arzthaftungsprozeß hin; ebenso: Prütting, FS. LG Saarbrücken, S. 257, 266; Palandt-Heinrichs § 282 Rn. 18.

65 Im Ergebnis ebenso: Baumgärtel, Handbuch der Beweislast, § 823 Anh. C II Rn. 32; Palandt-Heinrichs § 282 Rn. 18.

66 S. o. 4. Kapitel III. 1 c).

67 Baumgärtel, Gedächtnisschrift für R. Bruns, S. 93, 94 spricht insofern zutreffend von einer Erfolgshaftung des Arztes.

auf die sichere Alternative beschränkt, da ein abweichendes Vorgehen allenfalls bei sicherem Erfolg für den Arzt ratsam wäre. Sicheren Erfolg gibt es im Rahmen der ärztlichen Behandlung jedoch kaum. Wo es ihn gibt, stellt eine abweichende Behandlung wegen Gefahrerhöhung ohnehin regelmäßig eine Sorgfaltspflichtverletzung dar.[68] Das Risiko der Nichterweislichkeit würde sich im Ergebnis nicht auswirken. Wo es ihn aber nicht gibt, entscheidet erst die Frage der Gefahrerhöhung darüber, ob die Wahl einer alternativen Vorgehensweise sorgfaltswidrig ist.[69] Eine Beweislastumkehr wegen abweichender Behandlung würde im Falle der Nichterweislichkeit mangelnder Gefahrerhöhung zu einer Haftung des Arztes führen.[70] Damit wäre der dem Arzt materiellrechtlich eingeräumte Freiraum durch das Beweisrecht aufgehoben.[71] Das Beweisrecht soll als Teil des Verfahrensrechts jedoch nur dazu dienen, das materielle Recht durchzusetzen. Eine Veränderung des materiellen Rechts durch das Verfahrensrecht ist hingegen grundsätzlich abzulehnen.[72] Daher verbietet die materiell-rechtliche Therapiefreiheit die Anwendung des § 282 BGB für den Fall der Normabweichung.

---

68 Prütting, FS. Landgericht Saarbrücken, S. 257, 266.

69 Vgl. Kern, NJW 1996, 1561, 1562; Laufs, MedR 1986, 163, 170; H. L. Schreiber, Wiss. Information, Jahrgang 8, Heft 9, S. 7, 12.

70 Laufs, FS. J. Gernhuber, S. 245, 254; Laufs/Uhlenbruck-Laufs § 107 Rn. 3; Weber, NJW 1997, 761, 763; BGH NJW 1978, 1681, 1682 (Dammschnitt).

71 Ebenso Marburger, VersR 1983, 587, 604 für das erlaubte technische Risiko.

72 Vgl. Zöller-Greger Vor § 284 Rn. 17; Schellhammer, Zivilprozeß Rn. 386.

3. Beweislastumkehr wegen groben Behandlungsfehlers

Eine weitere Beweiserleichterung zugunsten des Patienten besteht im Falle eines groben bzw. schweren Behandlungsfehlers für den Beweis der haftungsbegründenden Kausalität, also für die Frage, ob sich die Handlung bzw. Unterlassung des Arztes in der Verletzung des Patienten niedergeschlagen hat. Ein grober Behandlungsfehler kann für den Patienten zu „Beweis-erleichterungen bis hin zur Beweislastumkehr“[73] führen. Diese weite Formulierung weicht die starre Struktur des Beweisrechts auf, indem zwischen der vollen Beweispflicht des Patienten für die Kausalität und der vollen Gegenbeweispflicht des Arztes im Falle einer Beweislastumkehr eine etwas weniger starke Beweiserleichterung für den Patienten zugelassen wird. Anders ausgedrückt bedeutet dies, daß der Arzt nicht stets bei Vorliegen eines groben Behandlungsfehlers den Vollbeweis der Nichtursächlichkeit des Fehlers erbringen muß, sondern daß im Einzelfall ein nur geringer Grad der Wahrscheinlichkeit zur Führung des Kausalitätsbeweises trotz schweren Behandlungsfehlers nicht ausreicht.[74] Im folgenden soll untersucht werden, ob und unter welchen Voraussetzungen eine Normabweichung als grober Behandlungsfehler zu bewerten ist. Hierzu ist zunächst eine Analyse der Rechtsfigur des groben Behandlungsfehlers erforderlich, um sodann eine Einordnung des Normverstoßes vornehmen zu können.

a) Grober Behandlungsfehler

aa) Beweisrechtliche Begründung

Jede Veränderung der Beweislast bedarf einer besonderen Rechtfertigung, da durch diese das Risiko des Prozeßverlustes durch Beweislosigkeit neu verteilt wird.[75] Die Rechtfertigung für die generelle Möglichkeit einer derartigen Risikoverlagerung findet sich im Arzthaftungsrecht in dem Umstand, daß sich der Patient wegen der tatsächlichen Gegebenheiten einer Heilbehandlung üblicherweise erheblichen Schwierig-

---

[73] Im folgenden steht der Begriff der Beweislastumkehr für diesen Rechtsbegriff.

[74] BGH NJW 1997, 794, 795; 1995, 778, 779; 1995, 779; 1994, 801, 803.

[75] Vgl. Steffen, in Chirurgie und Recht, S. 35, 42 f.; Laufs, FS. J. Gernhuber, S. 245, 253 ff.; Baumgärtel, Handbuch der Beweislast, § 823 Rn. 3; BGH NJW 1978, 1681, 1682.

keiten in der Beweisführung ausgesetzt sieht.[76]

Eine unangreifbare dogmatische Begründung für eine Beweiserleichterung wegen groben Behandlungsfehlers wurde bislang noch nicht gefunden.[77] Die verschiedenen Ansichten stehen sich jedoch überwiegend nicht unverträglich gegenüber. Vielmehr dürften sich diese als Grundlage der Beweiserleichterung überschneiden und ergänzen. Entscheidend dürfte letztlich das von der Rechtsprechung herausgearbeitete und von der Literatur weitenteils aufgegriffene Billigkeitsargument sein.[78] Folgte ursprünglich aus Treu und Glauben eine Beweislastumkehr nur für bewußte oder leichtfertige Verstöße gegen die Regeln der ärztlichen Kunst,[79] so wurde dies später auch bei einem groben Verstoß angenommen. Die Billigkeit liegt hier in der Interessenabwägung, die dem Arzt das durch sein krasses Fehlverhalten entstandene Risiko der Unaufklärbarkeit des Kausalverlaufs aufbürdet.[80] Nach verbreiteter Formulierung erfolgt die Beweislastumkehr, weil der schwere Verstoß eine Lage geschaffen hat, die nicht erkennen läßt, wie sich der Gesundheitszustand des Patienten bei sachgerechter Behandlung entwickelt hätte,[81] weil das Spektrum der in Betracht kommenden Ursachen gerade durch den Fehler besonders verbreitert bzw. verschoben worden ist.[82]

---

76 BVerfG NJW 1978, 1925.

77 Zu den einzelnen Ansätzen und ihren Schwachpunkten s. Sick, Beweisrecht im Arzthaftpflichtprozeß, S. 74 ff.; Franzki, Beweisregeln, S. 56 ff.; Bodenburg, Der ärztliche Kunstfehler, S. 41 ff.

78 Deutsch, NJW 1993, 1506, 1510; ders. Medizinrecht Rn. 200; Baumgärtel/Wittmann, FS. K. Schäfer, S.13, 20; Laufs/Uhlenbruck-Laufs § 110 Rn.1; Stein/Jonas-Leipold § 286 Rn. 125; Staudinger-Hager § 823 Rn. I 54.

79 RGZ 171, 168, 171; RG JW 1937, 2592.

80 Vgl. Deutsch, Medizinrecht, Rn. 314; Deutsch, NJW 1993, 1506, 1510; Diederichsen, VersR 1966, 211, 220; Franzki, Beweisregeln, S. 56; Palandt-Thomas § 823 Rn. 169 ff.; Soergel-Zeuner § 823 Rn. 325; BGH NJW 1971, 241; 1974, 1424; 1975, 1463; 1978, 1683; 1978, 2337; 1983, 333; 1983, 2080; BGH MedR 1992, 215, 216.

81 Baumgärtel § 823 Anhang C II Rn. 24; Steffen, in Chirurgie und Recht, S. 35, 43 f.; Schmid, NJW 1994, 767, 772.

82 Steffen/Dressler, Arzthaftungsrecht Rn. 515 betont, daß es sich nicht um eine Sanktion für das Arztverschulden handelt; Geiß/Greiner, Arzthaftpflichtrecht Rn. 251; Laufs/Uhlenbruck-Laufs § 110 Rn. 3; Müller, NJW 1997, 3049, 3052; BGH NJW 1995, 778, 779; 1995, 779.

bb) Voraussetzungen des groben Behandlungsfehlers

(a) Grober Fehler

Von einem groben Fehler spricht man bei einem Verstoß gegen gesicherte und bewährte medizinische Erkenntnisse und Erfahrungen.[83] Es handelt sich um einen eindeutigen Verstoß in Form der Verletzung elementarer Sorgfaltspflichten.[84] Eine besondere subjektive Vorwerfbarkeit wie bei der groben Fahrlässigkeit ist nicht erforderlich.[85] Das Vorliegen eines groben Fehlers beurteilt sich vielmehr aus einer Gesamtwürdigung aller Umstände.[86] Das Vorliegen bzw. das Fehlen einer subjektiven Vorwerfbarkeit kann demnach als ein Kriterium mitentscheidend sein.[87] In objektiver Hinsicht muß es sich um ein besonders fehlsames Verhalten handeln; ein Fehler, der schlechterdings nicht vorkommen darf.[88] Es ist das unbeachtet geblieben, was im konkreten Fall jedem einleuchten mußte.[89] Bei der Beurteilung der Schwere des Fehlers wird der für den Handelnden geltende Ausbildungs- und Wissensmaßstab zu Grunde gelegt. Danach darf der Fehler aus objektiver ärztlicher Sicht nicht mehr verständlich und verantwortbar erscheinen;[90] ein Fehler bei dem in

---

[83] BGH NJW 1986, 1540; 1983, 2080, 2081; BGH VersR 1978, 764; BGH JZ1995, 408 (mit zust. Anm. Baumgärtel).

[84] Deutsch, VersR 1988, 1, 2; Geiß/Greiner, Arzthaftpflichtrecht Rn. 252; Müller, NJW 1997, 3049, 3052; Baumgärtel, Gedächtnisschrift für R. Bruns, S. 93, 96; Giesen, JZ 1982, 448, 453; Steffen/Dressler, Arzthaftungsrecht Rn. 522.

[85] BGH MedR 1992, 214; BGH NJW 1992, 754, 755; 1995, 778, 779; 1995, 779; Staudinger-Hager § 823 Rn. I 55; s. a. Deutsch, VersR 1988, 1, 3, der das subjektive Element als eine Grundlage für die Beweislastumkehr betrachtet. Dieses könne jedoch in dem offenkundigen Verstoß liegen.

[86] BGH NJW 1998, 814, 815; 1782, 1783; 1999, 860, 861; 1988, 1511; MK-Mertens § 823 Rn. 409; Müller, NJW 1997, 3049, 3052; Steffen/Dressler, Arzthaftungsrecht Rn. 523.

[87] BGH JZ 1983, 963, 964 f.(Fehlen subjektiver grober Fahrlässigkeit führte zu Verneinung des groben Fehlers); Heilmann, NJW 1990, 1513, 1519.

[88] BGH NJW 1998, 814, 815; 1782, 1783; 1999, 862; Staudinger-Hager § 823 Rn. I 55.

[89] Deutsch, Medizinrecht Rn. 200.

[90] Baumgärtel, Handbuch der Beweislast, § 823 Anh. C II Rn. 6; Schmid, NJW 1994, 767, 772; BGH NJW 1983,2080.

Fachkreisen jeder mit dem Kopf schütteln würde.[91] Ein Versagen, das jedem einmal unterlaufen kann, genügt nicht. Die besondere Schwere des Fehlers kann sich aus den möglichen Auswirkungen des Fehlers[92] oder der grundlegenden Bedeutung der verletzten Sorgfaltspflicht ergeben.[93]

Bei der Frage, ob es sich um einen groben Behandlungsfehler handelt, findet sich die Sozial- und Situationsbezogenheit der Fahrlässigkeit wieder. Der Ausbildungs- und Wissensstand des Handelnden dient als Maßstab für die Verfehlung.[94] Ebenso kann auch nur der Erkenntnisstand der medizinischen Wissenschaft im Zeitpunkt der Behandlung zu Grunde gelegt werden.[95] Die Frage der Schwere des Fehlers wird aus der Situation des Handelnden heraus zur Zeit der Behandlung beurteilt. Demzufolge sind auch hier die konkreten Umstände des Einzelfalles - insbesondere Notfallsituationen - dazu geeignet, die besondere Fehlsamkeit des Verhaltens abzuschwächen.[96] Es hat sich eine umfassende, alle Behandlungsbereiche abdeckende Kasuistik herausgebildet. Diese geht von der Nichtreaktion auf eindeutige Befunde über die grundlose Nichtanwendung einer Standardmethode bis hin zu gravierenden Organisations- und Kontrollmängeln.[97] Soweit dies überhaupt möglich ist, läßt sich generalisierend festhalten, daß ein grober Behandlungsfehler in Betracht kommt, wenn grundlegende Standards erheblich verletzt wurden.

---

91 Müller, NJW 1997, 3049, 3053 spricht von der „krassen Fehlentscheidung".

92 Sick, Beweisrecht im Arzthaftungsprozeß, S. 60; OLG Koblenz NJW 1996, 1600, 1601.

93 Steffen/Dressler, Arzthaftungsrecht Rn. 532: Grundlose Nichtanwendung von Standardmethoden.

94 BGH NJW 1998, 3420, 3421 f. stellt fest, daß es kein grober Behandlungsfehler einer Hebamme ist, dem herpesinfizierten Ehemann die Anwesenheit im Kreißsaal zu gestatten, da es sich bei der herpesbedingten Enzephalitis um eine Rarität handele, auf die sich das Problembewußtsein einer Hebamme verständlicherweise nicht konzentriere.

95 Baumgärtel Handbuch der Beweislast, § 823 Anh. C II Rn. 10; Stürner, JZ 1983, 966 (Anm. zu BGH JZ 1983, 963).

96 BGH NJW 1988, 1511, 1512 (Notfalloperation in Kreiskrankenhaus); OLG München VersR 1992, 876: mangelnde subjektive Beherrschung der Situation in akutem Notfall begründet keinen groben Behandlungsfehler.

97 Vgl. die umfangreiche Kasuistik bei Steffen/Dressler, Arzthaftungsrecht Rn. 524 ff.; Geiß/Greiner, Arzthaftpflichtrecht Rn. 252 und MK-Mertens § 823 Rn. 408.

(b) Geeignetheit

Der grobe Behandlungsfehler muß geeignet sein, den eingetretenen Schaden herbeizuführen. Damit soll nicht eine erhöhte Wahrscheinlichkeit für den Kausalzusammenhang im Sinne einer Typizität gefordert werden.[98] Diese unterliegt dem Anwendungsbereich des Anscheinsbeweises. Vielmehr soll damit nur berücksichtigt werden, daß die Beweiserleichterung dafür gewährt wird, daß der Fehler die Aufklärung erschwert.[99] Dies ist schließlich nur dann gegeben, wenn der Fehler den Schaden herbeigeführt haben kann. Der eingetretene Schaden muß im Schutzbereich des fehlerfreien Verhaltens liegen.[100] Dabei muß sich gerade das Risiko verwirklicht haben, das den Fehler als grob erscheinen läßt.[101] Dies ist beispielsweise nicht gegeben, wenn ein Patient nach einer Herzkatheteruntersuchung vorzeitig nach Hause entlassen wird und wenig später an einer Infektion verstirbt.[102] Die längere Verweildauer im Krankenhaus ist hauptsächlich zur sofortigen ärztlichen Versorgung bei Komplikationen des Herz- und Kreislaufsystems geboten. Die Infektionsgefahr wird hingegen durch die vorzeitige Entlassung nicht erhöht.

Da es sich bei der Beweiserleichterung wegen groben Behandlungsfehlers um eine billigkeitsrechtliche Konstruktion handelt, bleibt das Maß der konkreten Schadenswahrscheinlichkeit freilich nicht völlig unbeachtet. Wenn die Kausalität gänzlich unwahrscheinlich ist, ist eine Beweislastumkehr nicht angezeigt.[103] Der Sachgrund der Beweislastumkehr - gerechte Interessenabwägung wegen Aufklärungserschwernis - liegt in diesem Fall nicht vor. So muß der Arzt lediglich beweisen, daß der Ursachenzusammenhang aufgrund der konkreten Umstände des Falles

---

98 Laufs/Uhlenbruck-Laufs § 110 Rn. 6 f.; Soergel-Zeuner § 823 Rn. 325; Giesen, JZ 1982, 448, 453; Baumgärtel, Handbuch der Beweislast, § 823 Anh. C II Rn. 21; BGH NJW 1983, 333, 334.

99 BGH NJW 1988, 2949, 2950; BGH JZ 1995, 408, 409 mit zust. Anm. Baumgärtel; Heilmann, NJW 1990, 1513, 1519; Müller, NJW 1997, 3049, 3052.

100 Deutsch, Medizinrecht, Rn. 200; 314; ders VersR 1988, 1; Giesen, JZ 1982, 448, 454.

101 Baumgärtel, Handbuch der Beweislast, § 823 Anh. C II Rn. 24; Staudinger-Hager § 823 Rn. I 54; Laufs/Uhlenbruck-Laufs § 110 Rn. 6 f.; BGH NJW 1981, 2513; OLG Celle VersR 1984, 444, 445.

102 BGH NJW 1981, 2513.

103 Laufs/Uhlenbruck-Laufs § 110 Rn. 7; MK-Mertens § 823 Rn. 409; Müller, NJW 1997, 3049, 3052; Schmid, NJW 1994, 767, 772; Giesen; JZ 1982, 448, 454; BGH NJW 1987, 1482; 1988, 2949; 1994, 1596, 1598.

äußerst unwahrscheinlich ist.[104] Den Vollbeweis für die nicht bestehende Kausalität braucht er nicht zu erbringen.

b) Folgerungen für die beweisrechtliche Bedeutung eines Normverstoßes

Da der grobe Behandlungsfehler mit der Verletzung grundlegender Standards einhergeht, stellt sich die Frage, ob von einem groben Behandlungsfehler auszugehen ist, wenn in dem konkreten Normverstoß eine fahrlässige Verletzung liegt. Mit der Bejahung der Fahrlässigkeit ist bereits festgestellt, daß die Normabweichung gefahrerhöhend ist und nicht von der Therapiefreiheit getragen wird. Damit ist jedoch noch nicht gesagt, daß das abweichende Verhalten als grober Behandlungsfehler zu qualifizieren ist. Dies würde nämlich voraussetzen, daß das von der Norm geforderte Verhalten so grundlegend ist, daß jede Abweichung ein krasses Fehlverhalten darstellt oder das die Abweichung von der Norm eklatant war.[105] Aus sich heraus trifft die Norm eine derartige Aussage nicht, wenngleich dies im Einzelfall zutreffen kann. In diesem Sinne kann auch nicht von einem Verstoß gegen die Therapiefreiheit auf einen groben Behandlungsfehler geschlossen werden. Die Therapiefreiheit ist durch die schlichte Gefahrerhöhung begrenzt, die auch die Fahrlässigkeit begründet. Eine Gleichsetzung der Normabweichung mit dem groben Behandlungsfehler wäre folglich auch eine Gleichsetzung der einfachen Fahrlässigkeit mit dem groben Behandlungsfehler. Ein genereller Zusammenhang zwischen Normabweichung und groben Behandlungsfehler ist daher nicht gegeben.

Die Anwendung einer von der Norm abweichenden Methode dürfte erst dann als schwerer Fehler zu qualifizieren sein, wenn der Einsatz der angewendeten Methode schlechterdings medizinisch nicht (mehr) vertretbar war.[106]

Zudem kann eine starre normative Regelung die Besonderheiten der konkreten Situation nicht berücksichtigen. Daher kann die erforderliche Würdigung der Gesamtumstände trotz grundlegender Bedeutung der

---

[104] Geiß/Greiner, Arzthaftpflichtrecht Rn. 259.

[105] Vgl. Steffen, FS. E. Deutsch, S. 799, 809.

[106] BGH MedR 1992, 214, 216 verneint dies für die Anwendung der Mehrfeldtechnik anstelle der im Jahr 1982 angezeigten Großfeldtechnik.

verletzten Norm die besondere Schwere des Fehlers entfallen lassen. Dies gilt insbesondere bezüglich der Erheblichkeit der Normverletzung, wenn graduell verschiedene Normabweichungen möglich sind, wie es beispielsweise bei Maßabweichungen der Fall ist. Demgegenüber dürfte die Erheblichkeit bei der Verletzung von Normen, die keine abgestuften Verletzungen zulassen, eher gegeben sein.

Ein grober Behandlungsfehler kann durch die Normierung bestimmter Verhaltensanweisungen insoweit begründet werden, als daß durch die Normierung bestimmte Gefahren in besonderem Maße erkennbar gemacht werden.[107] In dem Fall des im Kreißsaal anwesenden Kindesvaters hätte eine Norm, die den Zutritt für Herpesinfizierte verbietet, die besondere Gefährlichkeit für das Neugeborene auch für eine Hebamme erkennbar gemacht. In diesem Fall hätte die Nichtreaktion der Hebamme sich zweifellos als Verletzung einer elementaren Regel und damit als grober Fehler dargestellt, zumal die möglichen Folgen (Enzephalitis) verheerend für das Neugeborene sind. So hat das OLG Hamburg die Anwesenheit des Ehemannes der Klägerin bei einer Schulterpunktion als groben Behandlungsfehler bewertet, da auch die fachärztlichen Richtlinien die Anwesenheit Dritter bei der Punktion aus Gründen der Sterilität untersagten.[108] Mithin können durch die Normung bestimmte Gefahren in den Blickpunkt gerückt werden, so daß das fehlerhafte Vorgehen nunmehr grob fehlerhaft erscheint. Im Falle unterlassener Antikörperuntersuchungen von Schwangeren wurde von der Rechtsprechung erst nach der Veröffentlichung einschlägiger Richtlinien durch die Kassenärztliche Bundesvereinigung ein grober Behandlungsfehler angenommen.[109]

In diesem Sinne wird bei der Nichtdurchführung von vorgeschriebenen Vorsorgeuntersuchungen oftmals ein grober Behandlungsfehler gegeben sein.[110] Da Vorsorgeuntersuchungen nur bei gravierenden Risiken,

---

107 Ähnlich wohl Dressler, zitiert bei Danner, MedR 1999, 242, 243; BGH NJW 1998, 814, 815 stellt bei der Frage der Grobheit des Fehlers darauf ab, ob der Beklagte die Gefahr erkannt hat.

108 OLG Hamburg AHRS 6578, S. 8, 10.

109 OLG Hamm AHRS 1952/1 S. 4 gegenüber BGH AHRS 1958/1 S. 2; ebenso wohl OLG Hamm AHRS 0810/14.

110 So auch Plum, VersR 1982, 722, 723 (Fn. 24) für die Mutterschafts-Richtlinien des Bundesausschusses Ärzte und Krankenkassen. Ebenso: Stegers, Das arzthaftungsrechtliche Mandat, Rn. 153. Allgemein Geiß/Greiner, Arzthaftpflichtrecht Rn. 266.

wie beispielsweise Krebs[111] oder Fötusschädigungen[112], angeordnet werden, liegt in der Nichtdurchführung der vorgeschriebenen Untersuchung die Zulassung einer erheblichen Gefahr.[113] Erheblichen Gefahren ist mit besonderer Vorsicht zu begegnen, da hier bereits die schlichte Nachlässigkeit mit entsetzlichen Folgen verbunden sein kann.[114] Das OLG Köln hatte in einem Fall zu entscheiden, in dem ein Arzt bei einem Jugendlichen mit Meningitisverdacht die Beweglichkeit des Kopfes am sitzenden statt am liegenden Patienten geprüft hat.[115] Hierbei hat der Arzt die Erkrankung nicht erkannt. Das Hauptsymptom einer Meningitis ist die Nackensteifigkeit, die sich durch die Prüfung der Beweglichkeit des Kopfes feststellen läßt. Hierzu hatte der Sachverständige im Prozeß ausgeführt, daß die Nackensteifigkeit am sitzenden Patienten erst später feststellbar ist als am liegenden Patienten. Ob die Meningitis im Zeitpunkt der Untersuchung bereits erkennbar war, konnte nicht geklärt werden. Das Gericht hat einen groben Behandlungsfehler angenommen, da bei einer Meningitis die frühest mögliche Behandlung zur Vermeidung gravierender Folgen (hier: Taubheit) erforderlich ist.

Die Indikation zur Durchführung der Untersuchung muß für den Behandelnden allerdings erkennbar sein,[116] so daß die Nichtdurchführung der Untersuchung in Anbetracht der immensen Gefahr unverantwortbar erscheint.[117] Zudem führt die Nichtdurchführung von Vorsorgeuntersu-

---

[111] S. hierzu die Krebsfrüherkennungsrichtlinien (abgedruckt in GKV-Komm Nr. 5880; Liebold/Zalewski Rn. P 51).

[112] Vgl. die Mutterschaftsrichtlinien (abgedruckt in GKV-Komm Nr. 5600; Liebold/Zalewski Rn. P 101).

[113] Vgl. Plum, VersR 1982, 722, 723 (Fn. 24) und 724.

[114] Vgl. OLG Hamm AHRS 1840/1 S. 3: grober Behandlungsfehler eines Augenarztes bei festgestellter Sehschwäche keine Tonometrie zur Abklärung eines Glaukoms, das zur Erblindung führte, durchgeführt zu haben.

[115] OLG Köln VersR 1980, 434.

[116] Vgl. OLG Hamm AHRS 1820/5 S. 16: Fehlende Anhaltspunkte auf Krebserkrankung lassen unterlassene Untersuchung im Rahmen einer allgemeinen Behandlung nur als einfachen Fehler erscheinen; allein der Wunsch des Patienten zur Durchführung weiterer Untersuchungen begründet nach OLG Koblenz AHRS 1942/2 S. 5 keine derartige Verpflichtung des Arztes, wenn das Risiko anhand der durchgeführten Untersuchungen ausgeschlossen werden kann und lediglich zufällig zur Entdeckung eines weiteren Tumors geführt hätte.

[117] OLG Hamm AHRS 1951/1 S. 3 sieht das Unterlassen einer zweiten Antikörperbestimmung in der zweiten Schwangerschaftshälfte bei einer Rh-negativen Mehrgebärenden als schweren Fehler an.

chungen zur Unaufklärbarkeit des Kausalverlaufs. Bei Durchführung der Untersuchung wäre ein -positiver oder negativer- Befund gewonnen worden. Im Fall eines negativen Befundes wäre bei ordnungsgemäßer Untersuchung davon auszugehen, daß die Krankheit im Zeitpunkt der Untersuchung noch nicht vorhanden bzw. feststellbar war. Eine Behandlung wäre demzufolge nicht angezeigt gewesen. Ein positiver Befund hätte die Möglichkeit der Behandlung eröffnet. Ob diese erfolgreich gewesen wäre, kann zumeist nicht mit absoluter Gewißheit gesagt werden, zumal auch das Krankheitsstadium im Zeitpunkt der vorzunehmenden Untersuchung sich nachträglich nicht mit Sicherheit bestimmen läßt. Die Frage, ob die Durchführung der gebotenen Untersuchung den später eingetretenen Gesundheitsschaden vermieden hätte, kann ja gerade wegen der Versäumung der Untersuchung nicht beantwortet werden. Insoweit kommt hier der Sachgrund der Beweislastumkehr wegen groben Behandlungsfehlers in Form des Aufklärungserschwernisses deutlich zum Ausdruck.

Selbst wenn die Nichtdurchführung der Vorsorgeuntersuchung nur als einfacher Fehler qualifiziert würde, würde bei den hier in Rede stehenden Untersuchungen meist von einer Beweislastumkehr auszugehen sein. Nach der neueren Rechtsprechung wird bei unterlassener Befunderhebung in Anlehnung an die Beweisvereitelung ein positiver Befund angenommen, wenn dieser hinreichend wahrscheinlich ist.[118] Wäre die Nichtreaktion auf diesen zu unterstellenden Befund ein grober Behandlungsfehler, so soll es auch hier zu einer Beweislastumkehr für die Kausalität kommen.[119] Da Vorsorgeuntersuchungen nur für gravierende Erkrankungen angeordnet werden, ist die Nichtreaktion auf einen derartigen Befund regelmäßig als grober Fehler zu qualifizieren. Bei unterlassenen Vorsorgeuntersuchungen ist hiernach lediglich die hinreichende Wahrscheinlichkeit eines positiven Befundes zur Annahme einer Beweislastumkehr erforderlich.

Auf der anderen Seite kann die Existenz einer Norm den Vorwurf eines groben Fehlers entfallen lassen, wenn der Arzt sich normgemäß verhalten und die Norm einen Fehler enthalten hat. Hier bedarf die Annahme eines groben Behandlungsfehlers einer doppelten Feststellung: Zum einen muß sich das normgemäße Verhalten im Vergleich zu dem gefor-

---

118 BGH NJW 1999, 860, 861; 1999, 861, 862; 1999, 3408, 3410; 1998, 1782, 1784; 1996, 1589; 1987, 1482.

119 Soergel-Zeuner § 823 Rn. 323; Geiß/Greiner, Arzthaftpflichtrecht Rn. 296; Steffen/Dressler, Arzthaftungsrecht Rn. 554; BGH a. a. O..

derten Verhalten nach den allgemeinen Voraussetzungen als besonders fehlsam darstellen. Da der grobe Behandlungsfehler verschuldet sein muß,[120] muß die Norm zum anderen entweder derart überaltet sein, daß diese kein Vertrauen mehr genießen darf oder es muß in Fachkreisen durch Veröffentlichungen und dergleichen zum Fachwissen gehören, daß die Vorgabe der Norm unzureichend ist. Das gilt auch wenn der Fehler so offenkundig ist, daß die Befolgung der Norm nicht ernsthaft erwogen werden dürfte.[121]

Über die Frage, ob die Normabweichung zur Herbeiführung des eingetretenen Schadens geeignet war, also ob der Schaden im Schutzbereich des fehlerfreien Verhaltens liegt, enthalten die Normen regelmäßig keine explizite Aussage. Da die Normierung kein Selbstzweck ist, liegt es allerdings auf der Hand, daß jede Norm bestimmte Folgen vermeiden soll. Tritt im Zusammenhang mit einem groben Behandlungsfehler diese Folge auf, so steht die Geeignetheit des Fehlers fest. Durch diese Erkenntnis dürfte in der Praxis allerdings nichts gewonnen sein, da eine verläßliche Interpretation der Norm regelmäßig nur durch einen medizinischen Gutachter möglich sein wird. Dies gilt freilich nicht für in einer Norm festgelegte Vorsorgeuntersuchungen. Hier beweist die Existenz der Norm, daß durch die entsprechende Vorsorgeuntersuchung die Krankheit entdeckt und geheilt oder zumindest im Verlauf gehemmt werden kann. Anderenfalls wäre die Vorsorgeuntersuchung schließlich überflüssig. So bestimmt Punkt A Abs. 1 der Krebsfrüherkennungsrichtlinien den Zweck der Richtlinien dahin, „mögliche Gefahren für die Gesundheit der Anspruchsteller dadurch abzuwenden, daß aufgefundene Verdachtsfälle eingehend diagnostiziert und erforderlichenfalls rechtzeitig behandelt werden können“.

---

120 Baumgärtel, Handbuch des Beweisrechts, § 823 Anhang C II Rn. 30.

121 S. o. 4. Kap. III. 3. a)

6. Kapitel: Zusammenfassung und wesentliche Ergebnisse

I. 1. Lediglich bei den Normen der Selbstverwaltungskörperschaften kann es sich im Einzelfall um Satzungen und damit um Gesetze im Sinne des § 823 Abs. 2 BGB handeln.

2. Da diese Normen regelmäßig auch zum Schutz des Patienten bestehen, haben sie individualschützende Wirkung.

3. Eine Haftung des Arztes nach § 823 Abs. 2 BGB wegen Nichtbeachtung der Norm kommt nicht in Betracht, da die jeweilige Selbstverwaltungskörperschaft als Normgeber wegen entgegenstehender eigener Interessen keinen Haftungstatbestand schaffen will. Zudem ist eine Haftung nach § 823 Abs. 2 BGB wegen der größeren Aktualität und Situationsbezogenheit des § 823 Abs. 1 BGB subsidiär zu diesem.

II. 1. Die Normen beschreiben, wie auch die Fahrlässigkeit, ein objektiv gefordertes Verhalten. Sie belassen aber keinen Raum für die Berücksichtigung besonderer Kenntnisse und Möglichkeiten. Daher kann trotz normgemäßen Verhaltens eine Fahrlässigkeit zu bejahen sein, wenn der Arzt die Möglichkeit zu einer wirksameren, von der Norm abweichenden, Gefahrsteuerung gehabt hätte.

2. Da die Normen jeglicher Situationsbezogenheit entbehren, ist zur Feststellung eines fahrlässigen Verhaltens, sowohl bei Normbefolgung als auch bei Normabweichung, die Einschlägigkeit der Norm im konkreten Fall festzustellen. Besonderheiten der Situation oder des Patienten können eine Normabweichung fordern bzw. rechtfertigen.

3. Die Normen enthalten eine Expertenaussage über eine zum Zeitpunkt des Normerlasses medizinisch gebotene Behandlung. Neue medizinische Erkenntnisse können die Norm überholen.

4. Die Anwendung einer veralteten oder unzulänglichen Norm ist erst dann schuldhaft, wenn dies dem Handelnden oder der betroffenen Verkehrsgruppe bekannt ist.

5. Eine besondere Bedeutung kommt den Normen im Bereich der inneren Sorgfalt, bei der Vorhersehbarkeit, zu. Die Normierung macht eine Berufung auf die Unkenntnis der Gefahr bzw. des erforderlichen Ver

haltens unmöglich. Die Normierung rückt beides in den Bereich des „Kennenmüssens“.

6. Ein nur geringfügiger Normverstoß führt nicht zwangsläufig zu einer Gefahrerhöhung für den konkreten Patienten, da die Normen regelmäßig Beurteilungs- und Sicherheitsspielräume enthalten, die unterhalb der haftungsrechtlichen Gefahrenschwelle liegen.

7. Ein von der Norm abweichendes Verhalten kann trotz Verstoßes gegen das Berufs- oder Sozialrecht von der Therapiefreiheit gedeckt sein, wenn die Abweichung keine Gefahrerhöhung birgt. Ein abweichendes Verhalten kann trotz Gefahrerhöhung nach den Regeln des Versuchs zulässig sein.

8. Die Normen verengen den Handlungsspielraum der Therapiefreiheit, da das Maß der Umstrittenheit einer Methode von ihren Referenzen abhängt. Diese wachsen mit einer Empfehlung aus Fachkreisen bzw. schrumpfen durch die Nennung der konkurrierenden Methode bzw. der Qualifikation als Außenseitermethode.

III. 1. Medizinischen Normen kommt in der Beweisfrage im Arzthaftungsprozeß eine unterschiedliche Bedeutung zu. Der Beweis des Verschuldens wird durch die Normen nicht berührt. So kommt insbesondere eine Anwendung des § 282 BGB bei einem Normverstoß nicht in Betracht, da die Therapiefreiheit hierdurch ausgehöhlt würde.

2. Der Beweis der Kausalität wird durch den Anscheinsbeweis erleichtert, wenn der Verstoß gegen eine Norm feststeht, die ein beherrschbares Risiko vermeiden sollte. Hier spricht der Anscheinsbeweis dafür, daß der Normverstoß für den Schaden ursächlich ist. Wegen der Unberechenbarkeit des menschlichen Organismus gilt dies nicht für den Bereich der eigentlichen medizinischen Behandlung.

3. Eine Beweiserleichterung in der Kausalitätsfrage wegen eines groben Behandlungsfehlers kommt ebenfalls nur ausnahmsweise in Betracht. Die Schwere des Fehlers läßt sich der Norm grundsätzlich nicht entnehmen. Die Normen können allerdings bestimmte Gefahren im Einzelfall besonders erkennbar machen, so daß der Vorwurf eines schweren Fehlers eher gegeben sein kann.

4. Etwas anderes gilt in dem Bereich der Vorsorgeuntersuchungen. Hier gibt es keine graduelle Fehlerabstufung. Da Vorsorgeuntersuchungen

nur zur Vermeidung großer Gefahren angeordnet werden, liegt in der Nichtdurchführung der erkennbar angezeigten Untersuchung regelmäßig ein schweres Versäumnis, das zudem die Aufklärung erschwert. Da die Untersuchung bestimmungsgemäß zur Vermeidung des Gesundheitsschadens geeignet gewesen wäre, kann hier eine bis zur Beweislastumkehr reichende Beweiserleichterung angenommen werden.

Literaturverzeichnis

Achterberg, Norbert: Allgemeines Verwaltungsrecht, 2. Auflage, Heidelberg 1986

Alternativkommentar zum BGB, Kommentar zum Bürgerlichen Gesetzbuch, Neuwied 1979 ff.

Arbeitsgemeinschaft der wissenschaftlichen medizinischen Fachgesellschaften: Stellungnahme der außerordentlichen Delegiertenkonferenz der AWMF am 26.06.1999 in Frankfurt/Main zur GKV-Gesundheitsreform 2000, http://selene.rz.uni-duesseldorf.de/ WWW/AWMF/res/res-gkv2.htm

dies.: Erarbeitung von Leitlinien für Diagnostik und Therapie - Methodische Empfehlungen („Leitlinie für Leitlinien"), http://www.uni-duesseldorf.de /WWW/AWMF/II/II_ metho. htm

dies.: Erarbeitung von Leitlinien für Diagnostik und Therapie - Kriterien für die Qualität von Leitlinien, http://selene.rz.uni-duesseldorf.de/WWW/AWMF/II/II_quali.htm

dies.: Erarbeitung von Leitlinien für Diagnostik und Therapie - Leitlinien von Fachgesellschaften, http://www.uni-duesseldorf.de/WWW/AWMF/II/II_list.htm

Arndt, Gottfried: Die dynamische Rechtsnormverweisung in verfassungsrechtlicher Sicht, JuS 1979, S. 784 ff.

Arnold, M.: Grundsätzliche Grenzen der Qualitätssicherung in der Medizin, Chirurg BDC Nr. 8/1992, S. 154 ff.

Ärztliche Zentralstelle Qualitätssicherung: Ärztliche Leitlinien in Deutschland - Aktueller Stand und zukünftige Entwicklungen 1999, http://www.leitlinien.de/infoziele.htm

dies.: Maßnahmen der ärztlichen Selbstverwaltung zur Qualitätsförderung von Leitlinien 1999, http://www.leitlinien.de/infomass.htm

Baader, Emil: Zum normlogischen Zusammenhang zwischen rechtlicher Regel und rechtlicher Ausnahme - dargestellt am Beispiel der Rechtsnatur der kassenärztlichen Arzneimittel-Richtlinie, JZ 1990, S. 409 ff.

Backherms, Johannes: Zur Einführung: Recht und Technik, JuS 1980, S. 9 ff.

Baden, Eberhard: Dynamische Verweisung und Verweisung auf Nichtnormen, NJW 1979, S. 623 ff.

Bar, Christian von: Verkehrspflichten, Köln / Berlin / Bonn / München 1980

ders.: Entwicklungen und Entwicklungstendenzen im Recht der Verkehrs(sicherungs)pflichten, JuS 1988, S. 169 ff.

Baumbach, Adolf; Lauterbach, Wolfgang: Zivilprozeßordnung, 58. Auflage, München 2000

Baumgärtel, Gottfried: Anmerkung zum Urteil des BGH vom 04.10.1994 (VI ZR 205/93 OLG Hamburg), JZ 1995, S. 409 f.

ders.: Das Wechselspiel der Beweislastverteilung im Arzthaftpflichtprozeß, in: Gedächtnisschrift für Rudolf Bruns, München 1980, S. 93 ff.

ders.: Die beweisrechtlichen Auswirkungen der vorgeschlagenen EG-Richtlinie zur Dienstleistungshaftung auf die Arzthaftung und das Baurecht, JZ 1992, S. 321 ff.

ders.: Handbuch der Beweislast im Privatrecht - Allgemeiner Teil und Schuldrecht BGB mit VOB, HOAI, KSchG und ProdhaftG, 2. Auflage, Köln / Berlin / Bonn / München 1991

Baumgärtel, Gottfried; Wittmann, Arno: Zur Beweislastverteilung im Rahmen von § 823 Abs. 1 BGB, in: Festschrift für Karl Schäfer zum 80. Geburtstag, Berlin / New York 1980, S. 13 ff.

Bender, Albrecht W.: Entbindungsmethoden und ärztliche Aufklärungspflicht, NJW 1999, S. 2706 ff.

Bergmann, Otto: Die Organisation des Krankenhauses unter haftungsrechtlichen Gesichtspunkten, VersR 1996, S. 810 ff.

Bistritzki, Walter: Voraussetzungen für die Qualifikation einer Norm als Schutzgesetz im Sinne des § 823 Abs. 2 BGB, Jur. Diss. München 1981

Bock, R.-W.: Ambulantes Operieren - was ist machbar, was ist sinnvoll? - Juristische Aspekte, Chirurg BDC, Nr. 8/1996, S. 183 ff.

Bodenburg, Reinhard: Der ärztliche Kunstfehler als Funktionsbegriff zivilrechtlicher Dogmatik, Göttingen 1983

ders.: Die zivilrechtliche Haftungssituation des Medizinalstudenten während der praktischen Ausbildung in Krankenanstalten, VersR 1979, S. 308 ff.

Bohnert, Joachim: Fahrlässigkeitsvorwurf und Sondernorm, JR 1982, S. 6 ff.

Bonvie, Horst: Rechtliche Risiken des ambulanten Operierens, MedR 1993, S. 43 ff.

Borchert, Günter: Die Gestaltungsspielräume der Selbstverwaltung im Vertragsarztrecht, SGb 1997, S. 201 ff.

Brüggemeier, Gert: Deliktsrecht, Baden-Baden 1986

ders.: Judizielle Schutzpolitik de lege lata - Zur Restrukturierung des BGB-Deliktrechts, JZ 1986, S. 969 ff.

ders.: Prinzipien des Haftungsrechts: Eine systematische Darstellung auf rechtsvergleichender Grundlage, 1. Auflage, Baden-Baden 1999

Buchborn, Eberhard: Ärztlicher Standard: Begriff - Entwicklung - Anwendung, MedR 1993, S. 328 ff.

Bundesärztekammer: Deutscher Ärztetag: Tätigkeitsbericht '96, dem 99. Deutschen Ärztetag 1996 in Köln vorgelegt von Vorstand und Geschäftsführung

Burgstaller, Manfred: Das Fahrlässigkeitsdelikt im Strafrecht unter besonderer Berücksichtigung der Verkehrspraxis in Verkehrssachen, Wien 1974

Buxbaum, Richard M.: Die private Klage als Mittel zur Durchsetzung wirtschaftspolitischer Rechtsnormen, Karlsruhe 1972

Caemmerer, Ernst von: Das Verschuldensprinzip in rechtsvergleichender Sicht, RabelsZ 1978, S. 5 ff.

Canaris, Klaus-Wilhelm: Schutzgesetze - Verkehrspflichten - Schutzpflichten, in: Festschrift für Karl Larenz zum 80. Geburtstag, München 1983, S. 30 ff.

Carstensen, G.; Schreiber, H.-L.: Dürfen neue Behandlungsmethoden erst aufgrund statistisch signifikanter Ergebnisse kontrollierter klinischer Studien eingeführt werden? In: Akt. Chir. 25 (1990), S. 73 f

Clade, Harald: Medizinische Leitlinien - Entscheidungshilfen für rationales Handeln, DÄBl. 1999, S. C-195 f

ders.: Qualitätssicherung - Vertreterversammlung beschließt neue Richtlinien, DÄBl. 1993, S. B-1007, B-1010

Clemens, Thomas: Normenstrukturen im Sozialrecht - Unfallversicherungs-, Arbeitsförderungs- und Kassenarztrecht, NZS 1994, S. 337 ff.

ders.: Verfassungsrechtliche Anforderungen an untergesetzliche Rechtsnormen - Bemerkungen zu den Referaten der Rostocker Tagung, MedR 1996, S. 432 ff.

Damm, Reinhard: Medizintechnik und Arzthaftungsrecht - Behandlungsfehler und Aufklärungspflicht bei medizintechnischen Behandlungsalternativen, NJW 1989, S. 737 ff.

Danner, Martin: Ärztliche Leitlinien - ein medico-legales Zukunftsprojekt zur Erhöhung der Rationalität ärztlicher und rechtlicher Entscheidungen, MedR 1999, S. 241 ff.

Dettmeyer, Reinhard: Verfassungsrechtliche Anforderungen an Zwangsmitgliedschaft und Ärztekammerbeitrag, NJW 1999, S. 3367 ff.

Deutsch, Erwin: Allgemeines Haftungsrecht, 2. Auflage, Köln / Berlin / Bonn / München 1996

ders.: Anmerkung zum Urteil des BGH vom 09.06.1967 - VI ZR 11/66 (OLG Hamm), JZ 1968, S. 103 ff.

ders.: Anmerkung zum Urteil des OLG Köln vom 30.05.1990 (27 U 169/89), VersR 1991, S. 189

ders.: Der Einfluß des Strafrechts auf die zivilrechtliche Haftung, ZaeFQ 1998, S.634 ff.

ders.: Der ärztliche Kunstfehler als Problem der Feststellung und der Haftung, in: Medizin: Ethos und soziale Verantwortung; Forschung und Information, Bd. 23, (herausgegeben von Ruprecht Kurzrock), Berlin 1978, S. 37 ff.

ders.: Der Begriff der Fahrlässigkeit im Zivilrecht, Jura 1987, S. 505 ff.

ders.: Der grobe Behandlungsfehler: Dogmatik und Rechtsfolgen, VersR 1988, S. 1 ff.

ders.: Die Anfängeroperation: Aufklärung, Organisation, Haftung und Beweislastumkehr, NJW 1984, S. 650 f.

ders.: Die Fahrlässigkeit als Außerachtlassung der äußeren und inneren Sorgfalt, JZ 1988, S. 993 ff.

ders.: Die Haftung des Zahnarztes bei der zahnärztlichen Behandlung, VersR 1983, S. 993 ff.

ders.: Fahrlässigkeit und erforderliche Sorgfalt, 2. um das Thema Fahrlässigkeit und Rechtswidrigkeit ergänzte Auflage, Köln / Berlin / Bonn / München 1995

ders.: Haftungserhebliche Standards, JZ 1997, S. 1030 ff.

ders.: Konsequenzen für die ärztliche Verantwortung, in: Budgetierung und Therapiefreiheit, herausgegeben von Hans Rüdiger Vogel unter Mitarbeit von Konrad Hässner und Monika Gerharz, Stuttgart / New York 1993, S. 17 ff.

ders.: Medizinische Fahrlässigkeiten, NJW 1976, S. 2289 ff.

ders.: Medizinrecht - Arztrecht, Arzneimittelrecht und Medizinprodukterecht, 4. Auflage, Berlin / Heidelberg / New York u.a. 1999

ders.: Reform des Arztrechts - Ergänzende Regeln für das ärztliche Vertrags- (Standes-) und Haftungsrecht? NJW 1978, S. 1657 ff.

ders.: Schutzbereich und Tatbestand des unerlaubten Heileingriffs im Zivilrecht, NJW 1985, S. 1985 ff.

ders.: Typen des Arztverschuldens, VersR 1977, S. 101 ff.

ders.: Unerlaubte Handlungen, Schadensersatz und Schmerzensgeld, 3. Auflage, Köln / Berlin / Bonn / München 1995

ders.: Zu: Maria Elisabeth Fabarius - Äußere und innere Sorgfalt, Köln 1991, AcP 1993, S. 86 ff.

ders.: Zurechnung und Haftung im zivilen Deliktsrecht, in: Festschrift für Richard M. Honig - Zum 80. Geburtstag, Göttingen 1970, S. 33 ff.

ders.: Ressourcenbeschränkung und Haftungsmaßstab im Medizinrecht, VersR 1998, S. 261 ff.

Deutsche Gesellschaft für Medizinrecht (DGMR) e.V.: Die ärztliche Berufsausübung in den Grenzen der Qualitätssicherung, MedR 1997, S. 570

Diederichsen, Uwe: Zur Rechtsnatur und systematischen Stellung von Beweislast und Anscheinsbeweis, VersR 1966, S. 211 ff.

Dörner, Heinrich: Zur Dogmatik der Schutzgesetzverletzung- (BGH, NJW 1982, S. 1037 und NJW 1985, S. 134), JuS 1987, S. 522 ff.

Eberstein, Hans Hermann: Anerkannte Regeln der Technik und Allgemeine Technische Vorschriften für Bauleistungen (ATV / DIN-Normen), Wirtschaftsrecht, Der Betriebsberater 1985, S. 1760 ff.

Ehlers, Alexander P. F.: Die Arzneimittelrichtlinien - steter Maßstab ärztlicher Versorgung?, Pharm. Ind. 58, Nr. 6 (1996), S. 489 ff.

Enneccerus, Ludwig; Nipperdey, Hans Carl: Allgemeiner Teil des Bürgerlichen Rechts, 15. Auflage, 1. Halbband Tübingen 1959, 2. Halbband Tübingen 1960

Erbguth, Wilfriod: Normkonkretisierende Verwaltungsvorschriften - Rechtsdogmatische Grundlagen einer originären Rechtserzeugung durch die Exekutive, DVBl. 1989, S. 473 ff.

Erichsen, Hans-Uwe; Martens, Wolfgang: Allgemeines Verwaltungsrecht, 11. Auflage, Berlin / New York 1998

Erman, Walter: Handkommentar zum Bürgerlichen Gesetzbuch, 9. Auflage, Münster 1993

Esser, Josef; Schmidt, Eike: Schuldrecht Band I Allgemeiner Teil, Teilband 2 - Durchführungshindernisse und Vertragshaftung, Schadensausgleich und Mehrseitigkeit beim Schuldverhältnis, 7. Auflage, Heidelberg 1993

Esser, Josef: Schuldrecht Allgemeiner und Besonderer Teil, 2. Auflage, Karlsruhe 1960

Exner, Franz: Das Wesen der Fahrlässigkeit, Leipzig und Wien 1910

Fabarius, Maria-Elisabeth: Äußere und innere Sorgfalt, Köln, Berlin, Bonn, München 1991

Fahrenhorst, Irene: Beweislast im Arzthaftungsprozeß - Zum Richtlinienvorschlag der EG-Kommission vom 09.10.1990, ZRP 1992, S. 60 ff.

Farthmann, Eduard H.: Abschied vom „statischen" Kunstfehlerbegriff, in: Arzt und Patient zwischen Therapie und Recht, herausgegeben von Heike Jung und Hans Wilhelm Schreiber, Stuttgart 1981, S. 129 ff.

Fikentscher, Wolfgang: Schuldrecht, 8. Auflage, Berlin/New York 1992

Francke, Robert; Hart, Dieter: Ärztliche Verantwortung und Patienteninformation, Stuttgart 1987

Francke, Robert: Ärztliche Berufsfreiheit und Patientenrechte - Eine Untersuchung zu den verfassungsrechtlichen Grundlagen des ärztlichen Berufsrechts und des Patientenschutzes, Stuttgart 1994

ders.: Ärztliche Berufsfreiheit und Patientenrechte, Stuttgart 1994

Franzki, Dietmar: Die Beweisregeln im Arzthaftungsprozeß, Berlin 1982

Geiß, Karlmann; Greiner, Hans-Peter: Arzthaftpflichtrecht, 3. Auflage, München 1999

Gemeinschaftskommentar zum Sozialgesetzbuch - Gesetzliche Krankenversicherung GK - SGB V, herausgegeben von Bernd Baron von Maydell, Neuwied

Gerhardt, Michael: Normkonkretisierende Verwaltungsvorschriften, NJW 1989, S. 2233 ff.

Gerlach, Ferdinand M.: Leitlinien in der Medizin, Dortmund 1998

Gesundheitsstrukturgesetz - Gesetz zur Sicherung und Strukturverbesserung der gesetzlichen Krankenversicherung, Kommentar bearbeitet von Gerhard Dalichau und Hans Grüner, 1995

Giesen, Dieter, Anmerkung zum Urteil des BGH (in: JZ 1987, S. 877), JZ 1987, 879 f.

ders.: Anmerkungen zum Urteil des BGH vom 27.09.1983 - VI ZR 230/81 (OLG Köln), JZ 1984, S. 331 f.

ders.: Arzthaftungsrecht - Die zivilrechtliche Haftung aus medizinischer Behandlung in der Bundesrepublik Deutschland, in Österreich und in der Schweiz, 4. Auflage, Tübingen 1995

ders.: Arzthaftungsrecht - Die zivilrechtliche Verantwortlichkeit des Arztes in rechtsvergleichender Sicht - Industrie-Gesellschaft und Recht Band 15, herausgegeben von Manfred Rehbinder und Bernd Rebe, Bielefeld 1981

ders.: Arzthaftungsrecht im Umbruch (III) - Beweisrechtsprobleme in der Rechtsprechung seit 1974, JZ 1982, S. 448 ff.

GMDS- Arbeitsgruppe „Qualitätssicherung in der Medizin“: Begriffe und Konzepte des Qualitätsmanagements, in: Informatik Biometrie und Epidemiologie 1996

Götz, Volkmar: Der allgemeine Gleichheitssatz und die Rechtsanwendung im Verwaltungsrecht, NJW 1979, S. 1478 ff.

Gounalakis, Georgios: Anfängernarkose und -operation - Behandlungsfehler oder Aufklärungspflichtverletzung?, NJW 1991, S. 2945 f.

Grafe, S.; Bruns, W.: Richtlinien - Leitlinien - Standards, Arztrecht 1998, S. 181 ff.

Greger, Reinhard: Praxis und Dogmatik des Anscheinsbeweises, VersR 1980, S. 1091 ff.

Grupp, Klaus: Rechtliche Probleme alternativer Behandlungsmethoden, MedR 1992, S. 256 ff.

Gusy, Christoph: Administrativer Vollzugsauftrag und justizielle Kontrolldichte im Recht der Technik, DVBl. 1987, S. 497 ff.

Guttenberg, Ulrich: Unmittelbare Außenwirkung von Verwaltungsvorschriften? EuGH, NVwZ 1991, S. 866, 868, in: JuS 1993, S. 1006 ff.

Hafferburg, A.: Der Begriff der Fahrlässigkeit im Zivilrecht, NJW 1959, S. 1398 ff.

Hanau, Peter: Zum Urteil des BGH vom 11.06.1968 (VI ZR 116/67 Oldenburg), NJW 1968, S. 2291 ff.

Hart, Dieter: „Organisationsaufklärung“ - Zum Verhältnis von Standardbehandlung, Organisationspflichten und ärztlicher Aufklärung, MedR 1999, S. 47 ff.

ders.: Ärztliche Leitlinien - Definitionen, Funktionen, rechtliche Bewertungen, MedR 1998, S. 8 ff.

ders.: Ärztliche Leitlinien, Empirie und Recht professioneller Normsetzung, Baden Baden 2000

Hauck, Karl: Sozialgesetzbuch SGB V gesetzliche Krankenversicherung Kommentar, Berlin, Stand Januar 2000

Heck, Philipp: Grundriß des Schuldrechts, Tübingen 1929

Hecker, W. Ch.: Standards in der operativen Medizin, ihre Notwendigkeit und ihre Problematik, Chirurg BDC Nr. 3/1996, S. 66 ff.

Heilmann, Joachim: Der Stand der deliktischen Arzthaftung, NJW 1990, S. 1513 ff.

Heinze, Helmut: Die neue Krankenversicherung - Fünftes Buch SGB - Kommentar, Wiesbaden, 132. EL November 1999

Herschel, Wilhelm: Regeln der Technik, NJW 1968, S. 617 ff.

Hill, Hermann: Normkonkretisierende Verwaltungsvorschriften, NVwZ 1989, S. 401 ff.

Hörnemann, Gerd: Die Selbstverwaltung der Ärztekammern, 2. Auflage, Konstanz 1995

Huber, Ulrich: Verschulden, Gefährdung und Adäquanz, in Festschrift für Eduard Wahl zum 70. Geburtstag, Heidelberg 1973, S. 301 ff.

Huber, Ulrich: Zivilrechtliche Fahrlässigkeit, in: Festschrift für Ernst Rudolf Huber zum 70. Geburtstag, Göttingen 1973, S. 253 ff.

Jarass, Hans D.: Der rechtliche Stellenwert technischer und wissenschaftlicher Standards, NJW 1987, S. 1225 ff.

ders.: Die freien Berufe zwischen Standesrecht und Kommunikationsfreiheit, NJW 1982, S. 1833 ff.

Jung, Karl; Gawlik, Christian; Gibis, Bernhard; Pötsch, Rüdiger; Rheinberger, Paul; Schmacke, Norbert; Schneider, Günther: Bundesausschuß der Ärzte und Krankenkassen DÄBl. 2000, S. B-322

Karpen, Ulrich: Zu Staats ZRP 1978, S. 59, in: ZRP 1978, S. 151

Kasseler Kommentar: Gesamtredaktion Klaus Niesel, Loseblatt Kommentar, München, 28. EL, September 1999

Katzenmeier, Christian: Qualität im Gesundheitswesen. Patienteninformation - Patientenschutz - Verfahrensqualität, MedR 1997, S. 498 ff.

Kaufmann, Franz Josef: Die Beweislastproblematik im Arzthaftungsprozeß, Köln / Berlin/ Bonn / München 1994

Kemmer, Wolfgang: Die Neufassung der Richtlinie Strahlenschutz in der Medizin, Berlin 1992

Kern, Bernd-Rüdiger: Haftungsrechtliche Fragen und Probleme des ambulanten Operierens, NJW 1996, S. 1561 ff.

Kleinewefers, Herbert; Wilts, Walter: Die Beweislast für die Ursächlichkeit ärztlicher Kunstfehler, VersR 1967, S. 617 ff.

Kleinewefers, Herbert: Zur Aufklärung des Patienten, VersR 1981, S. 99 ff.

ders.: Zur zivilrechtlichen Haftung des Arztes, VersR 1992, 1425 ff.

Knack, Hans Joachim: Verwaltungsverfahrensgesetz (VwVfG) Kommentar, 6. Auflage, Köln / Berlin / Bonn / München 1998

Knöpfle, Robert: Zur Problematik der Beurteilung einer Norm als Schutzgesetz im Sinne des § 823 II BGB, NJW 1967, S. 697 ff.

Koch, Klaus: Qualitätssicherung in der Onkologie - Noch immer mehr Fragen als Antworten, DÄBl. 1996, S. A-23 ff.

Köhler, Helmut: Die haftungsrechtliche Bedeutung technischer Regeln, BB Beilage 4/1985, S. 10 ff.

Köhler-Hohmann, Christel: Diskussionsbericht - anläßlich des Symposiums „Verfassungsrechtliche Anforderungen an das vertragsärztliche Berufsrecht" vom 9.-10.05. 1996 in Rostock, MedR 1996, S. 430 f.

Körner, Marita: Zur Aufgabe des Haftungsrechts - Bedeutungsgewinn präventiver und punitiver Elemente, NJW 2000, S. 241 ff.

Kötz, Hein: Deliktsrecht, 8. Auflage, Neuwied / Kriftel 1998

Krauskopf, Dieter: Soziale Krankenversicherung - Pflegeversicherung Kommentar, München 1999

Krauß, Detlef: Der „Kunstfehler" oder zur Bedeutung juristischer Kategorien für die Bewertung ärztlichen Handelns, in: Arzt und Patient zwischen Therapie und Recht, herausgegeben von Heike Jung und Hans Wilhelm Schreiber, Stuttgart 1981, S. 141 ff.

Kreuzer, Karl: Prinzipien des deutschen außervertraglichen Haftungsrechts - Eine Skizze - in Festschrift für Werner Lorenz zum 70. Geburtstag, Tübingen 1991, S.123 ff.

Kriele, Martin: „Stand der medizinischen Wissenschaft" als Rechtsbegriff, NJW 1976, S. 355 ff.

Kuhlemann, Heino; Majerus, Jürgen; Möller, Johannes: Trugschlüsse biometrischer Untersuchungen, DÄBl. 1996, S. A-2206 ff.

Lange, Klaus: Ermessens- und Beurteilungsspielräume als Transformatoren von Innen- und Außenrecht, NJW 1992, S. 1193 ff.

Larenz, Karl: Lehrbuch des Schuldrechts, Erster Band: Allgemeiner Teil, 11. Auflage, München 1976, 12. Auflage, München 1979, 14. Auflage, München 1987, 2. Band: Besonderer Teil, 12. Auflage, München 1981

Larenz, Karl; Canaris, Claus-Wilhelm: Lehrbuch des Schuldrechts, Zweiter Band - Besonderer Teil, 2. Halbband, 13. Auflage, München 1994

Laufs, Adolf; Uhlenbruck, Wilhelm: Handbuch des Arztrechts, 2. Auflage, München 1999

Laufs, Adolf: Arzt, Patient und Recht am Ende des Jahrhunderts, NJW 1999, S. 1758 ff.

ders.: Arzt und Recht im Wandel der Zeit, MedR 1986, S. 163 ff.

ders.: Arztrecht im Wandel - Die Entwicklung des Arztrechts 1976 / 77, NJW 1977, S. 1081 ff.

ders.: Arztrecht, 5. Auflage, München 1993

ders.: Deliktische Haftung ohne Verschulden? - eine Skizze, in: Festschrift für Joachim Gernhuber zum 70. Geburtstag, Tübingen 1993, S. 245 ff.

ders.: Die Entwicklung des Arztrechts 1992 / 1993, NJW 1993, S. 1497 ff.

ders.: Immer weniger Freiheit ärztlichen Handelns, NJW 1999, S. 2717 ff.

ders.: Zur Freiheit des Arztberufs, in: Festschrift für Erwin Deutsch zum 70. Geburtstag, Köln / Berlin / Bonn / München 1999, S. 625 ff.

Lenckner, Theodor: Technische Normen und Fahrlässigkeit, in: Festschrift für Karl Engisch zum 70. Geburtstag, Frankfurt /M. 1969, S. 490 ff.

Lepa, Manfred: Der Anscheinsbeweis im Arzthaftungsprozeß, in: Festschrift für Erwin Deutsch zum 70. Geburtstag, Köln / Berlin / Bonn / München 1999, S. 635 ff.

ders.: Die Einwirkung der Grundrechte auf die Anwendung des Deliktrechts in der Rechtsprechung des Bundesgerichtshofs, in Festschrift für Erich Steffen zum 65. Geburtstag, Berlin / New York 1995, S. 261 ff.

Liebold, Rolf; Zalewski, Thomas: Kassenarztrecht, 5. Auflage, 38. Lieferung, Berlin / Wiesbaden, Stand Januar 1999

ders.: Richtlinie der Bundesärztekammer zur Qualitätssicherung endoskopischer Eingriffe - Stand April 1994

Lipps, Wolfgang: Herstellerhaftung beim Verstoß gegen „Regeln der Technik", NJW 1968, S. 279 ff.

Lorenz, Egon: „Neue Aspekte" zum Rückgriff des Versicherers gegen den Versicherten, NJW 1972, S. 2281 ff.

Marburger, Peter: Die haftungs- und versicherungsrechtliche Bedeutung technischer Regeln, VersR 1983, S. 597 ff.

ders.: Die Regeln der Technik im Recht, Köln / Berlin / Bonn / München 1979

ders.: Technische Normen im Recht der Sicherheit, BB Beilage 4/1985, S. 16 ff.

Maurer, Hartmut: Allgemeines Verwaltungsrecht, 12. Auflage, München 1999

Meder, Stephan: Höhere Gewalt als Entlastungsgrund - ein Beispiel für die Konvergenz zweier Haftungsprinzipien, JZ 1994, S. 485 ff.

Medicus, Dieter: Schuldrecht I Allgemeiner Teil, 10. Auflage, München 1998

Müller, Gerda: Beweislast und Beweisführung im Arzthaftungsprozeß, NJW 1997, S. 3049 ff.

Müller-Graff, Peter-Christian: Berufshaftung und Organisationshaftung bei der ärztlichen Anfängeroperation - BGHZ 88, 248, JuS 1985, S. 352 ff.

Münchener Kommentar zum Bürgerlichen Gesetzbuch (Hrsg. Rebmann, Kurt; Säkker, Jürgen) Band 2: Schuldrecht Allgemeiner Teil (§§ 241-432), 3. Auflage, München 1994; Band 3: Schuldrecht, Besonderer Teil, 2. Halbband (§§ 652-853), 3. Auflage, München 1997

Musielak, Hans-Joachim; Stadler, Max: Grundfragen des Beweisrechts, JuS 1980, S. 126 ff., 279 ff., 427 ff., 583 ff., 739 ff.

Nagel, Eckhard; Fuchs, Christoph: Leitlinien und Standards im Gesundheitswesen, Köln 1997

Nicklisch, Fritz: Technische Regelwerke - Sachverständigengutachten im Rechtssinne? in: NJW 1983, S. 841 ff.

Nipperdey, Hans Carl: Rechtswidrigkeit, Sozialadäquanz, Fahrlässigkeit, Schuld im Zivilrecht, NJW 1957, S. 1777 ff.

Ollenschläger, G.; Thomeczek, C.; Oesingmann, U.; Kolkmann, F.W.: Qualitätsförderung ärztlicher Leitlinien: Das deutsche Clearingverfahren - Hintergründe und Ziele, Nds. Ärzteblatt 8/1999, S. 12 ff.

Opderbecke, Hans Wolfgang; Weißauer, Walther: Facharztqualität versus formelle Facharztqualifikation, MedR 1993, S. 1, 2 ff.

Ossenbühl, Fritz: Richtlinien im Vertragsarztrecht, NZS Heft 11, 1997, S. 497 ff.

ders.: Verwaltungsvorschriften und Grundgesetz, Berlin / Zürich 1968

Palandt, Otto: Bürgerliches Gesetzbuch, 59. Auflage, München 2000

Perleth, M.: Wann ist Verlaß auf medizinische Leitlinien? MMW Seminar Evidenzbasierte Medizin Folge 7, http://www.epi.mh-hannover.de/(eng)/perleth/mmw-2.html

Peters, Frank: Zur Gesetzestechnik des § 823 II BGB, JZ 1983, S. 913 ff.

Peters, Horst: Handbuch der Krankenversicherung Teil II - Sozialgesetzbuch V, 19. Auflage, 36. Erg. Lieferung, Stuttgart / Berlin / Köln, Stand 15. Juni 1999

Pflüger, Frank: „Practice Guidelines" und „Behandlungsleitlinien" im amerikanischen und im deutschen Medizinrecht, RdM 2000, S. 99 ff.

Pichlmaier, Heinz: Die Begutachtung des ärztlichen Behandlungsfehlers bei einem neuen chirurgischen Verfahren am Beispiel der endoskopischen Gallenoperation, in: Festschrift für Erwin Deutsch zum 70. Geburtstag, Köln / Berlin / Bonn / München 1999, S. 685 ff.

Pietzcker, Jost: Selbstbindung der Verwaltung, NJW 1981, S. 2087 ff.

Plagemann, Hermann: Kassenarztrecht - Ein Leitfaden für Ärzte, Rechtsanwälte und Krankenkassen, 2. Auflage, Frankfurt/M. 1997

Plantholz, M.: Verfassungsmäßige Wirkung der Richtlinien im Vertragsarztrecht auf Außenseiter?, SGb 1997, S. 549 ff.

Plum, Werner: Schwangerschaftsbetreuende Medizin vor neuen Haftpflichtrisiken - Rechtstatsächliches zu OLG München VersR 1981, S. 757, VersR 1982, S. 722 ff.

Prütting, Hanns: Beweisprobleme im Arzthaftungsprozeß, in: Festschrift „150 Jahre Landgericht Saarbrücken", Köln / Berlin / Bonn / München 1985, S. 257 ff.

Quentin, Andreas: Fahrlässigkeit im Strafrecht, JuS 1994, L 41 ff.

Ratzel, Rudolf; Lippert, Hans-Dieter: Kommentar zur Musterberufsordnung der deutschen Ärzte (MBO), Heidelberg 1995

Reichsgerichtsrätekommentar: Das Bürgerliche Gesetzbuch mit besonderer Berücksichtigung der Rechtsprechung des Reichsgerichts und des Bundesgerichtshofes, Band II, 1. Teil: §§ 241-413, 12. Auflage, Berlin / New York 1976; Band II, 5. Teil: §§ 812-831 (Anh. Nach § 823: II. Arzthaftungsrecht), 12. Auflage, Berlin / New York 1989

Rittstieg, Andreas: Das „antizipierte Sachverständigengutachten" - eine falsa demonstratio? in: NJW 1983, S. 1098 ff.

Roellecke, Gerd: Die artgemäßen Bedürfnisse der Legehennen und der Menschen, Anmerkung zu BVerfG NJW 1999, S. 3253 ff.; NJW 1999, S. 3245 ff.

Rohde, Ernst-R.: Der medizinische Sachverständige und der Standard der medizinischen Wissenschaft, NJW 1988, S. 2285 f.

Rumler-Detzel, Pia: Arbeitsteilung und Zusammenarbeit in der Chirurgie - Rechtliche Verantwortlichkeit - VersR 1994, S. 254 ff.

dies.: Die Aufklärungspflichtverletzung als Klagegrundlage, in: Festschrift für Erwin Deutsch zum 70. Geburtstag, Köln / Berlin / Bonn / München 1999, S. 699 ff.

dies.: Therapiefreiheit und Berufspflicht des Arztes, VersR 1989, S. 1008 ff.

Rupp, Hans Heinrich: Die „Verwaltungsvorschriften" im grundgesetzlichen Normensystem - Zum Wandel einer verfassungsrechtlichen Institution, JuS 1975, S. 609 ff.

Sabel, Hans-Jürgen: Sozialgesetzbuch, Textausgabe mit Begründung, Anmerkungen und weiterführenden Hinweisen, Sankt Augustin 1998 / 1999

Sack, Horst; Deutsch, Erwin; Sauerwein, Wolfgang: Arbeitstagung „Radioonkologie und Recht", in: Strahlentherapie und Onkologie 1998, S. 391 ff.

Schaefer, Otfrid P.; Herholz, Harald: Qualitätssicherung - eine Herausforderung für Ärzte, DÄBl.1996, S. A-238 ff.

Scheffler, Hans-Hermann: Wachsende Bedeutung der Verwaltungsvorschriften, DÖV 1980, S. 236 ff.

Schirmer, Horst Dieter: Verfassungsrechtliche Probleme der untergesetzlichen Normsetzung im Kassenarztrecht, MedR 1996, S. 404 ff.

Schmid, Hugo: Die Grenzen der Therapiefreiheit, NJW 1986, S. 2339 ff.

ders.: Verfahrensregeln für Arzthaftungsprozesse, NJW 1994, S. 767 ff.

Schmidt-Bleibtreu, Bruno; Klein, Franz: Kommentar zum Grundgesetz für die Bundesrepublik Deutschland, 9. Auflage, Neuwied / Kriftel 1999

Schmidt-Salzer, Joachim: Verschuldensprinzip, Verursacherprinzip und Beweislastumkehr im Wandel der Zeitströmungen, in: Festschrift für Erich Steffen zum 65. Geburtstag, Berlin / New York 1995, S. 431 ff.

Schmiedel, Burkhard: Deliktsobligationen nach deutschem Kartellrecht, Tübingen 1974

Schnapp, Friedrich E.: Geltung und Auswirkungen des Gesetzesvorbehalts im Vertragsarztrecht, MedR 1996, S. 418 ff.

Schneider, Günther: Konfliktlösung: ärztliche Berufsfreiheit versus Regelungen der Qualitätssicherung - Vorschläge aus juristischer Sicht, MedR 1998, S. 151 ff.

ders.: Rechtliche Grundlagen der Qualitätssicherung in der vertragsärztlichen Versorgung, NZS 1997, S. 267 ff.

Schneider-Danwitz, Annette; Glaeske, Gerd: Viagra - Der Bundesausschuß der Ärzte und Krankenkassen - ein „kleiner Gesetzgeber" - ?, MedR 1999, S. 164 ff.

Scholz, Karsten: Die Pharmafalle: Die Arzneimitteltherapie in der gesetzlichen Krankenversicherung - juristisch gesehen, Nds. Ärzteblatt 7/1999, S. 26 ff.

Schramm, Stephan: Der Schutzbereich der Norm im Arzthaftungsrecht, Karlsruhe 1992

Schreiber, Hans-Ludwig: Arzthaftung und erforderliche Sorgfalt, HNO 1983, S. 1 ff.

ders.: Behandlungsrisiko und Arzthaftung, Langenbecks Archiv für Chirurgie 1980, S. 43 ff.

ders.: Rechtliche Maßstäbe des medizinischen Standards, in: Langenbecks Archiv für Chirurgie 1984, S. 295 ff.

ders.: Rechtliche Sorgfaltsmaßstäbe für die präoperative Diagnostik, in: Wissenschaftliche Information der Milupa AG, Jahrgang 8, Heft 9, S. 7 ff.

Schroeder, Friedrich-Christian: Die Fahrlässigkeit als Erkennbarkeit der Tatbestandsverwirklichung, JZ 1989, S. 776 ff.

Schroeder-Printzen, Günther: Anmerkungen zum Urteil des BSG vom 05.07.1995 (-1 RK 6/95 Hess. LSG) MedR 1996, S. 373 ff., in MedR 1996, S. 376 ff.

Schulin, Bertram; Düe, Wolfgang: Zur Einführung: Kassenarztrecht, JuS 1984, S. 920 ff.

Schulin, Bertram: Anmerkungen zum Urteil des BSG JZ 1992, S. 416 ff. (= NJW 1991, S. 778 ff.) , in: JZ 1992, S. 419 ff.

Schwerdtfeger, Gunther: Verfassungsrechtliche Grenzen der Freiheit und Bindung bei der Leistungserbringung im Gesundheitswesen, SDSRV, Band 38, 1994, S. 27

Selbmann, H. K.: Entwicklung von Leitlinien in der Medizin - Kunst oder Können? In: Chirurg BDC Nr. 3/1996, S. 61 ff.

Sick, Joachim: Beweisrecht im Arzthaftpflichtprozeß, Frankfurt-M. / Bern / New York, 1986

Siebert, Arvid: Strafrechtliche Grenzen ärztlicher Therapiefreiheit, MedR 1983, S. 216 ff.

Soergel, Hans-Theodor; Siebert, Wolfgang: Kommentar zum Bürgerlichen Gesetzbuch, Band 2: §§ 241 - 432, 12. Auflage, Stuttgart / Berlin / Köln 1990; Band 5/2: §§ 823 - 853, 12. Auflage, Stuttgart / Berlin / Köln / Mainz 1998

Sonnenberger, Hans Jürgen: Grundfragen des technischen Normwesens, in: BB Beilage 4/1985, S. 3 ff.

Sozialgesetzbuch Fünftes Buch - SGB V, Kommentar, 57. EL Februar 2000

Spickhoff, Andreas: Gesetzesverstoß und Haftung, Köln / Berlin / Bonn / München 1998 *ders.:* Erfolgszurechnung und „Pflicht zum Bruch der Schweigepflicht“, NJW S. 2000, 848 f.

Staak, M. ; Uhlenbruck, W.: Die Rechtsbeziehungen zwischen Arzt und Patient - Vom Sonderrecht zum Dienstvertrag, in: Medizinrecht - Psychopathologie - Rechtsmedizin - Diesseits und jenseits der Grenzen von Recht und Medizin - Festschrift für Günther Schewe, herausgegeben von Schütz, H., Kaatsch, H.-J., Thomsen, H., S. 142 ff.

Staats, Johann-Friedrich: Zur Problematik bundesrechtlicher Verweisungen auf Regelungen privatrechtlicher Verbände, ZRP 1978, S. 59 ff.

Starck, Christian: Regelungskompetenzen im Bereich des Art. 12 Abs. 1 GG und ärztliches Berufsrecht, NJW 1972, S. 1489 ff.

Stathopoulos, Michael: Bemerkungen zum Verhältnis zwischen Fahrlässigkeit und Rechtswidrigkeit im Zivilrecht, in: Festschrift für Karl Larenz zum 80. Geburtstag, München 1983, S. 631 ff.

Staudinger, Julius. Von: Kommentar zum Bürgerlichen Gesetzbuch mit Einführungsgesetz und Nebengesetzen, Erstes Buch: Zweiter Band §§ 249-327, 10./11. Auflage, Berlin 1976; Zweites Buch: §§ 255-292, 13. Bearbeitung, Berlin 1995; Zweites Buch: §§ 823-825, 13. Bearbeitung, Berlin 1999; EGBGB: Art. 1,2, 50-218, 12. Auflage, Berlin 1986 und 13. Auflage 1998

Steffen, Erich; Dressler, Wolf-Dieter: Arzthaftungsrecht - Neue Entwicklungslinien der BGH-Rechtsprechung, 8. Auflage, Köln 1999

Steffen, Erich: Der Behandlungsfehler in der forensischen Praxis, in: Chirurgie und Recht, herausgegeben von Rudolf Häring, 1993, S. 35 ff.

ders.: Der sogenannte Facharztstatus aus der Sicht der Rechtsprechung des BGH, MedR 1995, S. 360 f.

ders.: Die haftungsrechtliche Bedeutung der Qualitätssicherung in der Krankenversorgung, in: Festschrift für Erwin Deutsch zum 70. Geburtstag, Köln / Berlin / Bonn / München 1999, S. 799 ff.

ders.: Verkehrspflichten im Spannungsfeld von Bestandsschutz und Handlungsfreiheit, VersR 1980, S. 409 ff.

Stegers, Christoph-M., Das arzthaftungsrechtliche Mandat in der anwaltlichen Praxis, 2. Auflage, Köln 1989

Stein, Friedrich; Jonas, Martin: Kommentar zur Zivilprozeßordnung, Zweiter Band, Teilband I: §§ 253-299a, 21. Auflage, Tübingen 1998

Stern,Klaus: Das Staatsrecht der Bundesrepublik Deutschland, Band I: Grundbegriffe und Grundlagen des Staatsrechts, Strukturprinzipien der Verfassung, 2. Auflage, München 1984

Stoll, Hans: Die Beweislastverteilung bei positiven Vertragsverletzungen, in: Festschrift für Fritz von Hippel zum 70. Geburtstag, Tübingen 1967, S. 517 ff.

Störmer, Rainer: Beweiserhebung, Ablehnung von Beweisanträgen und Beweisverwertungsverbote im Zivilprozeß, JuS 1994, S.238 ff.

Stück, Volker: Der Anscheinsbeweis, JuS 1996, S. 153 ff.

Stürner, Rolf: Anmerkung zum Urteil des BGH vom 10.05.1983 (VI ZR 27081 OLG Stuttgart) JZ 1983, S. 963 ff., in JZ 1983, S. 965 ff.

ders.: Entwicklungstendenzen des zivilprozessualen Beweisrechts und Arzthaftungsprozeß, NJW 1979, S. 1225 ff.

Taupitz, Jochen: Berufsordnende Kammersatzungen als Schutzgesetze i.S. des § 823 II BGB, in: Festschrift für Erich Steffen zum 65. Geburtstag, New York / Berlin 1995, S. 489 ff.

ders.: Berufsständische Satzungen als Verbotsgesetze im Sinne des § 134 BGB, JZ 1994, S. 221 ff.

ders.: Das Berufsrisiko des Arztes: Entwicklung, Steuerung und Risikominimierung, MedR 1995, S. 475 ff.

ders.: Die Standesordnungen der freien Berufe, Berlin / New York 1991

ders.: Die Zukunft der ärztlichen Selbstverwaltung, MedR 1998, S. 1 ff.

Tempel-Kromminga, Helke: Die Problematik der Richtlinien der Bundesausschüsse der Ärzte und Krankenkassen nach dem neuen Recht des SGB V, Frankfurt am Main / Berlin / Bern / New York / Paris / Wien 1994

Thomas, Heinz; Putzo, Hans: Zivilprozeßordnung, 22. Auflage, München 1999

Thur, Andreas von: Der Allgemeine Teil des Deutschen Bürgerlichen Rechts, München und Leipzig, Band II 1 1914, Band II 2 1918

Tröndle, Herbert; Fischer, Thomas: Strafgesetzbuch und Nebengesetze, 49. Auflage, München 1999

Uhlenbruck, Wilhelm: Beweisfragen im ärztlichen Haftungsprozeß, NJW 1965, S. 1057 ff.

ders.: Rechtliche Grenzen einer Rationierung in der Medizin, MedR 1995, S. 427 ff.

Ulsenheimer, Klaus: , Zukunftsfragen der Chirurgie - ethische und rechtliche Verantwortung, Wirtschaftlichkeitsgebot, Chirurg BDC Nr. 7 / 1996, S. 157 f *ders.:* Leitlinien und Standards - Fallstricke der ärztlichen Therapiefreiheit, Nds. Ärzteblatt 8/1999, S. 6 ff.

ders.: Haftungsrechtliche Anmerkungen zum Thema „Leitlinien", Frauenarzt 10/1998, S. 1540 ff.

ders.: Qualitätssicherung und risk-management im Spannungsverhältnis zwischen Kostendruck und medizinischem Standard, MedR 1995, S. 438 ff.

ders.: Rechtliche Aspekte des ambulanten Operierens im Krankenhaus - Behandlungsstandard, Methodenfreiheit, Übernahmeverschulden, vor- und nachstationäre ärztliche Zusammenarbeit, in Chirurg BDC Nr. 4/1994, S. 83 ff..

Velten, Wolfram: Der medizinische Standard im Arzthaftungsprozeß, Baden Baden 2001

Vesting, Jan. W.: Ärztliches Standesrecht: Instrumentarium zur Regelung der Gentherapie ?, NJW 1997, S. 1605 ff.

ders.: Die Verbindlichkeit von Richtlinien und Empfehlungen der Ärztekammern nach der Musterberufsordnung 1997, MedR 1998, S. 168 ff.

Vogt, Gerhard: Ärztliche Selbstverwaltung im Wandel: eine historische Dokumentation am Beispiel der Ärztekammer, Köln 1998

Wahl, Eduard, Das Verschuldensprinzip im künftigen Schadensersatzrecht, in: Grundfragen der Reform des Schadensersatzrechts, Arbeitsberichte der Akademie für Deutsches Recht Nr. 14, München / Berlin 1940, S. 17 ff.

Weber, Reinhold: Muß im Arzthaftungsprozeß der Arzt seine Schuldlosigkeit beweisen?, NJW 1997, S. 761 ff.

Wiegand, Dietrich: Kassenarztrecht, Kommentar zu den §§ 69 - 106 SGB V mit dem Zulassungs- und Vertragsrecht, 3. Auflage, Heidelberg 1995

Wienke, Albrecht: Leitlinien als Mittel der Qualitätssicherung in der medizinischen Versorgung, MedR 1998, S. 172 ff.

Wigge, Peter: Das Entscheidungsmonopol des Bundesausschusses Ärzte / Krankenkassen für Arzneimittel und neue medizinische Verfahren, MedR 1999, S. 524 ff.

Wimmer, Raimund: Anmerkungen zum Urteil des BSG vom 20.03.1996 (6 Rka 62/94 - LSG Nordrh. Westf.) Substitution mit Methadon nach den NUB-Richtlinien, in: MedR 1997, S. 225 ff.

ders.: Rechtsstaatliche Defizite im vertragsärztlichen Berufsrecht, NJW 1995, S. 1577 ff.

ders.: Verfassungsrechtliche Anforderungen an untergesetzliche Rechtsetzung im Vertragsarztrecht, MedR 1996, S. 425 ff.

Zeuner, Albrecht: Gedanken über Bedeutung und Stellung des Verschuldens im Zivilrecht, JZ 1966, S. 1 ff.

Zöller, Richard: Zivilprozeßordnung, 21. Auflage, Köln 1999

Zuck, Rüdiger: Welche haftungsrechtlichen Konsequenzen ergeben sich aus der Teilnahme bzw. Nichtteilnahme an qualitätssichernden Maßnahmen im Krankenhaus? in: das Krankenhaus 1996, S. 299 ff.

Die Reihe RECHT UND MEDIZIN wird von den Professoren Deutsch (Göttingen), Laufs (Heidelberg) und Schreiber (Göttingen) herausgegeben. Ihre Aufgabe ist es, Monographien und Dissertationen auf dem Gebiet des medizinischen Rechts zu veröffentlichen. Dieses Gebiet, das an Bedeutung noch zunehmen wird, umfaßt auf der juristischen Seite sowohl zivilrechtliche als auch straf- und öffentlich-rechtliche Fragestellungen. Die Fragen können von der juristischen oder von der medizinischen Seite aus untersucht werden. Übergreifendes Ziel ist es, den medizin-rechtlichen Fragen nicht etwa ein gängiges juristisches Denkschema überzuwerfen, sondern die besonderen Probleme der Regelung medizinischer Sachverhalte eigenständig aufzufassen und darzustellen.

Die Adressen der drei Herausgeber sind:

Prof. Dr. Dr. h.c. Erwin Deutsch (Zivilrecht und Rechtsvergleichung)
Höltystraße 8
37085 Göttingen

Prof. Dr. Dr. h.c. Adolf Laufs (Zivilrecht und Rechtsgeschichte)
Kohlackerweg 12
69151 Neckargemünd

Prof. Dr. Dr. h.c. Hans-Ludwig Schreiber (Strafrecht und Rechtstheorie)
Linzer Straße 1
30519 Hannover

RECHT UND MEDIZIN

Band 1 Erwin Deutsch: Das Recht der klinischen Forschung am Menschen. Zulässigkeit und Folgen der Versuche am Menschen, dargestellt im Vergleich zu dem amerikanischen Beispiel und den internationalen Regelungen. 1979.

Band 2 Thomas Carstens: Das Recht der Organtransplantation. Stand und Tendenzen des deutschen Rechts im Vergleich zu ausländischen Gesetzen. 1979.

Band 3 Moritz Linzbach: Informed Consent. Die Aufklärungspflicht des Arztes im amerikanischen und im deutschen Recht. 1980.

Band 4 Volker Henschel: Aufgabe und Tätigkeit der Schlichtungs- und Gutachterstellen für Arzthaftpflichtstreitigkeiten. 1980.

Band 5 Hans Lilie: Ärztliche Dokumentation und Informationsrechte des Patienten. Eine arztrechtliche Studie zum deutschen und amerikanischen Recht. 1980.

Band 6 Peter Mengert: Rechtsmedizinische Probleme in der Psychotherapie. 1981.

Band 7 Hazel G.S. Marinero: Arzneimittelhaftung in den USA und Deutschland. 1982.

Band 8 Wolfram Eberbach. Die zivilrechtliche Beurteilung der *Humanforschung*. 1982.

Band 9 Wolfgang Deuchler: Die Haftung des Arztes für die unerwünschte Geburt eines Kindes ("wrongful birth"). Eine rechtsvergleichende Darstellung des amerikanischen und deutschen Rechts. 1984.

Band 10 Hermann Schünemann: Die Rechte am menschlichen Körper. 1985.

Band 11 Joachim Sick: Beweisrecht im Arzthaftpflichtprozeß. 1986.

Band 12 Michael Pap: Extrakorporale Befruchtung und Embryotransfer aus arztrechtlicher Sicht; insbesondere: Der Schutz des werdenden Lebens in vitro. 1987.

Band 13 Sabine Rickmann: Zur Wirksamkeit von Patiententestamenten im Bereich des Strafrechts. 1987.

Band 14 Joachim Czwalinna: Ethik-Kommissionen - Forschungslegitimation durch Verfahren. 1987.

Band 15 Günter Schirmer: Status und Schutz des frühen Embryos bei der *In-vitro*-Fertilisation. Rechtslage und Diskussionsstand in Deutschland im Vergleich zu den Ländern des angloamerikanischen Rechtskreises. 1987.

Band 16 Sabine Dönicke: Strafrechtliche Aspekte der Katastrophenmedizin. 1987.

Band 17 Erwin Bernat: Rechtsfragen medizinisch assistierter Zeugung. 1989.

Band 18 Hartmut Schulz: Haftung für Infektionen. 1988.

Band 19 Herbert Harrer: Zivilrechtliche Haftung bei durchkreuzter Familienplanung. 1989.

Band 20 Reiner Füllmich: Der Tod im Krankenhaus und das Selbstbestimmungsrecht des Patienten. Über das Recht des nicht entscheidungsfähigen Patienten, künstlich lebensverlängernde Maßnahmen abzulehnen. 1990.

Band 21 Franziska Knothe: Staatshaftung bei der Zulassung von Arzneimitteln. 1990.

Band 22 Bettina Merz: Die medizinische, ethische und juristische Problematik artifizieller menschlicher Fortpflanzung. Artifizielle Insemination, In-vitro-Fertilisation mit Embryotransfer und die Forschung an frühen menschlichen Embryonen. 1991.

Band 23 Ferdinand van Oosten: The Doctrine of Informed Consent in Medical Law. 1991.

Band 24 Stephan Cramer: Genom- und Genanalyse. Rechtliche Implikationen einer "Prädiktiven Medizin". 1991.

Band 25 Knut Schulte: Das standesrechtliche Werbeverbot für Ärzte unter Berücksichtigung wettbewerbs- und kartellrechtlicher Bestimmungen. 1992.

Band 26 Young-Kyu Park: Das System des Arzthaftungsrechts. Zur dogmatischen Klarstellung und sachgerechten Verteilung des Haftungsrisikos. 1992.

Band 27 Angela Könning-Feil: Das Internationale Arzthaftungsrecht. Eine kollisionsrechtliche Darstellung auf sachrechtsvergleichender Grundlage. 1992.

Band 28 Jutta Krüger: Der Hamburger Barmbek/Bernbeck-Fall. Rechtstatsächliche Abwicklung und haftungsrechtliche Aspekte eines medizinischen Serienschadens. 1993.

Band 29 Alexandra Goeldel: Leihmutterschaft – eine rechtsvergleichende Studie. 1994.

Band 30 Thomas Brandes: Die Haftung für Organisationspflichtverletzung. 1994.

Band 31 Winfried Grabsch: Die Strafbarkeit der Offenbarung höchstpersönlicher Daten des ungeborenen Menschen. 1994.

Band 32 Jochen Markus: Die Einwilligungsfähigkeit im amerikanischen Recht. Mit einem einleitenden Überblick über den deutschen Diskussionsstand. 1995.

Band 33 Meltem Göben: Arzneimittelhaftung und Gentechnikhaftung als Beispiele modernen Risikoausgleichs mit rechtsvergleichenden Ausblicken zum türkischen und schweizerischen Recht. 1995.

Band 34 Regine Kiesecker: Die Schwangerschaft einer Toten. Strafrecht an der Grenze von Leben und Tod – Der Erlanger und der Stuttgarter Baby-Fall. 1996.

Band 35 Doris Voll: Die Einwilligung im Arztrecht. Eine Untersuchung zu den straf-, zivil- und verfassungsrechtlichen Grundlagen, insbesondere bei Sterilisation und Transplantation unter Berücksichtigung des Betreuungsgesetzes. 1996.

Band 36 Jens-M. Kuhlmann: Einwilligung in die Heilbehandlung alter Menschen. 1996.

Band 37 Hans-Jürgen Grambow: Die Haftung bei Gesundheitsschäden infolge medizinischer Betreuung in der DDR. 1997.

Band 38 Julia Röver: Einflußmöglichkeiten des Patienten im Vorfeld einer medizinischen Behandlung. Antezipierte Erklärung und Stellvertretung in Gesundheitsangelegenheiten. 1997.

Band 39 Jens Göben: Das Mitverschulden des Patienten im Arzthaftungsrecht. 1998.

Band 40 Hans-Jürgen Roßner: Begrenzung der Aufklärungspflicht des Arztes bei Kollision mit anderen ärztlichen Pflichten. Eine medizinrechtliche Studie mit vergleichenden Betrachtungen des nordamerikanischen Rechts. 1998.

Band 41 Meike Stock: Der Probandenschutz bei der medizinischen Forschung am Menschen. Unter besonderer Berücksichtigung der gesetzlich nicht geregelten Bereiche. 1998.

Band 42 Susanne Marian: Die Rechtsstellung des Samenspenders bei der Insemination / IVF. 1998.

Band 43 Maria Kasche: Verlust von Heilungschancen. Eine rechtsvergleichende Untersuchung. 1999.

Band 44 Almut Wilkening: Der Hamburger Sonderweg im System der öffentlich-rechtlichen Ethik-Kommissionen Deutschlands. 2000.

Band 45 Jonela Hoxhaj: Quo vadis Medizintechnikhaftung? Arzt-, Krankenhaus- und Herstellerhaftung für den Einsatz von Medizinprodukten. 2000.

Band 46 Birgit Reuter: Die gesetzliche Regelung der aktiven ärztlichen Sterbehilfe des Königreichs der Niederlande – ein Modell für die Bundesrepublik Deutschland? 2001.

Band 47 Klaus Vosteen: Rationierung im Gesundheitswesen und Patientenschutz. Zu den rechtlichen Grenzen von Rationierungsmaßnahmen und den rechtlichen Anforderungen an staatliche Vorhaltung und Steuerung im Gesundheitswesen. 2001.

Band 48 Bong-Seok Kang: Haftungsprobleme in der Gentechnologie. Zum sachgerechten Schadensausgleich. 2001.

Band 49 Heike Wachenhausen: Medizinische Versuche und klinische Prüfung an Einwilligungsunfähigen. 2001.

Band 50 Thomas Hasenbein: Einziehung privatärztlicher Honorarforderungen durch Inkassounternehmen. 2002.

Band 51 Oliver Nowak: Leitlinien in der Medizin. Eine haftungsrechtliche Betrachtung. 2002.